CORRESPONDANCE

DE

C.-A. SAINTE-BEUVE

I

CALMANN LÉVY, ÉDITEUR

OUVRAGES

DE

C.-A. SAINTE-BEUVE

Format grand in-18.

CHATEAUBRIAND ET SON GROUPE LITTÉRAIRE SOUS L'EMPIRE, nouvelle édition, augmentée de notes de l'auteur....................................	2 vol.
ÉTUDE SUR VIRGILE, suivie d'une étude sur Quintus de Smyrne, nouvelle édition......................	1 —
LETTRES A LA PRINCESSE, troisième édition.......	1 —
LE GÉNÉRAL JOMINI, deuxième édition.............	1 —
MADAME DESBORDES-VALMORE....................	1 —
MONSIEUR DE TALLEYRAND, deuxième édition....	1 —
NOUVEAUX LUNDIS, deuxième édition.............	13 —
PORTRAITS CONTEMPORAINS, nouvelle édition, revue et très-augmentée.......................	5 —
PREMIERS LUNDIS...........................	3 —
P.-J. PROUDHON, SA VIE ET SA CORRESPONDANCE, cinquième édition...........................	1 —
SOUVENIRS ET INDISCRÉTIONS. — Le dîner du vendredi saint, deuxième édition.................	1 —
A PROPOS DES BIBLIOTHÈQUES POPULAIRES.....	Broch.
DE LA LIBERTÉ DE L'ENSEIGNEMENT SUPÉRIEUR.	—
DE LA LOI SUR LA PRESSE.......................	—

POÉSIES COMPLÈTES
NOUVELLE ÉDITION REVUE ET TRÈS-AUGMENTÉE
Deux beaux volumes in-8°.

CORRESPONDANCE

DE

C.-A. SAINTE-BEUVE

(1822 — 1865)

I

PARIS
CALMANN LÉVY, ÉDITEUR
ANCIENNE MAISON MICHEL LÉVY FRÈRES
RUE AUBER, 3, ET BOULEVARD DES ITALIENS, 15
A LA LIBRAIRIE NOUVELLE

1877

Droits de reproduction et de traduction réservés

CORRESPONDANCE

DE

C.-A. SAINTE-BEUVE

I.

A M. ADAM[1].

Ce dimanche 6 mai 1822.

Mon cher Adam,

J'ai reçu hier ta lettre, et, sans que tu me le disses, je me proposais bien d'aller aujourd'hui chez toi pour te voir d'abord, et puis pour te débarrasser du paquet dont tu as bien voulu te charger. Mais je te dirai que, si je ne suis pas consigné comme toi, je suis aussi retenu à la maison;

---

1. Sainte-Beuve, alors âgé d'environ dix-huit ans, était encore élève de la pension Landry (rue Blanche), d'où il suivait les classes du collége Bourbon, quand il écrivait cette lettre à son ami et compatriote M. Adam, qui devint plus tard maire de Boulogne-sur-Mer. M. Adam la lui renvoya en 1845, pour lui rappeler, par un rapprochement piquant, son jugement d'écolier sur Casimir Delavigne, auquel l'éminent critique venait de succéder à l'Académie française.

car, hier matin, jouant avec Charles Neate, qui avait un canif à la main, j'en ai reçu un petit coup dans le gras de la jambe : ce qui, quoique fort peu de chose, suffit pour m'empêcher de marcher, surtout de marcher assez loin pour aller chez toi. J'espère jeudi n'être plus invalide et pouvoir t'aller visiter. Je te porterai une pièce de vers français que j'ai lue hier à M. Landry, car c'était sa fête. On lui a acheté quelques pièces d'argent, moutardier, salières, machine à découper le poisson, pour compléter le porte-huilier qu'on avait donné à madame Landry, il y a deux mois. Il n'y aura pas de bal. Jeudi auront lieu le dîner et la grande promenade. Ma grande promenade à moi, ce sera d'aller rue Notre-Dame-des-Champs [1].

Je te plains d'être aussi mal entouré ; une seule chose doit te consoler : le peu de temps que tu as encore à souffrir. Et puis, sorti de cachot, la liberté te semblera mille fois plus douce. Je félicite, sans le connaître, ton ami d'être parent de notre poëte naissant, et surtout de lui ressembler par l'opinion et le talent. Pour moi, je suis fou de Delavigne, et je crois que, quoiqu'on dise que l'envie s'attache toujours au mérite, il fera exception à la règle et ne sera pas moins aimé qu'admiré de ses contemporains.

Adieu, mon bon ami, songe à moi en attendant que nous nous voyions librement ces vacances, en dépit des consignes et des verrous.

---

1. M. Adam était en pension rue Notre-Dame-des-Champs.

II.

A M. SELLÈQUE[1].

Ce 14 septembre 1822.

Mon cher Aimé,

Neate[2], à son arrivée, n'a pas manqué de me remettre tes dépêches, et, moi, je veux aussi t'envoyer les miennes, pour te montrer que je n'ai pas oublié non plus Aimé Sellèque, ou Sénèque, ou Seleucus, ou père Jean ; car il m'est permis de décliner ainsi tous tes noms comme tu as fait des miens, qui sont, je l'avoue, bien moins illustres. Eh bien, te voilà donc retenu au bureau d'économe pour toutes tes vacances, à ce que m'a dit Neate ; c'est-à-dire te voilà condamné à plus d'un mois d'ennui, quand les autres s'amusent. Te voilà noyé dans les quittances, les mémoires et toutes ces vilaines choses qui ne sont bonnes que quand on les fait à son profit. Si cependant tu pouvais, pour quelque quinze jours seulement, tromper la vigilance du Plutus de la maison Landry, le laisser dormir sous tes

---

1. M. Sellèque, ancien directeur du *Glaneur d'Eure-et-Loir*, journal républicain supprimé par le coup d'État en 1851, avait été condisciple de Sainte-Beuve à la pension Landry. Il sera de nouveau question de lui dans une lettre du 12 décembre 1868 à M. A.-S. Morin, compatriote de M. Sellèque.

2. Neate, un autre condisciple de Sainte-Beuve à la pension Landry. Il est devenu membre de l'Université d'Oxford, et il a représenté cette ville à la Chambre des communes.

tiroirs fermés à clef, ou dans tes sacs d'argent bien scellés, et venir voir Boulogne, la mer et tes bons amis! Je crains bien que tu ne m'assignes aujourd'hui les mêmes raisons que tu employais à Paris pour nous fermer la bouche, au bon Charles et à moi. Que puis-je te dire encore? Ce qu'alors je te disais : Fais seulement le voyage, le reste nous regarde, nous tes amis et, je voudrais pouvoir dire, tes hôtes.

Pour moi, quoique j'aie l'air de bien m'amuser, je ne mourrai pas ici d'excès de plaisir, et j'aurais bien besoin que tu vinsses mêler tes saillies de gaieté à ma froide langueur. Je sors très-peu. La matinée, je la passe au cabinet avec mes livres, et, franchement, c'est mon temps le plus agréable. J'apprends l'anglais par forme de désœuvrement; et, à mon retour, sinon à ton arrivée, nous pourrons jargonner ensemble. L'après-dîner, je sors quelquefois les jours où je ne prends pas ma leçon. Une ou deux fois par semaine, je vais voir Neate, et m'assurer si le dos de Charles n'est pas brouillé avec mon poing. C'est dans l'un de ces pèlerinages à Audisque (où est leur maison de campagne) que je me suis acquitté de ta commission épineuse sur l'épine de son dos, et que trois coups de poing ont été octroyés au susdit Charles au nom du révérend Aimé Sellèque.

Je reçois à l'instant une lettre de M. Landry qui m'annonce et le surcroît de retard arrivé à l'expédition de mes livres, et le surcroît de travail de mon ami l'économe, et aussi le surcroît de paresse de Fortuné[1]. Pour mes livres, je te recommande et de soigner ceux que tu as entre les mains et de tâcher de te procurer les autres. Quant au travail

---

1. Frère de M. Landry.

qui t'est survenu, j'en serais content, si ce n'était un nouvel empêchement à nos projets ; car il paraît que la récolte scolastique promet beaucoup, et, si M. Landry trouve à moissonner abondamment cette année, il permettra à l'économe de glaner aussi dans son champ. Ainsi la partie ne serait que différée aux vacances prochaines. Mais Fortuné, il est sans excuse et impardonnable. Je te charge, mon cher ami, de l'ébranler à force d'arguments. Mets-toi en avant comme un bataillon de tirailleurs, tandis que nous autres préparerons de loin toutes nos forces, tout notre corps d'armée pour emporter d'assaut cette place imprenable. Dis-lui qu'il s'attende à voir tomber sur lui, comme autant de bombes, invitations sur invitations, lettres sur lettres, jusqu'à ce qu'il crie merci, et qu'il amène pavillon à Boulogne.

Franchement, mon cher Aimé, je pense à toi plus souvent que tu ne crois et, je te le répète encore, tu nous rendrais service, à moi surtout, si un de ces matins tu débarquais sur le territoire de notre ville. De toute manière nous ne tarderons pas à nous revoir. Un mois est passé depuis mon départ de Paris, et il n'en reste plus qu'un bien court jusqu'à ce que je revoie les colons de la rue Blanche.

Adieu, mon cher Aimé ; viens nous consoler ou console-toi là-bas de la manière dont tu l'entends. En un mot, sois fidèle à toutes les personnes qui t'aiment.

Crois que je suis du nombre.

III.

AU MÊME.

Paris, ce 10 octobre 1826.

Mon cher Sellèque,

Il est bien vrai que j'ai été fâché contre toi lorsque tu vins à Paris et que je ne te vis pas : non pas que j'eusse voulu du tout que tu me vinsses voir, étant mal portant et pour si peu de jours ici ; mais tu aurais dû sans façon m'écrire un petit mot pour que j'allasse te voir rue Blanche. Ç'a été ton tort, et, à l'avenir, ne le renouvelle pas. Je pense à toi plus souvent que tu ne crois. Moi-même, je n'ai pas un assez grand fonds de gaieté pour vivre sur le présent, et, comme je n'ai pas d'ailleurs une assez forte dose d'espérance pour me transporter dans l'avenir, c'est sur le passé, de préférence, que je me rejette. Il y a là dedans quelque habitude prématurée de vieillesse, j'en conviens, mais qu'y faire ? Nous autres, qui avons plus d'idées que d'autres choses confortables en ce monde, nous vieillissons de bonne heure ; le regret nous vient avec la plainte, et c'est toujours dans le temps passé que nous voyons le bonheur. Mon grand faible à moi, c'est de croire, en mes instants de rêverie, que jamais je n'eus et n'aurai d'année plus heureuse que celle que je passai rue Blanche, en redoublant ma rhétorique. Dans ce temps-là, qui aurait dit que la chose me paraîtrait telle un jour? Il est vrai que nous avions bien alors quelque jouissance. Tu te souviens, sans doute, de ces grands entretiens philosophiques que nous avions, en tiers, avec Charles (Neate), soit dans le bois du jardin, soit plutôt dans ta chambre, après le dîner. Nous allions vite en besogne, mon cher ami, comme il arrive toujours quand on est d'accord et que le ventre est plein. Le tonnerre de Dieu ne nous eût pas ébranlés, nous sur nos chaises, et toi dans ton grand fauteuil jaune. Il n'eût pas tenu à nous que le monde ne fût une chose raisonnable et la vie une chose tolérable. En vérité, quand j'y pense, tout cela me paraît fort beau et bien digne de regrets, et je suis sûr que tu es dans ce moment de mon avis. Si toutefois nous y regardons de près, tu te rappelleras que tu avais aussi de longs instants de tristesse, et que tu nous entretenais souvent de tes ennuis. Moi, je me souviens bien que j'avais alors, comme aujourd'hui, de terribles accès de mélancolie et de dégoût de tout. Quant à Charles, il n'était probablement pas plus heureux qu'il ne l'est à présent. Qu'a donc ce temps de si digne de nos regrets, mon cher Sellèque? D'abord il a l'avantage d'être passé. Les ombres se perdent dans l'éloignement, et il n'en reste que deux ou trois traits assez brillants et agréables, mais que, dans le moment, nous ne remarquions peut-être pas. Ensuite, c'est que, si nous avions alors quelque ennui, mélancolie ou fadaise de cette espèce, nous avions l'avantage de nous le dire tout au long : ce qui n'est pas un petit soulagement. En appliquant cela au présent, nous trouvons qu'il est presque aussi beau. Pendant que nous y pensons, le voilà qui est déjà passé. Restent les épanchements d'amitié, et si, vu l'éloignement, ils ne peuvent être aussi fréquents qu'autrefois, nous n'en sentirons que mieux le prix. Voilà ce que je me dis à moi-même, mon cher Sellèque, quand je souffre d'esprit (car ce mal m'arrive souvent), et, quoique cela ne me convainque pas toujours, cela me soulage quelquefois.

En vérité, ce sont les seules médecines qu'il nous faut. Quant à toi, en particulier, un bon régime, le plus de promenades au matin et au soir que ton état te le permettra; quelques visites, s'il en est qui peuvent t'être agréables, sinon reste avec ta femme et ton enfant; je crois que c'est le parti le plus sage jusqu'à nouvel ordre. Du reste, dis-moi en détail ce que tu éprouves, et, quoique je ne sois ni ne doive être jamais un malin Esculape[1], je t'indiquerai en ami ce que je te conseille.

Quoique je ne fasse pas grand'chose, je suis fort occupé et sédentaire. Je vais chez M. Landry bien plus rarement que je ne voudrais, et, à vrai dire, je ne vais nulle part depuis que j'ai quitté la pension; je ne me suis pas fait un nouvel ami, et j'ai eu le chagrin de perdre de vue, sinon de pensée, la plupart de ceux que j'avais, toi et les Neate en particulier. J'ai reçu, il y a quelques jours, une lettre d'Arthur et une autre de Charles. Ils sont vraiment bien heureux et par leur caractère et par leur position. On a beau dire que l'étoffe avec laquelle on fait le bonheur est au dedans de nous : cela est juste si l'on ajoute que ce qui met l'étoffe en œuvre est au dehors. Pour moi, je ne connais

---

1. Sainte-Beuve était encore étudiant en médecine, bien qu'il écrivît dans *le Globe* depuis 1824.

que le tailleur du bon roi Midas qui puisse m'habiller à ma taille.

Adieu, mon cher Sellèque, écris-moi et console-moi.

P.-S. — Maman te remercie de ton bon souvenir. — Présente mes respects à ta femme.

IV.

A M. LOUDIERRE [1].

Ce 6 décembre 1828.

Mon cher Loudierre,

Je suis charmé de te savoir rétabli de ta désagréable chute et installé tellement quellement dans ta nouvelle résidence. L'ennui ne doit pas t'étonner : on l'éprouve à chaque changement de lieu et d'habitudes; et tu y avais compté. L'étude comblera ces vides, et, entre deux lectures, tu penseras un moment à nous qui nous ennuyons ici autant que toi. Je ne sais plus que faire de mes samedis, et, quoiqu'ils ne fussent pas tous employés à te voir, je m'aperçois bien qu'ils t'appartenaient et qu'ils sont maintenant désœuvrés comme un

1. Ancien professeur de rhétorique, ami et condisciple de Sainte-Beuve au collége Charlemagne. Sainte-Beuve est resté lié toute sa vie avec M. Loudierre. (Voir ce qu'on a dit de leur amitié dans le volume intitulé *Souvenirs et Indiscrétions*, au chapitre *Sainte-Beuve chez lui*, p. 137 et 156.) — En 1828, M. Loudierre était régent de rhétorique à Évreux : il fut plus tard appelé au lycée Saint-Louis à Paris. Sainte-Beuve faisait le plus grand cas de sa méthode naturelle d'enseignement, comme professeur de rhétorique. Il vit aujourd'hui dans la retraite, aimé et estimé de ses anciens élèves et des maîtres de l'Université, qui ont été ses collègues.

valet sans condition qui cherche maître. Il n'y a rien de nouveau ici, excepté mille riens qui peuvent se dire, mais dont on ne se souvient plus dès qu'il s'agit de les écrire. En politique, cela ne va pas trop mal, et, avec quelques années de cet *andante* et de ce *piano*, nous sommes à bon port. En littérature, il y a beaucoup de mouvement toujours. Les cours de la Faculté sont rouverts. Villemain fait foule : je ne l'ai pas encore entendu ; il ne sort pas du xviiie siècle, et devra un peu se répéter ; ce sera probablement sa dernière année. Cousin a grand succès, quoique contesté comme tous les succès durables, aux époques de crise et de fondation. Il aborde encore la philosophie du xviiie siècle, et non la grecque, ionienne et dorienne, comme il l'avait annoncé l'année dernière. Il a pensé, et avec raison, qu'à un moment où les vieilles écoles se remuent et se raniment pour pousser un dernier cri, il ne fallait pas quitter le terrain, et il accepte une dernière fois la lutte, en face de Broussais, Daunou et de cette coriace et vivace philosophie dite sensualiste[1].

---

1. L'opinion de Sainte-Beuve s'était bien modifiée par la suite, sur l'école dite *sensualiste*. Il est curieux de rapprocher de cette lettre de sa jeunesse la page suivante qu'il écrivait peu de mois avant sa mort :

« Une petite iniquité philosophique s'est introduite et s'est consacrée depuis 1817 et dans les années suivantes. M. Cousin, pour désigner l'École adverse du xviiie siècle qui rattachait les idées aux sensations, l'a dénommée l'École *sensualiste*. Pour être exact, il eût fallu dire *sensationniste*. Le mot de *sensualiste* appelle naturellement l'idée d'un matérialisme pratique qui sacrifie aux jouissances des sens ; et, si cela avait pu être vrai de quelques philosophes du xviiie siècle, de La Mettrie ou d'Helvétius par exemple, rien ne s'appliquait moins à Condillac et à tous les honorables disciples sortis de son école, les idéologues d'Auteuil et leurs adhérents, les Thurot, les Daunou, la sobriété même. Mais il est toujours bon de flétrir en passant son adver-

Ce dernier coup sera décisif, et je me promets bien d'applaudir au résultat; car, en vérité, ces vieilles gens sont incorrigibles et harcelants, et, par la physiologie et la médecine, ils pourraient gagner nos jeunes et spirituels philosophes des amphithéâtres, qui ne conçoivent pas que la question de l'immortalité de l'âme soit postérieure à la psychologie, et que, de quelque façon qu'on la tranche, la science n'en est pas moins posée auparavant.

Guizot a commencé; il traite de la civilisation en France; il avait traité, l'année dernière, de la civilisation en Europe.

En littérature, on imprime à force pour cet hiver. *Les Orientales* de Victor Hugo vont paraître, et bientôt après un petit roman de lui en un volume, *le Dernier Jour d'un condamné*; tu peux concevoir ce que ce sera. De Vigny a fait aussi un roman qui, je crois, est vendu et par conséquent paraîtra bientôt; mais il ne dit pas ce que c'est. On imprime une espèce d'Histoire de la Russie avant Pierre le Grand du général de Ségur; mais c'est plutôt un tableau qu'une Histoire détaillée. Le *Napoléon en Égypte* de Barthélemy et Méry a eu grand succès; c'est admirable à tout moment dans le détail; mais cela manque de composition et de haute philosophie, comme il en faut en poésie. Le *pittoresque* y est généralement très-beau, et différent du *descriptif* de Delille, dont pourtant ils ne se sont pas assez gardés toujours. La deuxième édition de Damiron [1] vient

saire; il lui en reste quelque chose. C'est ce qui est arrivé ici. Une probité philosophique plus scrupuleuse que celle de M. Cousin se fût privée d'un tel moyen; mais, en pareil cas, l'audacieux personnage n'y regardait pas de si près. » (*Causeries du Lundi*, tome XI, 3ᵉ édition, 1868. Pensée CXVI, p. 488.)

1. *Histoire de la philosophie en France au* XIXᵉ *siècle.*

de paraître en deux volumes, fort augmentée par conséquent, comme tu auras pu voir dans *le Globe*, que tu reçois, j'espère, là-bas. Mais j'ai peur de tomber dans la bibliographie. Il sera plus simple, mon cher ami, qu'en m'écrivant tu me dises sur quoi tu veux que portent le peu de renseignements que je pourrais te donner et qui te seraient agréables. J'ajouterai seulement que j'ai vendu la première édition de mes Poésies quatre cents francs, à mille exemplaires, à Delangle et qu'on commencera à m'imprimer à la fin de janvier. Jusqu'à ce temps, je travaillerai peu à autre chose; j'aime mieux perfectionner ma petite œuvre, ajouter quelques pièces que le froid ne gèle pas en chemin, et jouir de ce doux rien-faire auquel je sens avec effroi que je suis plus enclin que jamais. L'ennui que tu éprouves et cette vie de province que tu me remets sous les yeux m'effrayent, quand je pense que peut-être je serai heureux d'accepter pareille destinée à Besançon; car le bon Jouffroy s'occupe toujours de mon affaire, comme si cela pouvait me faire plaisir.

Aussi dans le cas où ses démarches réussiraient, je crois que j'accepterais, ne serait-ce que pour ne pas le désobliger.

Mes rapports avec Dubois [1] sont toujours les mêmes; très-

---

1. M. Dubois, l'un des fondateurs du *Globe*, ancien professeur de rhétorique au collége Charlemagne, où il avait eu Sainte-Beuve et M. Loudierre pour élèves en 1820. C'est lui qui appela Sainte-Beuve au *Globe* en 1824. Malgré cela, leurs rapports restèrent toujours froids, et se terminèrent par un duel en 1830, peu après la révolution de Juillet. M. Dubois est mort en 1874 : il avait gardé jusqu'à la fin des relations amicales avec M. Loudierre, et le nom de Sainte-Beuve revenait souvent dans leurs conversations. On trouvera dans la suite de cette Correspondance, à la date du 15 février 1867, une lettre de Sainte-Beuve à M. Jules Claretie, relative à son duel avec M. Dubois et contenant une appréciation littéraire sur ce dernier.

polis, amicaux au fond, et expressifs en apparence ; mais sans retour d'intimité possible. Hugo a reçu dernièrement une pièce de vers de Lamartine en réponse à la pièce des *Rêves*, que tu auras lue dans *le Globe*. Lamartine a trouvé cela si beau et si à son gré, qu'il n'a pu s'empêcher de chanter à l'unisson. J'ai profité de la réponse de Hugo pour envoyer à Lamartine une pièce de vers que je lui adresse et que j'avais depuis bien longtemps sur le cœur. Thuriot a été sensible à ton souvenir.

Écris-moi quelquefois, mon cher Loudierre ; dis-moi tout ce qui t'arrive en événements et en idées et en sensations ; cela me consolera autant que toi, pour le moins. Vois un peu le monde là-bas ; si tu trouvais une seule maison agréable, cela te ferait plaisir et profit de la fréquenter. Je ne désespère pas du tout d'aller te dire bonjour un dimanche en mars, quand j'aurai reçu le billet qui échoit à cette époque, et que vingt-quatre francs de plus ou de moins ne seront rien dans mon gousset.

Maman se rappelle à ton souvenir.

Tout à toi.

V.

AU MÊME.

Ce lundi 22 décembre 1828.

Mon cher Loudierre,

Je t'écris avant ta réponse, pour te demander quelques renseignements que toi seul peux bien me donner. Il faut que, d'ici à un mois, je me fasse recevoir licencié ès lettres pour notre chaire en expectative ; et, afin que l'obstacle ne vienne pas de moi, toi qui es licencié, dis-moi avec précision les exercices qu'on t'a fait faire. Je sais qu'on a maintenant un thème grec au lieu d'une version. Mais les autres exercices sont les mêmes. Y a-t-il interrogation de vive voix ou seulement composition à loisir? Réponds-moi tout de suite, si tu peux. Dis-moi aussi sans flatterie ce que tu crois que j'ai à faire, surtout pour le grec.

J'ai vu hier Dubois, qui a reçu ta lettre, mais n'a pu encore te répondre ; il n'est pas très-bien portant, quoiqu'il ne travaille pas beaucoup. Jouffroy est nommé suppléant de M. Milon, à la place de Maugras, à la Faculté des lettres. Il commence le 15 janvier. Cousin fait toujours admirablement, et, malgré toutes les attaques de la philosophie sensualiste coalisée avec le catholicisme et les moqueurs sceptiques, il vient à bout de remuer ses deux mille auditeurs, et de faire casser les portes de la grande salle, tant elle est pleine. Les trois cours font merveille surtout pour l'esprit qu'ils propagent et le mouvement qu'ils impriment.

Amédée Thierry a commencé à Besançon, comme tu as pu voir dans *le Globe;* il y est très-bien accueilli, et me désire pour collègue. Je serai bien appuyé près M. de Vatimesnil. Villemain s'est offert à Jouffroy au premier mot, et, depuis quelque temps, Villemain a conquis un grand ascendant sur le jeune ministre. Je ferai aussi parler Caïx au moment.

Et toi, que fais-tu? L'ennui est-il décidément usé? Et le travail te console-t-il de l'absence de tes amis de Paris, des spectacles, des journaux et de tant d'autres petites commodités de la vie intellectuelle qu'on n'apprécie que lorsqu'on ne les a plus? Vois-tu du monde? quelque honnête famille bourgeoise, où il y a une jeune dame mariée d'il y a dix-huit mois, qui ne demanderait pas mieux (à voir ses jolis yeux en coulisse et sa bouche entr'ouverte pour sourire) que d'avoir de l'esprit comme on en a à Paris? Ta robe t'aurait-elle rendu inexorable? M. le régent *de rhétorique* n'aimerait-il plus les jolies dames?...

Pardon de toutes ces folies, dont tu es peut-être bien loin en ce moment. Ne travaille pourtant pas trop et ménage ta santé.

Tout à toi.

P.-S. — J'ai fait dans ces temps-ci beaucoup de vers, mais cela ne s'imprime pas tout de suite. Encore un mois!

VI.

AU MÊME.

Ce jeudi 23 avril 1829.

Je suis très-sensible à tes peines, mon cher Loudierre, et je crois les comprendre parfaitement. Je crois seulement que, toi, tu n'as pas été assez libre d'esprit pour comprendre la réponse que je t'ai faite et qui allait au fond de ta peine. Au reste, je ne veux pas réveiller toutes tes douloureuses sensations; je t'engage seulement à prendre sur toi de quoi te soutenir jusqu'en août, et alors de revenir te consoler, ou, si tu l'aimes mieux, te désoler avec nous.

Je suis toujours dans le même état et le même esprit que tu me connais. La publication de mon *Joseph Delorme* m'a un peu sorti de ma solitude de cœur, et j'ai grande hâte d'y rentrer. Ce malheureux livre a eu tout le succès que je pouvais espérer; il a fait crier et irrité d'honnêtes gens beaucoup plus qu'il ne m'eût paru croyable; madame de Broglie a daigné trouver que c'était *immoral*; M. Guizot, que c'était du *Werther jacobin et carabin*. — Il y a eu là-dessus scission et débats au *Globe*: Leroux, Jouffroy, Damiron, Lerminier, Magnin d'une part, et, de l'autre, MM. Vitet, Desclozeaux, Duvergier, Duchatel, Rémusat, etc. N'est-ce pas glorieux et amusant? J'ai vu Cousin, qui a été très-bien pour moi et de très-bon conseil pour ma destinée et mes travaux à venir. J'ai vu aussi M. Dubois depuis son retour, nous avons causé de toi; il t'aime et t'estime beaucoup; il m'a paru, vis-à-vis de moi, un peu sur la réserve, quoique cordial, et peut-être au fond légèrement fâché, bien plus de ce qui n'est pas dans mon livre que de ce qui y est. Villemain doit être assez bien, à ce qui m'est revenu; car je ne l'ai pas vu depuis quelque temps. Mais c'est assez t'ennuyer de mes affaires, que je prends au reste bien plus philosophiquement que tu ne pourrais t'imaginer.

Il n'y a guère de publication nouvelle bien importante, sinon l'*Henri III* de Vitet, dont on fait par avance grands éloges. — Mérimée, auteur de *Clara Gazul* et qui est fort de mes amis, a publié un charmant livre, mi-roman, mi-chronique, sur la Cour de Charles IX en 1572. — L'*Henri III*, drame de Dumas, a eu grand succès, comme tu as su ; mais cela, quoique amusant, ne tranche pas la question dramatique ; c'est en prose assez lâche, et non du temps ; la partie historique est plaquée et superficielle ; la partie dramatique, qui se réduit à deux actes ou plutôt à deux scènes, est belle, touchante et a décidé le succès. — Ce ne sera pas non plus, je pense, le *Marino* de Delavigne qui tranchera cette question ; ce pauvre diable, qui a vidé son sac et qui ne fait plus que de l'eau claire, cherche de tous côtés à se ravitailler. Comme la ballade *fleurit* maintenant, il a laissé les *Messéniennes*, et le voilà qui fait des *ballades* sur l'Italie ; c'est ainsi qu'en tête de sa *tragédie* de *Marino*, il va inscrire en grosses lettres *mélodrame* ; tout cela, romantisme à l'écorce, absence de conviction poétique.

J'écris à la *Revue de Paris* ; c'est un recueil un peu hétérogène, on signe ses articles en toutes lettres, et par conséquent on ne répond que de ce qu'on a signé. C'est bien payé, *deux cents francs la feuille* ; c'est, entre nous, ce qui m'a décidé. J'y compte faire du xviie siècle.

Je serais assez homme à t'aller voir, un de ces dimanches, si cela te plaisait. Dis-le-moi franchement, et en même temps donne-moi la marche à suivre pour les départs.

Soigne-toi ; passe le moins de temps possible à regretter ; résigne-toi à n'avoir eu ni jeunesse, ni passé, ni avenir ; je ne te dis pas de ne pas en souffrir, de ne pas en mourir même à la longue ; mais je te dis de ne pas en enrager ni en piétiner. En un mot, mon bon ami, sois homme quoique aussi malheureux que possible. Écris-moi.

Ton tout dévoué ami.

VII.

A M. ÉDOUARD TURQUETY [1].

9 novembre 1829.

Monsieur,

Je reviens d'un petit voyage en Allemagne et je lis seulement votre lettre. Je me chargerai avec bien du plaisir de remettre à Guttinguer votre charmant volume, qui le comblera, lui, amateur de poésie pure et rêveuse [2]. Je ne connais pas personnellement M. Guiraud, qui ne demeure pas habituellement à Paris, mais à Limoux. J'ai remis dans le temps votre volume à M. Dubois, que vous connaissiez déjà et qui m'a promis un mot d'article; mais les journalistes sont oublieux et affairés : je le lui rappellerai [3].

Vous travaillez sans doute beaucoup, monsieur, et vous réalisez en œuvre vos rêveries dans votre heureux loisir de province; je vous envie bien ; je cours vraiment pour trouver du repos et du calme, et ce maudit bruit de Paris vient toujours nous traverser et nous distraire.

Continuez, monsieur, et revenez bientôt nous apporter un

---

1. Le poëte Édouard Turquety, né à Rennes le 21 mai 1807, mort à Passy (Paris), le 18 novembre 1867. — Les lettres de Sainte-Beuve à Édouard Turquety nous ont été communiquées par M. Saulnier, président du tribunal civil à Dieppe.

2. *Esquisses poétiques*. Paris, Delangle, 1829, in-18.

3. M. Dubois, directeur du *Globe*, fit rendre compte des *Esquisses poétiques* par M. Géruzez (n° du 20 janvier 1830).

autre volume, aussi plein de charme et de sensibilité que le premier.

Recevez, monsieur, l'assurance de mes sentiments les plus distingués.

P.-S.— Vous ne me donnez pas votre adresse et je vous réponds tout simplement à Rennes, certain qu'on vous y connaît et qu'on doit vous y connaître si l'on sait ce que c'est que Poésie.

VIII.

A ALEXANDRE DUMAS.

11 décembre [1830?].

Mon cher Dumas, j'aurais besoin de votre obligeance auprès de votre ami qui est aux passe-ports, afin d'en obtenir un pour la Belgique dont peut-être je ne ferai pas usage : mais enfin je voudrais l'avoir pour faire un petit tour à Bruxelles, ce dont l'envie me vient par moments. Pourriez-vous m'envoyer sous pli une lettre pour M.[1]... (j'oublie le nom)? Je vous serais bien obligé, mais je ne partirai jamais avant d'avoir vu *Napoléon Bonaparte*.

Adieu, de cœur.

1. C'était M. de Mareste, chef du bureau des passe-ports.

IX.

A BÉRANGER.

Octobre 1832.

J'ai bien du regret de ne pas vous trouver, mais je n'osais trop l'espérer, ne sachant si vous étiez ici ou à la campagne. Je vous rends le cahier de vers de M. N... (Napoléon Peyrat). Il m'a fait tout le plaisir que vous avez éprouvé vous-même. C'est d'une poésie fraîche, riche, variée, vive, adolescente en un mot, en entendant par là toutes les couleurs et les grâces du printemps. Plus tard, le poëte, en se repliant davantage sur lui-même, gardera le vif éclat de sa forme, plus intime encore et parfois plus sobre d'ornements. Pour me servir d'une expression rajeunie par le poëte, il y a dans ce charmant bocage de poésie où il nous égare quelque chose de *verdelet*, et un gazouillement qui charme, mais qui laissera bientôt place à des chants plus distincts, plus rares, plus pénétrants encore. Toutes les pièces qui vous sont adressées respirent une sensibilité qui touche. Vous avez bien inspiré M. N... Je vous remercie fort, et vous prie de le remercier du plaisir sincère que m'a causé cette lecture.

Tout à vous de cœur et à bientôt.

X.

A LA RÉDACTION DU *SEMEUR* POUR M. ALEXANDRE VINET.

1832.

J'ai à remercier profondément l'auteur des articles sur *Volupté*, et pour la grande indulgence et bienveillance littéraire dont il a usé à mon égard, et pour les conseils chrétiens et le point de vue moral qui dominent son jugement. Si ma prétention d'écrivain a été plus que satisfaite en lisant ces articles, j'y ai trouvé à réfléchir fructueusement et à m'examiner sur d'autres points bien plus essentiels. J'ai senti combien il me reste à faire dans l'avenir pour n'être pas indigne de tels jugements qui honorent encore moins qu'ils ne touchent en secret et qu'ils ne provoquent aux pensées sérieuses.

XI.

A M. LERMINIER, PROFESSEUR AU COLLÉGE DE FRANCE [1].

7 avril 1833.

J'ai bien réfléchi depuis avant-hier à l'objet de votre amicale proposition. J'ai bien pressé jusqu'au pied du mur toutes les idées que je laisse si volontiers s'épandre et vaguer en moi, tant qu'il n'y a pas nécessité du contraire : j'ai rangé et rallié mes diverses séries d'objections, et il est résulté de tous ces examens partiels un *non* trop décidé, trop unanime en moi pour que je ne vous le dise pas dès aujourd'hui.

Littérairement et sous le rapport de l'application de l'intelligence à des travaux d'esprit, dans le sens du siècle, j'ai apprécié vivement les idées que vous m'avez développées

---

1. Cette lettre est extraite des *Lettres rurales*, publiées par M. le marquis de Chennevières, en 1871.

l'autre jour ; s'il n'y avait que ce côté de la question, je n'aurais peut-être pas la force de résister à des sollicitations si franches et si encourageantes, venues de vous : il y aurait pourtant au fond de moi un coin récalcitrant, une petite Vendée et un pays de Galles avec ses bruyères et sa sauvagerie native ; quelque chose de capricieux et de poëte rêveur (*per avia solus*), qui ne peut rien être de grand par soi-même, mais qui peut chagriner et harceler le reste. S'il n'y avait pourtant que cela, la raison virile l'eût probablement emporté, et je me serais risqué à suivre une route un peu large, et à vouloir y guider les autres.

Mais il y a d'autres raisons chez moi plus profondes et qui sont le vif de mon âme ; pour ambitionner des fonctions aussi en vue et aussi importantes, il faut se dire qu'une fois obtenues, elles seront le principal de la vie et le soin dominant de l'activité. Eh bien, non : pour moi, ce principal, ce tout réel des forces actives, est ailleurs dans un ordre bien différent : j'y rallie le mieux que je puis mon goût de poëte et ce que j'ai de faculté d'artiste, afin de ne pas me trouver trop oisif et trop nul en cette vie. Mais il n'y aurait aucune conciliation entre un enseignement grave, continu, studieux, et une telle préoccupation toute contraire, absolue et souveraine, trop chère pour lui vouloir jamais rien retrancher.

Politiquement enfin, il m'en coûterait, je vous l'avoue, de remettre mon nom sous les yeux de certains hommes, autre part que dans des rangs irrévocablement ennemis. C'est là plutôt un instinct de poëte et d'homme passionné qu'une détermination stoïque : je m'en blâme de sang-froid plutôt que je ne m'en targue avec moi-même. La paresse et souvent l'amour-propre trouvent leur compte à ces sortes d'abnégations. Mais enfin, si j'étais capable d'action, d'action suivie, publique et influente, ce serait surtout, ce me semble, dans un sentiment de guerre ouverte, dans une pensée révolutionnaire, impatiente souvent, allant et venant à travers et se produisant en dehors de l'enceinte. Bien des mots que j'ai écrits, et qui me reviennent en y pensant, m'en feraient un devoir.

En somme, mon cher ami, être et rester *en dehors de tout*, c'est là, je crois, mon vœu et ma destinée. De temps à autre, dans un moment de crise et de presse, je me porterai à l'endroit décisif et, à votre suite, à vos côtés, je vous aiderai d'un coup de main ; et puis je m'en retournerai à mes sentiers. Une de mes plus chères consolations, lorsque je souffrirai de ne rien être (car on en souffre toujours par instants), ce sera de me dire que des hommes comme vous avaient jugé dans leur amitié qu'il n'aurait tenu qu'à moi de marcher dans les mêmes voies qu'eux et de n'y pas broncher.

Je ne vous dis pas quel sentiment profond et vif tout ceci laisse en moi par rapport à vous : j'irai au premier matin vous voir.

Tout à vous de cœur.

XII.

A JEAN-JACQUES AMPÈRE.

Paris, 5 septembre 1834.

Cher Ampère,

Tout est bien ici, hors que vous n'y êtes pas. Votre père

est arrivé; M. Ballanche est allé hier dîner avec lui. Madame Récamier n'est pas retournée à Clamart. M. Lenormant est brouillé avec Coste, qui lui a ôté vilainement le Théâtre-Italien durant son absence; il va écrire aux *Débats* et reprendre la *Revue française* tant méditée. M. de Chateaubriand, que j'ai vu aujourd'hui même, est inconcevable de jeunesse et pas trop sombre. M. Paul n'a pas eu d'accident. D'Ault, en passant ici, n'a trouvé personne auprès de qui s'orienter pour son catholicisme, et ce qu'il avait à penser de tout ce débat; il est allé, en désespoir de cause, questionner M. Mohl, qui lui a donné le conseil philosophique de se tenir *coi*. Mohl est très-drôle, racontant la consultation de d'Ault au sujet des choses catholiques. Quant à notre affaire de l'École (normale), elle s'est compliquée; voici : j'ai vu M. Guizot, auprès de qui madame Lenormant a tenté *molles aditus*. Il ne veut pas de moi pour l'École; mais pour toute autre chose, chaire de Faculté, etc., il veut bien. C'est ainsi qu'il s'est exprimé d'abord avec Cousin, Villemain, Vitet et madame Lenormant elle-même. Avec moi, il a été plus accommodant, très-poli et obligeant. Son plus grand désir est que vous restiez encore un an; on vous allégerait d'une conférence, on vous donnerait une prolongation de vacances, enfin tous les accommodements. « Dans cette année, dit-il, si je faisais un livre qui fût un témoignage pour lui et une pièce justificative devant son public universitaire, il verrait à me nommer peut-être, sans doute... » D'ailleurs, on ne nommera personne d'autre définitivement et tout est ajourné jusqu'à la huitaine après la rentrée. Dans le désir qu'il a que vous restiez encore, il entre ceci que son fils aîné devant suivre le cours de l'École cette année, il ne lui est pas indifférent de procurer à ce fils votre enseignement littéraire. Ne vous inquiétez pas de cette complication, mon cher Ampère, ne prenez aucune détermination actuelle. Jouissez de Florence, de Pistoie et des découvertes que vous allez y faire. Mohl gardera ou déchirera son papier, et une demi-journée de délibération, à votre retour, en finira assez tôt, sans qu'il faille en charger votre insouciance de voyageur. Je suis toujours assez heureux (*assai*), et il me semble que vous n'écrivez guère, eu égard à la quantité d'enveloppes que vous avez emportées.

Bonjour, bien du bonheur et un peu de souvenir pour nous qui vous suivons de pensées très-tendres.

XIII.

AU MÊME.

Précy-sur-Oise, 8 octobre 1834.

Mon cher Ampère,

Je vous écris des champs, d'un joli petit pays, peu comparable à votre pays casentin et morantin, mais où il y a des coteaux, une rivière, des bois qu'on appelle les bois du Lys qui rejoignent ceux de Chantilly. J'y suis depuis huit jours et pour huit jours encore. Votre lettre et l'itinéraire que vous me tracez me tentent bien, mais c'est impossible; finances, travail et le reste ne m'accordent rien au delà de huit jours encore. Après quoi, le collier sera repris, le collier de Buloz d'abord, et puis cet autre collier dont il est question dans *Hernani* : « les deux bras, etc. » Je ne serais même pas venu du tout ici sans une affaire qui s'annonçait d'abord comme plus grave qu'elle n'est devenue. Je vivais de cette vie que vous me savez à Paris, plus seul que jamais, par l'absence de tous mes amis; je projetais d'aller faire une visite à Clamart que je retardais toujours. En un mot, je séchais dans cette poussière de notre aride automne, quand l'article enfin écrit sur le bon M. Ballanche a déchaîné contre moi un orage difficile à prévoir et trop long à raconter. Le numéro de la *Revue* du 1er septembre chez Vieusseux pourra vous indiquer le point de départ de la querelle, qui n'est que trop grotesque. Mais la politique de nos énergiques amis de l'opinion républicaine s'en est mêlée, et j'ai été jugé suspect d'une véhémente ardeur de Restauration. Bref, j'ai reçu une lettre que je garde précieusement, signée Raspail et Bastide, écrite de la main de ce dernier, à la sollicitation de M. de Beauterne (je vous parle comme à un homme qui a lu la *Revue*), qui était passablement provoquante[1]. Mais je deviens sage et je n'ai pas un seul instant hésité. De plus, j'étais menacé, à ce qu'on me disait, d'un autre cartel de N..., qui prenait fait et cause pour les régicides (fils pieux!) que j'avais effleurés, sans m'en douter, à propos de *l'Homme sans nom*. Je n'ai pas voulu me prêter à cette manière de me faire passer par les armes comme un déserteur, et j'ai quitté Paris un beau matin, la veille même du jour où l'on représentait *Moïse* à Versailles. Mon absence, le bon sens qui revint après la première folie, les

---

1. L'article sur Ballanche fait partie des *Portraits contemporains*, t. II, édition de 1869; Sainte-Beuve y a joint des commentaires relatifs à l'affaire à laquelle il fait allusion dans cette lettre.

observations de nos anciens amis du *National*, ont apaisé et, je le crois, terminé l'affaire. Mais l'impression en reste toujours ; en somme, j'ai payé à ce sujet l'arriéré de *Volupté*, et la peine de mon rapprochement avec les doctrinaires, car c'est ainsi que mes meilleurs amis politiques, Leroux, etc., appellent mon désir d'être à l'École normale. Mon impression, à moi, que je garde, est le désir d'être de plus en plus retiré du monde et dans un cloître d'études et d'oubli. Que vous êtes bon, mon cher Ampère, de m'en donner, autant qu'il est en vous, le moyen, et de compromettre encore une fois votre repos de cette année par dévouement à mon projet! Mon cœur vous en remercie en ce moment plus encore qu'à tout autre, et de tout ce qu'il a souffert dans cette dernière épreuve. Je ne sais de détails sur *Moïse* que par les *Débats*. J'ignore si madame Récamier est de retour à Paris ; un mot de M. Ballanche m'a fait savoir tout son aimable intérêt ; quant à lui, il a d'abord été consterné autant que vous pouvez le croire de cette bataille de Lapithes qui a failli se livrer autour et au sujet de son temple de Delphes. Mademoiselle Clarke ne revient guère et n'écrit pas davantage ; mais les méchants prétendent que Mohl reçoit maintes lettres qu'il ne dit pas. *O paupertina philosophia!*

J'écris à Buloz ce que vous me dites : vous verrez que Fauriel a enfin passé. Adieu, cher ami, pèlerin dantesque, à qui les Béatrix ne manquent pas, et qui avez de plus des amis que vous ne mettez dans aucun enfer.

A vous de tout cœur.

P.-S. — Carrel est revenu d'Angleterre et s'est constitué prisonnier.

XIV.

AU MÊME.

Paris, 18 décembre 1834.

Mon cher Ampère,

Nous recevons vos lettres au moment où un nouveau revirement ici a replacé le ministère et ses hommes au même point que devant; mais vous deviez ne rien prévoir de la comédie de cette *semaine des dupes*, et vous avez bien fait de retourner à cette Rome éternelle et à vos études impartiales et durables, sauf qu'ici nous vous regrettons beaucoup, et qu'il semble que vous vous habituez bien à l'absence.

Après tout, ce qui s'est passé en politique n'a pas la signification que de loin cela doit paraître avoir : ce n'a été qu'une *intrigue*, un *conflit de personnalités*, un *effet sans cause* ou du moins sans cause dans les idées. Le public a été fort long avant d'y rien comprendre; le calme plat de la masse et l'atonie de l'opinion durent toujours. Le pire effet de tout cela a été de montrer combien on était continuellement, sans s'en douter, à la merci de *l'imprévu*, du moindre accident, et que ces hautes habiletés auxquelles on commençait à croire couvraient d'étranges absences et des manques de discernement peu propres à rassurer ceux qui se fondent sur cet ordre-là. Notre ami Carrel est en prison; je ne l'ai pas vu, mais je sais de ses nouvelles; il réécrit au journal, malgré le serment de n'y plus rien insérer.

Les grands caractères, en ce temps-ci, sont portés sans cesse à faire le contraire de ce qu'ils ont juré, sous peine de ne rien faire du tout. D'ailleurs, je vous le répète, tous ces mouvements de loin grossis, et ces *armada* dans la tempête, sont un peu de près les bâtons flottants, et, si la Bibliothèque du Vatican était ici, on ne serait guère distrait en y travaillant à loisir.

L'Abbaye-aux-Bois va à merveille. Madame Lenormant a repris ses soirées du vendredi. M. Ballanche postule à l'Académie; mais Scribe lui sera préféré, bien que sa candidature doive être, j'espère, assez soutenue. M. Fauriel est revenu du Midi et a la goutte. Magnin commence le cours sous peu. Mohl dévide son *Sha-Hamed*. Bref, cher ami, tout va son train, et les plus grands orages que je sache sont les ruptures de Lélia et de Rolla, qui ont passé tout ce dernier mois à se maudire, à se retrouver, à se déchirer, à souffrir. Liszt, qui était allé chez l'abbé de Lamennais accompagner de son piano les méditations philosophiques du prêtre poëte, en est revenu avec des lettres aimables pour nous tous, et l'a laissé assez bien, calme et travaillant à force. Quant à d'Ault, pas de nouvelles, non plus que de Barchou. Cazalès est revenu d'Allemagne, gros, parlant beaucoup et assez germanisé. Pour moi, cher ami, j'ai tout à fait embrassé l'étude et les saints solitaires de Port-Royal. C'est une Rome à ma portée, et je l'aime déjà autant que vous votre Vatican. On va nommer à l'École aujourd'hui ou demain, et je crains presque, si je suis choisi, d'être détourné de cette cellule que je me creusais pour l'année. Le reste de ma vie, bien que assez mal en accord avec une vraie cellule, ne dépare pas trop celle (un peu libre) que je me fais par l'étude et la rêverie. Je suis heureux avec sobriété, dans l'absence souvent, par la pensée qui donne encore le plus grand bonheur, ou du moins qui conserve la plus grande délicatesse pour le sentir. J'ai dîné il y a quelque temps avec votre père, mais j'ai eu le tort de n'y être pas retourné et de n'avoir pas parlé, comme il m'en avait prié, de son livre : les heures manquent aux actions et aux devoirs. Il était assez inquiet de vous, mais vos dernières nouvelles le rassureront. Je vais à l'Abbaye deux ou trois fois par semaine.

Adieu, cher ami ; revenez-nous bientôt, riche de toute cette science si bien analysée, que vous nous distribuerez à nous tranquillement assis, et qui n'aurons qu'à entr'ouvrir la bouche pour nous en nourrir. Adieu ; aimez-moi toujours et croyez à mon fidèle attachement.

XV.

A M. DUVERGIER, IMPRIMEUR.

14 juillet 1835.

Apportant moi-même un soin très-minutieux, et que je ne crois pas superflu, aux détails de style et aux épreuves, je ne puis qu'être charmé de rencontrer le même soin analogue chez monsieur Duvergier et je l'en remercie beaucoup. Je n'ai rien à objecter aux corrections légères qu'il propose, *grâce, franc parler, satisfaisant.*

Quant aux guillemets, ils doivent se trouver dans Grimarest même ; car ce discours est donné comme étant celui de Molière, sauf le tour indirect, et les guillemets indiquent cela.

Quant au signe —, je ne voudrais pas choquer les habitudes typographiques, mais voici mes raisons : ce signe —, qui est d'introduction assez récente, ne me semble pas devoir être uniquement affecté aux dialogues. En anglais, où il est fréquent, il intervient dans les longues phrases pour aider à s'y retrouver. Je lui attribue une signification de pause légère à faire, d'inflexion dans le tour de la pensée qui, sans l'avertissement de ce signe, serait brusque pour le lecteur. C'est dans cette intention précise que je l'ai employé deux ou trois fois. Au milieu de tant d'autres innovations, c'en est une très-légère et qui me paraît avoir son utilité, à l'employer sobrement. Que monsieur Duvergier fasse là-dessus, au reste, selon sa volonté, car ceci est sur les limites de la typographie et du style, et le typographe a le droit de revendiquer ce détail : ma pensée pourtant est que, dans notre style à la moderne, ce signe est quelquefois un appendice utile à la ponctuation ; dans les vers, par exemple, je le crois en certains cas indispensable.

XVI.

A MADAME LA COMTESSE CHRISTINE DE FONTANES [1].

Lyon, le 26.

Madame,

En regrettant de n'avoir pas eu l'honneur de vous rencontrer à Genève dans le peu de jours que j'y suis resté,

---

[1]. La fille de Fontanes. Les originaux de ces lettres, adressées à madame la comtesse Christine de Fontanes, appartiennent aujourd'hui à la Bibliothèque de Genève.

je ne pensais pas avoir si tôt ce que j'ose croire une occasion de vous parler de nouveau des œuvres de monsieur votre père. Mais, en passant à Lyon, un de mes amis, M. Collombet, m'offre le petit écrit dont je vous adresse un exemplaire et qui, en vous apprenant ce que M. de Chateaubriand a déjà écrit sur M. de Fontanes, vous prouvera aussi le juste intérêt qui s'attache toujours à ces productions si senties et si pures. Vous voyez que, si on juge à propos de faire à Lyon un recueil incomplet, il ne saurait être indifférent d'en faire un complet, avoué, définitif, avec des portions inédites. Ce morceau de M. de Chateaubriand (qu'il augmenterait peut-être), le discours d'Académie de M. Villemain lorsqu'il succéda à monsieur votre père, une autre notice plus détaillée et plus minutieuse, formeraient un préambule naturel à ces deux volumes choisis. Mille pardons, madame, de prendre la liberté de revenir de loin sur un sujet qui d'ailleurs m'excusera près de vous. J'ai voulu vous réitérer aussi (ce que je n'ai pu de vive voix) l'assurance que j'étais tout à vos ordres pour ce que vous décideriez plus tard et à quoi je pourrais aider.

Veuillez, madame, recevoir l'expression de mon respectueux hommage.

N.-B. — J'ose vous prier aussi de vouloir bien offrir mes humbles respects à mademoiselle votre amie et mes souvenirs reconnaissants à M. Hentsch, lorsque vous le rencontrerez.

Mon adresse à Paris, rue du Mont-Parnasse, 1 *ter*.

XVII.

A M. AUGUSTE SAUVAGE [1].

15 août 1837.

Monsieur,

Je ne reçois qu'à Genève votre obligeante communication : je m'empresse de vous assurer que je serais très-reconnaissant de tout ce qu'il vous plairait, monsieur, de me dire ou de me confier sur l'intéressant sujet pour lequel ma curiosité et mon besoin de vérité ne sont pas épuisés. Je n'ai, quoique vous le disiez, écrit sous *la dictée* de personne; mais j'ai consulté des personnes qui me semblaient devoir être bien informées et n'avoir pas d'intérêt à m'induire en erreur. Tout ce que vous voudriez réformer, monsieur, de mes jugements serait bien accueilli.

Si vous me le permettiez, j'aurais l'honneur dans quelques semaines, dès mon retour à Paris, de vous écrire si vous m'en donniez les moyens, ou mieux de vous voir (car pourquoi ne vous verrais-je plutôt pas?). Si je trouvais, à

---

[1]. Sainte-Beuve répondait, dans cette lettre, à la personne qui lui avait adressé des observations relatives à son article sur Delille, que la *Revue des Deux Mondes* venait de publier (dans son n° du 1ᵉʳ août 1837). Il a tenu compte, dans un appendice, des communications qui lui furent faites à ce sujet, en reproduisant son article dans les *Portraits littéraires* (t. II).

mon retour à Paris, une lettre de vous, monsieur, avec votre adresse, je me hâterais d'en profiter.

Veuillez recevoir, monsieur, l'assurance de mes sentiments reconnaissants.

XVIII.

A MADAME LA COMTESSE CHRISTINE DE FONTANES.

Paris, ce 7 septembre 1837.

Madame,

Je réponds, pour vous obéir, à la question confiante que vous voulez bien m'adresser, même sans pouvoir vous répondre suffisamment sur les autres points encore. Je ne crois pas du tout qu'il soit urgent que vous veniez cet hiver à Paris : il ne saurait y avoir urgence à cela. Une fois votre détermination prise de publier les œuvres de monsieur votre père, ce n'est plus quelques mois qui peuvent faire ; l'essentiel, ce me semble, c'est que ce ne soit plus qu'une affaire de mois et non d'années. J'ai vu M. de Chateaubriand, mais non chez lui ; je lui ai pourtant parlé, et de vous, madame, dont il m'a demandé avec un intérêt marqué des nouvelles ainsi que de mademoiselle Led'huy, et du projet de publication sur lequel il m'a d'abord exprimé tout son désir, et son conseil surtout de restreindre à deux volumes (l'un de prose, l'autre de vers) le choix des morceaux recueillis. Indépendamment du morceau que vous avez lu (dans la notice de M. Collombet), extrait des Mémoires, sur M. de Fontanes,

M. de Chateaubriand a encore écrit dans ces mêmes Mémoires, à un autre endroit, une ou deux pages sur monsieur votre père, que je me rappelle fort bien; c'est pour vous dire que le morceau qu'on citerait de lui, en tête des volumes, s'étendrait aisément, sans compter ce qu'il y ajouterait d'approprié. Je pense qu'une lettre de vous, précisant bien votre désir, indiquant que le soin de recueillir et de classer ne retomberait pas sur lui, ou n'y retomberait que comme consultation remise à son goût, je pense qu'une telle lettre, toute simple, déciderait la chose sans aucun besoin de négociation. — Une négociation bien différente, entreprise pour moi-même, me ramènera probablement cet hiver en Suisse; j'aurai l'honneur, madame, de vous y voir en passant, du moins au retour. Je serai à Paris à la fin du printemps ou à l'été; si vous y étiez à cette époque, il serait facile (le libraire choisi) de préparer doucement l'édition, qui paraîtrait pour l'hiver. Quelques conversations avec M. Villemain, avec M. Roger, fourniraient toutes les anecdotes qu'on jugerait à propos de recueillir sur la vie littéraire de M. de Fontanes. Je causerai, avant la fin de ce mois, avec une personne qui a été fort l'amie de monsieur votre père, et que j'ai l'honneur moi-même de connaître, madame Duvivier. Enfin on arriverait, j'espère, à élever ce monument tel que son goût si pur ne le désavouerait pas s'il le jugeait. Je n'aurai, madame, qu'à me féliciter si j'y puis porter la main utilement et y entrer comme aide; ce sera un honneur que de contribuer à une telle mémoire, et un double honneur que ce soit par votre choix.

Veuillez, madame, offrir mes respectueux hommages à

mademoiselle Led'huy, et recevoir l'assurance très-humble de mon entier dévouement.

P.-S. — Je serai, dans tous les cas, à Paris encore jusqu'au 10 du mois prochain (octobre). Si je retourne en Suisse, comme cela devient probable, vous ne laisseriez pas, madame, d'en être informée ; et, de là, nous pourrions ensuite tout concerter pour la *campagne* d'été.

Oserai-je toujours vous prier de nommer mon nom avec souvenirs près de M. Hentsch, à qui je dois, parmi tant d'autres choses, l'honneur de vous connaître ?

XIX.

A LA MÊME.

Paris, le 24 septembre 1837.

Madame,

Je m'empresse de vous répondre pour dissiper toute inquiétude : je n'ai aucunement changé d'avis, et n'en changerai pas, soyez-en assurée. La lettre et la proposition de M. Collombet n'ont été suggérées que par le désir de l'imprimeur dont il parle et par le propre intérêt qu'il attache aux œuvres de M. de Fontanes. En passant à Lyon, nous avons parlé vaguement de l'importance qu'il y aurait à ce qu'une édition complète existât ; mais ce qui s'est dit entre vous, madame, et moi, est la chose précise. — Depuis que j'ai eu l'honneur de vous écrire, j'ai eu celui de voir madame Duvivier, qui m'a parlé durant deux heures, avec âme, de M. de Fontanes, qui m'a récité de mémoire son

ode au duc d'Enghien, des morceaux du poëme de *la Grèce
sauvée*, de charmantes odes dignes d'Horace, *le Voyage à
Fontainebleau*, etc.; mon admiration a été vive, et, malgré
la haute estime que je faisais du talent poétique de M. de
Fontanes, il me semblait y découvrir soudainement quelque chose de tout nouveau. Il n'est pas apprécié comme il
mérite de l'être. — J'ai vu en outre M. Roger, qui avait
reçu votre lettre; il a achevé sa notice, qui paraîtra d'ici à
deux mois au plus tard. Il l'a été lire à M. de Chateaubriand,
qui, après l'avoir entendue, l'a embrassé en lui disant : « Vous
avez payé notre dette : c'était un remords que j'avais. »
M. de Chateaubriand lui-même, je n'en fais nul doute,
achèvera de la payer. Quelques pages nouvelles compléteront celles qui sont écrites déjà. Ces pages, les discours
académiques de MM. Villemain et Roger, la notice de
ce dernier, voilà d'excellentes Introductions. Je ferai moi-
même un grand morceau sur M. de Fontanes. Entrer dans
l'édition même serait un grand honneur, serait trop d'honneur; nous verrons pourtant alors, et c'est l'impression
de M. de Chateaubriand qui devra aussi être consultée
sur ce point. Quand il est l'introducteur, il ne convient
peut-être guère qu'un autre le soit. Au reste, nous verrons
alors. Et, dans tous les cas, ma notice, insérée dans la *Revue
des Deux Mondes*, aiderait l'édition. Pour les détails de l'édition, je serai tout à vos ordres, madame; n'en doutez plus,
je vous prie. Il me semble que la réponse à faire au libraire
de Lyon est un ajournement de toute détermination pour
l'instant. Je compte passer l'hiver à Lausanne. Je reviendrai
à Paris au commencement de juin. Vous y serez peut-être
déjà. Tout en préparant l'édition et en annonçant qu'on la

prépare, on verrait venir les libraires; on comparerait leurs propositions, et l'on choisirait. Tout cela, en s'en occupant avec suite, demanderait peu de temps. Une fois l'impression commencée, vous pourriez, madame, ne plus rester à Paris si vous aimiez mieux repartir : je la reverrais en détail; il suffirait d'avoir réglé d'avance ce qui y devrait entrer. Tout en corrigeant les épreuves, j'écrirais mon Portrait littéraire. S'il paraissait convenable à vous, madame, à M. de Chateaubriand, à M. Roger, qu'il entrât à la suite de leurs notices, on l'y mettrait : ce qui n'empêcherait pas qu'il ne parût en même temps dans la *Revue des Deux Mondes* pour faire annonce. — M. Roger, en reparlant à M. de Chateaubriand de l'édition des œuvres de M. de Fontanes, l'a encore mieux préparé que je n'avais fait à ce que vous devez lui en dire. Mais une seule lettre suffira, je pense : il promettra ; et on le lui rappellera seulement au dernier moment et à la veille de l'édition même. Deux matinées lui suffiront.

Veuillez, madame, en recevant mon respectueux hommage, vouloir bien compter sur mon entier dévouement.

XX.

A M. WILLIAM ESPÉRANDIEU [1].

Paris, ce 12 octobre 1837.

Monsieur,

A la veille de partir pour Lausanne, je veux du moins vous faire arriver auparavant quelques-uns des remercîments

[1]. M. William Espérandieu, ancien juge au tribunal d'appel du canton de Vaud et l'un des fondateurs du *Nouvelliste vaudois*,

que je vous dois pour la conduite de cette affaire qui m'intéressait si vivement et dans laquelle, sans me connaître, vous m'avez tant aidé. J'ai su par votre ami M. Olivier tout ce que vous avez fait pour la réussite, et je vous en garde, monsieur, une vive et sérieuse reconnaissance. Ce que je vais tenter à Lausanne m'effraye un peu, au moment de l'entreprendre. Je n'ai jamais parlé en public, je n'ai jamais enseigné; j'ai écrit à mon loisir et à mon caprice. Il faut qu'aujourd'hui il en soit tout autrement. De plus, le sujet que je vais traiter[1], bien qu'il m'ait depuis longtemps occupé, ne sera véritablement étudié, approfondi par moi, qu'à mesure que je le déroulerai devant tous. Tout cela fait donc de mon entreprise chez vous une affaire très-grosse pour moi[2] et comme un *recommencement* entier de manière et d'habitude. Mais tant d'autres raisons particulières et intérieures, qui tiennent aux difficultés ou aux distractions de la vie d'ici, m'ont dit tout bas la nécessité de recommencer en effet et d'oser, que je me suis mis au-dessus des chances. Vous jugez, monsieur, dans cette situation combien la première bienveillance que j'ai tout d'abord rencontrée chez vous m'est précieuse et même nécessaire, et combien j'ai besoin qu'elle se prolonge encore et qu'elle

---

mort à Montreux en 1876. « Grand ami de Vinet, de Monnard et surtout de Juste Olivier, il avait puissamment contribué, comme membre du Conseil de l'instruction publique, à l'appel de Sainte-Beuve à Lausanne; aussi celui-ci lui en avait-il conservé le plus reconnaissant souvenir. » (Note de M. Louis Ruffet dans *le Journal de Genève* du 1ᵉʳ décembre 1876.)

1. *Port-Royal.*

2. En 1834, Sainte-Beuve écrivait à M. Espérandieu : « Sans mon cours à Lausanne, je ne serais pas aujourd'hui professeur au Collége de France. »

m'accompagne longtemps. Je vous prie, monsieur, de le dire aux personnes que votre zèle a, dès le principe, associées et intéressées à mon affaire, à M. Monnard, qui m'est bien connu par des amis communs. Je serai à Lausanne vers le 20, et, si votre ami M. Olivier est encore absent, comme me le fait craindre l'état de la santé de madame Olivier, je recourrai tout aussitôt à vos indications pour mes premiers pas et les règlements de détail.

A bientôt donc, monsieur, et croyez d'avance à tous mes sentiments particuliers de considération et de bienveillance.

XXI.

A M. XAVIER MARMIER, A LA LÉGATION DE FRANCE, A COPENHAGUE.

Lausanne, ce 29 décembre 1837.

Cher Marmier,

Où cette lettre vous atteindra-t-elle? êtes-vous retourné en Suède? êtes-vous encore à Copenhague? la vôtre m'est arrivée, par suite de ricochets, plus d'un mois après sa date; mais, en me donnant des détails de vous, elle m'a procuré du bonheur. J'en voudrais encore. Si vous passez l'hiver là-bas, je vois que nous serons de retour à Paris ensemble vers les premiers jours de juin. Quelle joie de se revoir et de dîner, en riant aux éclats, dans le petit cabinet de Pinson[1]!

1. Le restaurateur Pinson, dans la rue de l'Ancienne-Comédie.

Combien vous me raconterez de choses et d'hommes, cher ami, depuis les poëtes Oehlenschlager et Tegner, que vous nous faites déjà connaître, jusqu'à ces beautés du Nord qui ne nous apparaissent dans vos lettres qu'à travers un tendre nuage. Tâchez, s'il n'y a pas de cœurs à briser, de rester libre et de nous revenir léger. J'aurai, moi, bien moins à vous raconter : mon *cours*, toujours mon *cours!* c'est ma pensée unique et mon poids constant dans ces sept mois. En voilà déjà deux de passés. C'était le plus dur : les autres suivront plus aisément. Vous aurez vu dans la *Revue des Deux Mondes* mon discours d'ouverture. Tristesse à part, je suis content. Je le serai surtout quand nous nous reverrons, et, là, dans ces moments, la tristesse même du fond, et la plus durable, sera noyée. Aurez-vous lu là-bas mes *Pensées*[1] que le souffle hostile de Paris vous aura fait arriver tout échevelées, les pauvrettes! Pour être si battues, je ne les aime pas moins que les autres, tant les poëtes sont opiniâtres. Je les aime aussi parce que votre nom y est, et non peut-être à la moins bonne page. — Je me suis réconcilié avec la *Revue* après l'avoir boudée un peu; mais, au fond, cette bouderie n'était que pour la *forme*, et je tenais seulement à paraître un peu digne et à avoir l'air de *quelqu'un*, tandis que Planche, vers la fin, m'avait un peu troussé sans façon. Après tout, cher Marmier, je n'ai jamais été plus consolé par l'étude, par la solitude animée qu'elle me fait durant tant d'heures chaque jour. L'amour est ajourné; le reprendrai-je jamais? *ai-je passé le temps d'aimer?* — Attendons, oublions surtout, oublions ce que

---

1. *Pensées d'août*

nous avons cru éternel. Voyez-vous, c'est à jamais fini *de ce côté* que vous savez; je ne reverrai ni n'écrirai jamais; j'ai été si blessé d'une telle indifférence! mais *blessé*, cela veut dire que j'en souffre encore.

Je suis ici chez de bons amis, M. et madame Olivier, nobles cœurs, natures simples et profondes, poëtes des anciens jours et des délicatesses d'aujourd'hui. Votre nom revient souvent dans le dénombrement que nous faisons des amis absents, dans ce petit nombre de *purs* et de *bons* qui consolent des corrompus et des méchants. Vous passerez ici un jour, et vous y parlerez de moi avec nos amis, comme je parle avec eux de vous : car j'y aurai fait une longue et profonde trace en ces beaux lieux que je désespérais de jamais visiter. Adieu. Écrivez-moi, aimez-moi.

Tous mes vœux du cœur pour cette année.

XXII.

A MADAME VERTEL.

Lausanne, 31 décembre 1837.

Je ne veux pas ici plus qu'à Paris laisser passer, chère madame et amie, le jour de l'an sans vous offrir tous mes vœux habituels et sans vous rappeler qu'ils ne cessent de se former pour vous. Comment êtes-vous? que faites-vous de votre santé? Vos enfants sont chez vous en vacances. J'aurais baisé au front mademoiselle Clotilde et sur les joues mademoiselle Noéma si j'avais été à Paris. Veuillez le leur dire. Je suis ici un peu en vacances moi-même pour quelques jours, mais bien entièrement occupé et absorbé d'habitude. Je fais trois leçons par semaine, d'une longue heure chacune ; il y vient des dames en assez grand nombre, mais je leur souris peu et ne suis qu'à mon grave sujet. Dans cinq mois, je retournerai vous voir. Quel bonheur, quand je monterai votre escalier et que je ressaisirai le passé interrompu! Adieu; ce n'est que pour vous saluer, car qu'aurait-on à se dire plus au long sinon des souffrances? Écrivez-moi un mot.

Je vous embrasse respectueusement.

P.-S. — Mes amitiés à votre frère.

XXIII.

A M. ALEXANDRE VINET.

Lausanne, ce 1ᵉʳ janvier 1838.

Je suis, monsieur, plus touché que je ne puis vous dire de votre démarche[1] si superflue d'ailleurs, mais dans laquelle

---

1. M. Vinet avait communiqué à Sainte-Beuve, avant de la publier, la partie la plus sévère d'un jugement écrit par lui, sur la nouvelle intitulée *Madame de Pontivy*, qui venait de paraître, quelques mois auparavant, dans la *Revue des Deux Mondes* du 15 mars 1837, et qui fait aujourd'hui partie des *Portraits de femmes* (chez les éditeurs Garnier frères). — C'est à la communication de M. Vinet que Sainte-Beuve répondait dans cette lettre. — On peut consulter, sur les relations de Sainte-Beuve avec M. Vinet, le livre intéressant et détaillé de M. E. Rambert, *Alexandre Vinet, Histoire de sa vie et de ses ouvrages* (2 vol., Lausanne, 1876). Sainte-Beuve a consacré lui-même plusieurs articles à M. Vinet. (Voir ce nom dans la Table générale qui termine les *Premiers Lundis*, t. III (chez Michel Lévy frères), et dans la Table de *Port-Royal*, publiée en 1871 (à la librairie Hachette).

je suis heureux de saisir une preuve affectueuse de plus. Tout ce que vous direz et écrirez sera bien reçu. Je sais quel embarras, lorsqu'une fois on se connaît, il y a à écrire l'un sur l'autre. L'éloge me paraît alors au moins aussi embarrassant que la critique, et c'est l'éloge surtout qui m'embarrassera venant de vous. Vous avez été trop indulgent, et d'avance je reconnais très-fondée l'objection qu'on a tirée de *Madame de Pontivy*. Je me souviens que, la première fois que je revis madame de Broglie, bien des mois après, elle commença, dès que nous fûmes seuls, à me reprendre là-dessus, et je n'eus guère rien à répondre. Le malheur des natures qui n'ont que des inspirations et des inclinations sans la foi est d'être à la merci d'un souffle et d'une vicissitude. Quand j'écris, quand je parle, je me sens presque involontairement amené à suivre un certain ordre de vérités et je ne trouve que là les réflexions dont mon esprit et ma plume ont besoin. Mais si, par malheur, d'autres inspirations se présentent quelquefois, si d'autres souffles me rapportent durant quelque loisir des parfums oubliés, je m'y laisse reprendre, et ma plume alors et mon esprit se livrent à cet ancien et nouvel attrait. Quant à *Madame de Pontivy*, je sais mieux que personne la cause; celle que vous rapportez à mon goût de psychologie fine est même plus spécieuse que vraie. Et cette nouvelle n'a été écrite qu'en vue d'une seule personne et pour la lui faire lire et pour lui en faire agréer et partager le sentiment. En ce faisant, je n'étais pas même fidèle à ce rôle devant les hommes qu'il faut au moins soutenir avec conséquence et bonne grâce, quand une fois on l'a pris en main, et je ne m'étonne pas que des personnes sérieuses et qui veulent bien être attentives à mon égard aient démêlé à cet endroit le faible et le faux.

Voilà, monsieur, ma confession là-dessus, et vous voyez combien vous êtes loin d'avoir pu dire ce que je me dis.

Mais laissez-moi vous remercier de votre attention si délicate, si affectueuse. Je sens, croyez-le, tout le prix de cette affection en laquelle j'ai confiance plus encore que je ne le témoigne et que je ne la cultive. La meilleure façon de répondre à ces sortes d'affections serait, je me le dis, d'entrer dans les sentiments tout sérieux qu'elles vous souhaitent pour votre bonheur; et, tant qu'on n'est pas fixé dans ces sentiments, tant qu'on en est bien plus loin qu'on n'ose l'avouer, il semble alors qu'on doive mettre, par respect même, une discrétion extrême à ces amitiés qui seraient si précieuses, et qui le sont puisqu'on croit déjà les posséder. Mais, je vous le répète, le respect même du fond fait qu'on est plus discret dans les témoignages.

J'offre tous mes hommages et mes vœux à madame Vinet.

XXIV.

A MADAME DESBORDES-VALMORE.

Lausanne, ce 2 janvier 1838.

Il faut que je vous remercie d'abord bien vivement pour le bonheur si vrai que m'a fait votre lettre. Si je pouvais douter combien je vous suis ami, la joie que j'ai eue en voyant de votre écriture, et en lisant et vos détails et vos vers si pleins de larmes, me l'aurait appris. J'espère, madame, que ce mot vous trouvera mieux portante, et remise au moins de corps, M. Valmore aussi. Pour moi, je vais, mais assez juste et ayant besoin, pour ne pas faire naufrage de santé, de bien des précautions. Grâce à Dieu, voilà deux mois finis sans encombre, et je n'en ai plus que *cinq*[1]. Après quoi, vous me verrez vous arriver. Je ne fais qu'une seule et unique chose en tout ce temps, mon cours, toujours mon cours. Les pauvres vers et le loisir qui les berce sont ajournés. Pourtant, en venant ici, dans la route, il y a plus de deux mois, j'ai fait ce sonnet que je veux vous dire, comme une pauvre petite fleur à offrir de loin à mademoiselle Ondine[2] : je voudrais y joindre un petit bonbon pour votre autre charmante enfant. — C'est en traversant le Jura :

>Sur ce large versant, au dernier ciel d'automne,
>Les arbres étagés mêlent à mes regards
>Les couleurs du déclin dans leurs mille hasards,
>Chacun différemment effeuillant sa couronne.
>
>L'un, pâle et jaunissant, amplement s'abandonne ;
>L'autre, au bois nu mais vert, semble au matin de mars ;
>D'autres, près de mourir, dorent leurs fronts épars
>D'un rouge glorieux dont tout ce deuil s'étonne.
>
>Les sapins cependant, les mélèzes, les pins,
>D'un vert sombre, et groupés par places aux gradins,
>Regardent fixement ces défaillants ombrages,
>
>Ces pâleurs, ces rougeurs avant de se quitter,...
>Et semblent des vieillards, qui, sachant les orages
>Et voyant tout finir, sont tristes de rester.

1. C'était l'année où Sainte-Beuve faisait son cours sur Port-Royal, à Lausanne.
2. Une des filles de madame Desbordes-Valmore.

Quand je dis que la poésie est loin, j'entends du milieu de mes journées; car, le soir, avec les amis chez qui je suis, M. et madame Olivier, tous deux poëtes et vrais poëtes, nous en parlons; ils m'en disent, ils me chantent de leurs chants ou des vôtres. Ceci n'est que vrai. L'autre soir, un de nos étudiants d'ici, M. Durand, jeune *troubadour* qui fait des chansons et les chante sur la guitare, nous a, entre autres choses et sans qu'on le lui demandât, chanté *le Rêve du jeune mousse.* Jugez de ma joie émue. Je me rappelais cette soirée chez madame de Simonis, et sa voix me revenait sous celle de notre jeune chanteur. Ainsi nous faisons. J'ai lu à mes amis ces vers à *Pauline* : comme ils ont compris ! remerciez-la de ses douleurs qui inspirent de telles plaintes et qui sont nées elles-mêmes d'une âme brisée dans ses chants. On est poëte ici, on y est peu *artiste;* mais la poésie du fond y fleurit comme une fleur naïve. On y chante beaucoup. Les étudiants ont une société dite la société de *Zofingue* (c'est une sorte d'union entre tous les étudiants de la Suisse, qui s'assemblent une fois l'an à la ville centrale de Zofingue) : ils s'assemblent ici à Lausanne une fois par semaine, ils y lisent des morceaux de leur composition, et y chantent en chœur des couplets qu'ils font pour les solennités de l'histoire suisse. Ainsi, le jour de l'anniversaire du serment des trois Suisses au Rutli, j'assistai à cette réunion des étudiants et j'entendis chanter ces deux couplets que l'un d'eux venait de faire. Je vous les mets, pour montrer le sentiment profond, quoique les vers soient peu de chose; mais, dit en chœur par ces mâles et pures voix, c'était émouvant jusqu'aux larmes :

Souvenir immortel,
Notre cœur est l'autel
Où rayonne ta gloire.
Soupirant dans les fleurs,
Au lac mêlez nos pleurs,
Fontaines de l'histoire!

D'eux nous n'avons plus rien.
L'étincelle du bien
N'échauffe plus leur cendre.
Mais l'âme, elle, est aux cieux;
La force des aïeux
Peut encore en descendre!

Les étudiants, quand je suis arrivé ici, m'ont donné une belle sérénade à dix heures du soir, sous une lune argentée, moins argentée que leurs voix. Il y avait des vers de ce jeune M. Durand à mon intention. Je vous les donnerai un jour avec ma réponse, que je viens seulement de leur achever, ayant profité pour cela de cette vacance du jour de l'an[1]. — Je suis un peu comme ce pauvre jeune homme qui faisait des tragédies *le dimanche*.

Il y avait ici un *vrai* et qui pouvait devenir *grand* poëte : il vient de mourir à vingt-quatre ans durant un séjour en Allemagne. Il avait du *génie*. Je vous donnerai de ses vers, dont on m'a promis copie.

C'est avec tout cela et avec force étude que je me donne le change loin de vous.

Offrez tous mes hommages et mes vœux à votre belle amie, à qui j'écris en vous écrivant à vous-même. Recevez

---

1. Cette réponse se trouve dans les *Notes et Sonnets* (p. 289), qui terminent les Poésies de Sainte-Beuve, seconde partie (chez Michel Lévy frères).

toutes mes pensées reconnaissantes et dévouées. Offrez mes amitiés à M. Valmore, qui n'a pas eu besoin de plus de temps pour me laisser voir en lui un ami. Je baise le front de votre chère petite, et la main de mademoiselle Ondine.

Vous m'écrirez au moins bientôt, encore.

XXV.

A MADAME LA COMTESSE CHRISTINE DE FONTANES.

Lausanne, ce mardi 27 mars 1838.

Madame,

Depuis bien longtemps je voulais avoir l'honneur de vous prévenir et de vous écrire pour vous demander quels étaient vos prochains projets pour Paris. Il a fallu toute une occupation continuelle pour me faire ajourner jusqu'à ce moment et me laisser l'apparence d'une négligence dans une affaire que j'ai à cœur autant que jamais. Vous comptez, me dites-vous, partir pour Paris dans les premiers jours de mai au plus tard. Je n'y pourrai être tout à fait aussi tôt. Mon cours ne finit ici que le 31 mai : c'est le terme pour les cours de l'Académie.

Je ne serai donc à Paris que dans les premiers jours de juin; mais, à coup sûr, à cette date, j'y volerai bien vite, et je serai alors tout à vos ordres.

Je ne désespère pas, sur les lieux, et quand l'édition sera toute prête, de voir M. de Chateaubriand se décider à ajouter quelques pages à celles qu'il a déjà écrites sur M. de Fontanes. Mais j'attendrai ce moment pour lui en parler.

Je puis dès à présent écrire à un de mes amis très-particuliers de Paris et qui connaît assez de libraires ; vous pourrez alors en entendre quelques-uns lors de votre arrivée, même sans vous décider aussitôt. Mais il n'est pas mauvais qu'il y en ait plusieurs qui se présentent et qu'on sache que vous préparez, madame, cette publication des Œuvres de monsieur votre père.

Mon cours m'occupe si absolument *trois fois* par semaine (et même tout le reste du temps pour le préparer), que je ne vois guère jour à aller à Genève. Il n'y a pas de vacances de Pâques ici, et on n'a que le dimanche pour toute fête. Ainsi, de ce moment à la fin de mai, nous n'aurons pas un seul congé, et j'ai encore vingt-six leçons tant à débiter qu'à composer.

Si donc je ne pouvais aller à Genève pour avoir l'honneur de vous y entretenir, nous remettrions le premier rendez-vous à Paris. En y arrivant au commencement de mai, vous auriez déjà eu le temps d'y être comme établie. Dès le lendemain de mon arrivée, j'aurais l'honneur de vous y voir, et nous nous occuperions, si vous le permettiez, tout aussitôt, de ce qui concernerait l'édition.

Mon dessein a toujours été d'écrire une notice détaillée et une espèce de portrait, autant que je le pourrais, de monsieur votre père. Je n'osais aspirer à l'honneur de figurer dans l'édition même : si cela vous agréait, je ne pourrais qu'en être profondément reconnaissant. Mon désir serait qu'il y eût quelque chose et de M. de Chateaubriand, et de M. Roger et de M. Villemain, en un mot des principaux amis littéraires de M. de Fontanes; et, sur les lieux, cela, j'imagine, pourrait très-bien s'arranger.

Soyez assez bonne, madame, pour me vouloir bien donner de vos nouvelles, me tenir au courant de votre départ, et me dire si mes dispositions, telles que je viens de vous les soumettre, ne contrarient pas trop les vôtres.

Croyez que je n'éprouverai jamais de plus vrai plaisir que quand je tiendrai dans mes mains les volumes publiés de M. de Fontanes.

Recevez, madame, l'expression de mon plus respectueux hommage.

XXVI.

A M. WILLIAM ESPÉRANDIEU.

Lausanne, 14 avril 1838.

Je suis bien sensible, cher monsieur, à votre appel amical et réitéré. J'ai en effet donné congé pour le vendredi saint; mais cela ne m'a avancé que juste, car j'étais à bout de mes munitions et je n'avais pas ma suivante leçon prête. Il me faut donc, ces jours-ci, reprendre de l'avance et il me serait impossible de porter à Vevey autre chose qu'un esprit préoccupé et embrouillé de son sujet. J'aurais eu plaisir sans cet embarras à vous aller joindre, à saluer messieurs vos parents, à tenir envers l'aimable madame B... une promesse déjà ancienne. Tout cela est ajourné. Je médite bien plutôt de tâcher de finir vers le 15 mai, et d'avoir ainsi les dernières semaines libres et légères, pour jouir un peu des amis que j'ai ici, parmi lesquels je ne compte aucun plus que vous. Croyez-moi bien le vôtre.

P.-S. — Olivier, qui vous dit beaucoup d'amitiés, est dans mon cas. Il pousse très-vivement son Histoire [1], et compte avoir terminé vers juillet.

XXVII.

A MADAME LA COMTESSE CHRISTINE DE FONTANES.

Jeudi, midi.

Madame,

Je viens de voir M. de Chateaubriand, et ces trois quarts d'heure de conversation ont éclairé bien des choses. J'ai son avis sur les deux ou trois points qui nous importent le plus. J'aurai l'honneur d'aller vous en rendre compte demain vers midi. Nous sommes tombés aisément d'accord sur l'*Épître à Boisjolin*. Quant à la proposition des libraires, M. de Chateaubriand juge celle de M. Hachette la plus acceptable convenablement ; la proposition de l'autre libraire, en effet, reste subordonnée à une négociation trop officielle, dont je vous conterai le détail.

---

1. *Études d'histoire nationale : le major Davel (1725), Voltaire à Lausanne (1756-1758), la Révolution helvétique (1780-1830).* Ce volume, auquel M. Juste Olivier travaillait alors, ne parut qu'en 1842 à Lausanne.

Enfin, madame, j'irai demain vous expliquer tous ces points.

Recevez mon respectueux hommage et veuillez l'offrir à mademoiselle Led'huy.

XXVIII.

A LA MÊME.

Ce mercredi.

Madame,

J'aurais eu l'honneur de vous aller saluer aujourd'hui, si je n'avais été repris de mon mal de *voix* : j'ai pourtant passé chez le libraire deux fois sans trouver personne autre que sa femme, laquelle n'a pu me donner le dernier mot, tout en m'en donnant un *avant-dernier* très-favorable. Je lui ai lu le passage de votre lettre, madame, qui concerne l'extrême bonne volonté de M. de Salvandy. Le libraire doit m'écrire demain. Je n'ai pas encore reçu de réponse de Lyon. Je compte aussi écrire à M. Hachette, pour avoir son mot *en tout cas*; il aura ma lettre demain. Je suis, croyez-le bien, aussi impatient que vous, madame, d'une conclusion à laquelle nous touchons, je l'espère. — Voici le morceau sur madame de La Fayette : beaucoup d'autres articles de moi ont été recueillis dans un second et un troisième volume de *Critiques et Portraits* qui se trouvent dans les cabinets de lecture, très-aisément; je regrette bien de n'en pas avoir à ma disposition un seul exemplaire. Il reste un certain nombre d'articles non recueillis; mais vraiment je crois, comme M. de Laborie, que celui que voici est le meilleur [1].

J'ai l'honneur, madame, de vous offrir mon respectueux hommage.

XXIX.

A LA MÊME.

Ce vendredi matin.

Madame,

Je viens de voir M. Hachette et de lui poser la difficulté. Il n'a pas paru convaincu et tient toujours à ce point, mais sans imaginer toutefois que ce puisse être une cause de ne pas définitivement s'entendre. Lorsque je lui ai témoigné le désir de le mener chez vous, il a désiré lui-même que le point en litige fût préalablement aplani; il voit M. Rousselle ce matin et le priera de vous expliquer, de vous justifier ce qui lui paraît convenable à lui éditeur, et ce qui resterait tout à fait en dehors de votre participation. Il priera M. Rousselle de s'en expliquer également avec M. Roger. M. Hachette est, au reste, si porté à croire que ce ne peut être une difficulté essentielle, que je l'ai déjà trouvé occupé des arrangements pour imprimer. M. Rous-

---

1. Cet article sur madame de La Fayette avait paru dans la *Revue des Deux Mondes* du 1er septembre 1836. Il fait aujourd'hui partie des *Portraits de Femmes*.

selle vous verra probablement ou demain ou dimanche,
madame; il est à regretter que M. Roger parte et que
M. Rousselle ne puisse peut-être lui expliquer auparavant
en quel sens il conçoit la chose.

Pour moi, voici encore ce qu'il me semble et que, pressé
par le temps, je vous ai si mal expliqué hier :

Il faudrait vous effacer dans la publication (au cas où
cet avis de l'éditeur et signé de lui y entrerait), et ne pas
mettre en tête du titre :

Publiées par madame sa fille;

mais seulement :

Publiées d'après les manuscrits, etc.;

Vous rappeler, madame, qu'il ne vous reviendra aucun
avantage matériel de cette publication (car les malheureux
mille francs ne comptent pas), et que votre délicatesse, par
conséquent, ne peut être sérieusement compromise dans
l'achat universitaire plus ou moins considérable et plus ou
moins avoué;

Vous rappeler enfin, madame, que c'est uniquement le
nom de monsieur votre père que vous mettez à même, en
livrant les manuscrits, de faire naturellement et tout seul
son chemin dans cette publication.

Mille pardons de tant d'insistance, madame; mais il me
semble que, tout en voyant de la sorte les choses en dehors
et comme les verra le gros du public, je les vois en même
temps assez en dedans aussi, du moins pour l'intérêt que
j'y sens. Que les œuvres de M. de Fontanes paraissent,
qu'elles soient publiées le plus complétement et le plus
correctement qu'on le pourra, que cet anneau classique

se fixe dans la chaîne de notre littérature au rang qui lui est dû, et où on le cherche en ne trouvant jusqu'ici que son nom, — voilà ce qui importe, voilà la considération essentielle. S'il y a à vous quelque sacrifice, madame, à ne pas tenir compte d'autres considérations personnelles, ce sera un dévouement de plus ; vous y êtes accoutumée.

Au pis, voilà l'état des choses : on ne peut imprimer ni recueillir les œuvres de M. de Fontanes qu'avec votre autorisation : il y a *veto* de votre part; vous levez ce *veto*, vous livrez et laissez aller les manuscrits. Le nom de M. de Fontanes trouve un éditeur qui fait les frais sans qu'il vous revienne rien (car encore un coup ces mille francs ne sont rien et rentrent dans les frais). Cette édition se fait le mieux possible, il n'y entre rien que de *convenable* par rapport au nom de Fontanes (et quoi de plus *convenable* à ce nom que cette note même de l'éditeur?). Je vous demande en quoi vous pourriez, madame, vous croire le moins du monde coupable, et ce que votre exquise délicatesse pourrait avoir à se reprocher.

Je voudrais bien que mademoiselle Led'huy fût moins de votre avis qu'hier; offrez-lui tous mes hommages et croyez, madame, à mes respects dévoués.

P.-S. — Je saurai par vous, madame, s'il vous plaît, et aussi par M. Hachette, qui doit m'écrire, le résultat de votre entretien avec M. Rousselle.

XXX.

A LA MÊME.

Madame,

J'étais venu pour vous soumettre deux petites corrections qui sont *pressées*.

Dans le poëme sur l'*Astronomie*, dans ce vers :

> Si pourtant, loin *de* nous, *de* ce vaste empyrée,
> Un autre genre humain peuple une autre contrée,

pour éviter ces deux *de*, je mettrais :

> Si pourtant, loin de nous, *en* ce vaste empyrée.

L'autre correction est dans *le Jour des morts*. Au lieu de :

> Là, d'un fils qui mourut en suçant la mamelle,
> Une mère *au Destin reprochait* le trépas
> Et sur la pierre étroite elle attachait ses bras...

(c'est ainsi que sont les vers partout imprimés, mais c'est trop païen), je lis dans la copie de madame Duvivier :

> Là d'un fils qui mourut en suçant la mamelle,
> *Quelque Rachel* ENCOR déplorait le trépas...

Mais *encor* se trouve répété trois fois en dix vers et je proposerais :

> Quelque Rachel en deuil ne se consolait pas...

Si vous vouliez, madame, m'écrire là-dessus un petit mot
ce soir, je le recevrais demain matin assez à temps pour
pouvoir donner la correction. Pour que ce mot m'arrive
plus vite, voudriez-vous l'adresser *n° 2, cour du Commerce-
Saint-André-des-Arcs* [1] *?*

Mille excuses de ce griffonnage, madame, et mille hommages, ainsi qu'à mademoiselle Led'huy.

XXXI.

A LA MÊME.

Ce lundi matin.

Madame,

Voici une variante que je propose pour le vers mis en question hier :

De Roméo la jeune amante
Rougissait d'un éclat moins doux.

Veuillez relire les strophes qui précèdent ; il est question
de la rougeur de la jeune Anglaise :

Que j'aime ta rougeur naïve !...

et cette idée de rougeur et de trouble qui *embellit* se lie
avec la strophe qui suit :

---

1. C'est là que demeurait Sainte-Beuve, à l'hôtel de *Rouen*,
qu'il a toujours appelé *Rohan*, ce qui était probablement le nom
primitif de cet hôtel, car la cour de Rohan est derrière. De
même il était fidèle à la tradition historique, en écrivant rue
Saint-André des *Arcs* (et non pas des *Arts*), à cause d'une ancienne
église qui a donné son nom à la rue et qui avait, en effet, des
arceaux.

> Ton sein bat, mon âme est émue...

Je me permets de vous presser pour ce détail, parce que je vais donner la pièce à l'impression demain; un petit mot de réponse, s'il vous plaît.

Mille hommages respectueux, et à mademoiselle Led'huy : je ne saurais vous dire combien je suis heureux de tout ce que vous m'avez confié de trésors biographiques.

XXXII.

A LA MÊME.

Jeudi.

Madame,

En y repensant encore, je ne puis m'empêcher de regretter les deux dernières strophes de l'ode sur la statue de Henri IV. Voici encore mes raisons : c'est par cette pièce que se terminent les *Poésies* de M. de Fontanes, à proprement parler. Vient ensuite *la Maison rustique*; ainsi l'attention se porte sur cette fin : or, les deux strophes expriment une idée générale, familière à M. de Fontanes et qui correspond bien à l'ensemble de ses poésies. Si c'est la même idée que dans l'ode sur *les Embellissements de Paris*, ce ne sont pas du tout les mêmes expressions, ce n'est pas une répétition par stérilité, c'est une répétition par conviction et par intention, à tel point qu'il conviendrait de la faire ressortir dans la notice. Sous Napoléon, il regrette qu'il n'y ait que des *Chériles* comme sous *Alexandre*; sous les descendants de Henri IV il regrette qu'il n'y ait plus de *Malherbe*. Cette idée, qui se retrouve encore dans l'ode sur *la Littérature de 1812*, où il ne voit plus de *Virgile*, hélas! mais seulement lui un *Silius*, c'est-à-dire un adorateur à distance de Virgile, cette idée achèverait bien cette série de poésies. Elle honore d'ailleurs son goût, plus qu'elle ne condamne sa sagacité; les Malherbes *de depuis* (si Malherbes il y a) étaient fort imberbes alors; et cette sévérité qui récidive sur la littérature dite de l'Empire ne fait que l'en séparer mieux. Veuillez y songer encore, madame, et, au cas où vous consentiriez, m'envoyer sous un pli la feuille de ces deux dernières strophes coupée de la copie de madame Duvivier.

J'ai vu une fois déjà M. Rousselle et je dois le revoir au premier jour.

Veuillez recevoir tous mes hommages respectueux, madame, ainsi que mademoiselle Led'huy.

P.-S. — Cette idée si familière à M. de Fontanes, et à plusieurs reprises et *finalement* dans cette ode exprimée par lui, est très-fondamentale, elle explique même jusqu'à un certain point comment il a si peu fait : de l'école de Racine, il sentait que les grandes places dans cette ligne étaient prises depuis plus d'un siècle; il se voyait dans un siècle de décadence et ne pouvait s'empêcher de regretter ces âges de la grande gloire desquels il était parent; ce regret lui échappe *une dernière fois dans la dernière ode*. La notice le dirait ainsi. Ces deux strophes enfin sont, sinon bien belles, du moins assez caractéristiques.

N.-B. — Dans l'ode des *Embellissements de Paris*, veuillez voir la strophe :

> A sa voix marchent vers nos rives
> Nos invincibles légions,
> Traînant les dépouilles captives
> Et l'or de trente nations.
> On porte *devant l'immortelle*
> Ces dieux, enfants de Praxitèle...

Devant l'immortelle, ce me semble, ne se comprend pas bien : est-ce *la légion immortelle ?* est-ce *la nation immortelle ?* On est arrêté ; je proposerais :

> Il t'apporte, France immortelle,
> Ces dieux..................

Veuillez relire l'ensemble des strophes : je crois que cela marcherait sans difficulté. Comme je n'ai de cette ode qu'une copie faite par M. Dourdain[1], soyez assez bonne pour consulter la copie de madame Duvivier.

Dans l'ode sur *le Château de Colombes*, à la quatrième strophe :

> Sage Rollin! dans ces prairies,
> Sur ces bords que tu vins fouler,
> Jusqu'à moi de tes mœurs chéries
> Le *charme* semble s'exhaler.

Je proposerais « le *parfum* » parce que la troisième strophe finit par *charmes*. Comme d'ailleurs je n'ai encore de cette ode que la copie faite par M. Dourdain, il faudrait vérifier sur celle de madame Duvivier s'il y a bien *charme*.

---

1. Voir sur M. Dourdain l'article intitulé *Mes secrétaires*, Nouveaux Lundis, t. IV, p. 457.

XXXIII.

A LA MÊME.

Samedi.

Madame,

Selon votre désir, j'ai essayé de mieux marquer, par quatre vers ajoutés, la *Vénus-Uranie* qu'adore la fille d'Aristide et qui vous avait paru trop pareille à l'autre ; cette Vénus (*Uranie* dans les cieux) m'a paru dans les champs être une espèce de *Vénus-Cérès*, et dans les cités une espèce de *Vénus-Minerve*; en un mot, l'ordre, le travail en même temps que la grâce et le plaisir, et ces derniers subordonnés. Voici mes quatre vers sur la feuille ci-jointe[1]; veuillez, madame, les juger en place, et me *renvoyer* la feuille avec votre avis.

On m'a donné des remords sur l'omission que je voulais faire du morceau de Juvénal traduit par M. de Fontanes. Il tenait beaucoup, il paraît, à ce morceau ; il avait gagé avec Suard, Morellet, etc., qu'on pouvait traduire ce morceau (horrible en latin) et le faire supporter en français par le sérieux et l'énergie même. Il croyait avoir réussi.

Voici le morceau en question ; si vous me le renvoyez, j'en conclurai, madame, que je puis l'insérer en son lieu, moyennant une petite note explicative.

---

1. Cette feuille manque. Les vers de Fontanes auxquels Sainte-Beuve fait ici allusion se trouvent dans les fragments de *la Grèce sauvée*, pages 365 et 366 du tome Ier des Œuvres de M. de Fontanes, Paris, 1839.

J'aurais mieux aimé vous aller dire moi-même tout cela, madame; mais je n'aurais pu aujourd'hui et c'est un peu pressé pour l'impression.

Mille hommages respectueux, ainsi qu'à mademoiselle Led'huy.

XXXIV.

A LA MÊME.

Jeudi.

Madame,

Voici le vers trouvé :

> La gloire *au cœur lui-même* indique un noble choix,
> Et les longues amours payaient les grands exploits.

Je m'aperçois que j'ai oublié de vous faire remarquer encore deux petites corrections dans *le Vieux Château*. A un endroit, il y avait en quatre vers : *l'homme obscur et les obscurs destins*, j'ai mis *les destins cachés*. De plus, à un autre endroit, au lieu de : *le joyeux troubadour*, j'ai mis *le troubadour plaintif*, qui va au sens et m'a semblé moins usé.

Maintenant, en revenant sur *les Pyrénées* avec plus de soin, je remarque deux ou trois points : je joins ici la feuille de madame Duvivier qui se rapporte au passage, c'est après le vers

> Les fiers Aragonais, les riches Catalans;

dans une variante que propose M. de Fontanes, on supprimerait les quatre vers

> Paré de ses malheurs et de ses cheveux blancs

jusqu'à *Catalans*, et il ajoute pour raison que la Catalogne n'est pas *de ce côté*. Mais les quatre vers sont beaux, sonores et je les regretterais. Rien n'est aisé comme d'arranger les *Catalans*, venus d'un peu plus loin, en ajoutant ce vers :

> Pèlerins accourus pour la fête bénie.

Et l'on continue :

> *Et l'air retentissait d'une sainte harmonie.*

L'harmonie même, en ce genre de rimes redoublées, y gagne.

Un autre endroit est à la fin de la pièce :

> Mais, au sein de Paris, quand je vois mes journées,
> Couler *dans de* vains jeux, *le* tumulte et l'ennui.

Pour la correction, il faudrait répéter *dans le* tumulte. Je proposerais :

> Couler dans de vains jeux, dans la pompe et l'ennui.

Si rien ne vous paraît faire pli en ceci, madame, ne prenez pas la peine de répondre; votre silence vaudra continuation. Sinon, vous seriez assez bonne pour le faire le plus tôt possible.

Mille hommages respectueux, madame, et aussi à mademoiselle Led'huy.

XXXV.

A LA MÊME.

Mardi.

Madame,

J'aurai l'honneur de vous aller saluer demain avant le dîner; ce ne sera pourtant pas une *séance*, s'il vous plaît, mais une visite où je vous ferai seulement quelques questions. Elles ne seront pas si pressées que celles que je vous ai adressées coup sur coup la dernière fois où j'ai eu l'honneur de vous voir.

J'écris la notice et j'avance lentement. On imprime aussi un peu plus lentement selon votre désir : j'ai pris sur moi quelques petits amendements dans *le Vieux Château* que j'ai trouvé d'une extrême faiblesse et plein de répétitions qui prouvaient qu'il n'avait jamais été relu avec soin et qui exigeaient modification; je vous les soumettrai demain, madame, un peu après coup, bien que ce ne doive pas être trop tard, s'il y avait à rétracter.

Mille hommages respectueux, madame, ainsi qu'à mademoiselle Led'huy, s'il vous plaît.

XXXVI.

A LA MÊME.

Ce mercredi.

Madame,

Veuillez ne pas vous trop étonner de ma longue absence et de mon silence. Je n'ai pas encore tout à fait copié, bien que très-avancé. Nous imprimons la fin du premier volume et j'en suis à corriger les épreuves du dernier chant de *la Grèce sauvée.* Il n'y a eu (quant au texte) que de petites corrections à la fois indispensables et insignifiantes. Je vous les dirai en bloc la prochaine fois. Ce sera bientôt. Sans mes palpitations qui me reviennent très-fréquemment, j'aurais eu l'honneur de vous aller voir pour causer, pour vous porter l'article de M. Roger, sur lequel j'ai marqué les points à rectifier. Je presse le plus possible nos imprimeurs, mais leur fougue première ne revient pas. Au premier moment, madame, je tenterai l'avantage de vous rencontrer; mais je n'ai pas voulu avoir l'air d'être soudainement tombé en négligence; c'est que ce second article est beaucoup plus long que le premier et qu'il y avait, chemin faisant, à retoucher davantage. Croyez que je serai bien fier quand je vous le porterai, madame, écrit *de mon mieux.*

Veuillez recevoir, ainsi que mademoiselle Led'huy, l'expression de tous mes hommages dévoués.

XXXVII.

A LA MÊME.

Ce dimanche soir.

Madame,

J'ai un grand désir de vous entendre, et aussi j'ai besoin de concerter avec vous la note sur madame de Staël, qui devra être envoyée à l'impression avec l'article au pre-

mier moment. Je ne puis demain soir avoir l'honneur de
vous voir : s'il y avait moyen, malgré votre sortie du
milieu du jour, de vous atteindre un moment, ne fût-ce
que vers cinq heures et demie, cela suffirait pour la note,
et peut-être aussi pour que vous me dissiez les points en
question dans l'article. Si, sans rien contrarier de vos
projets et de vos affaires, vous croyez que je pourrais vous
rencontrer un moment après cinq heures, je le tenterais. Sinon, ce serait à mardi vers deux heures. Votre silence voudra dire que je puis tenter demain. Votre réponse par la
poste, s'il y en a une, voudrait bien venir *cour du Commerce*, s'il vous plaît. Je l'aurais à temps.

Veuillez recevoir, madame, l'expression de mon respectueux hommage.

XXXVIII.

A LA MÊME.

Madame,

Je me reproche bien de ne vous avoir pas écrit, ni vue
toute cette semaine; il n'y a pas eu autant de ma faute
qu'il a pu vous sembler. J'ai eu quelques distractions forcées,
un ami arrivé d'Angleterre ; puis j'ai fini ma notice seulement mardi matin. J'avais promis à madame Récamier de
lui en lire, ce jour-là même, ainsi qu'à M. de Chateaubriand,
une partie, une moitié ; je l'ai fait, mais cela m'a mis tellement la poitrine hors de combat, que je n'ai pu encore

leur faire entendre la fin. Ce sera demain que j'achèverai de la leur lire; j'aurai ainsi, avant d'avoir l'honneur de vous voir, l'avis de M. de Chateaubriand, et, comme je n'avais jamais causé avec lui de la biographie de M. de Fontanes, cela lui donne occasion de m'indiquer quelques faits au passage. Il a paru très-content; et, en entendant l'usage assez abondant que j'ai fait en un endroit de ses lettres et de ses propres paroles, il a bien voulu se reconnaître sans s'inquiéter de la source. Il n'y avait, outre madame Récamier et lui, que M. Ballanche, madame Lenormant et un ami à moi, M. Magnin, qui se trouvait prévenu par madame Lenormant. Je serai donc à même de vous communiquer, madame, mon travail désormais tout au complet; et ce n'est plus pour moi qu'une question de voix : il faut que je sois *relevé* un peu de ma première lecture. Si je copie pour que vous puissiez lire, ce sera un peu de temps encore qu'il faudra. — Notre impression a marché assez lentement; on en est à la fin de *la Maison rustique*. J'ai eu peu de petites retouches pour toute cette partie, et si petites qu'il m'a paru suffire de vous les dire à loisir. — Nous ferions lundi, si vous le vouliez, notre séance de prose, vers trois heures. Si vous vouliez bien faire demander à M. Rousselle son exemplaire de l'*Essai sur l'homme*, nous ne tarderons pas à en avoir besoin. J'espère vous aller saluer un moment, toutefois, avant lundi; mais je n'ose vous dire le jour et je laisse le soin de la rencontre à ma bonne fortune.

Veuillez recevoir, madame, ainsi que mademoiselle Led'huy, l'expression de mes hommages et de mes sentiments respectueux.

XXXIX.

A LA MÊME.

Samedi.

Madame,

Ce sera donc mardi, puisque ce jour vous convient, que nous réglerons la prose. J'ai pu hier achever ma lecture de la notice à M. de Chateaubriand et à madame Récamier : il n'y avait que les mêmes personnes, moins madame Lenormant, dont l'enfant était malade, et plus M. de Cazalès intervenu et de mes amis. M. de Chateaubriand a continué d'être content et m'a fait deux ou trois remarques et rectifications. Maintenant, j'ai à vous dire que je serais désolé que cette lecture faite à d'autres avant vous, madame, vous parût un tort de ma part. Je vous avouerai que je n'étais pas fâché d'avoir d'avance l'avis de M. de Chateaubriand, pour répondre d'emblée à d'autres avis qui pourraient être élevés vous savez d'où. Pour les points littéraires, je tenais à son opinion et à son approbation, qui m'est une garantie. Vous me parlez, madame, avec une franchise qui sollicite la mienne. En touchant d'avance cette *difficulté* en général, j'espère qu'il en sera comme d'autres difficultés que, dans cette affaire, nous nous sommes créées à l'avance, et qui se sont résolues tout naturellement par le fait. Dans le principe, lorsque vous m'avez vu si préoccupé d'avoir des notices de tout le monde, tant de M. de Chateaubriand que de M. Villemain et de M. Roger, c'est que je ne comptais pas que la mienne pût à coup sûr trouver place dans l'édition : je sentais qu'il y avait là des conditions particulières de convenance, et, ne vous connaissant qu'à peine encore, je n'osais me flatter de les remplir à vos yeux. Mon idée était donc de prendre soin de l'édition et de l'aider collatéralement par un article *libre* à la *Revue des Deux Mondes*. Depuis, madame, en ayant l'honneur de vous mieux connaître, j'ai pensé qu'il ne m'était pas impossible de vous satisfaire dans ma propre mesure ; et c'est à quoi j'ai visé constamment dans toute ma notice. Après cela, je vous avouerai que je répugne absolument à recevoir (en la communiquant à l'avance) d'autre impression que la vôtre, et que je décline tout à fait le jugement d'autres personnes que je n'ai pas besoin de nommer. Veuillez penser que, depuis que j'écris, c'est *la première fois* que je lis d'avance ce que je fais et que je le soumets : ceci doit vous paraître beaucoup moins de l'orgueil que l'habitude et l'excès, si vous le voulez, d'un esprit libre, qui a perpétuellement sacrifié toute espèce d'avantages à cette liberté. Je vous lirai donc, ainsi qu'à mademoiselle Mathilde, ma notice ; vous voudrez bien, en restant à votre place, entrer par instants et vous mettre un peu à la mienne, penser, s'il vous plaît, qu'une notice écrite et signée par moi ne peut être dans aucun cas considérée comme une notice écrite et signée par vous ; que l'adoption que vous en ferez pour l'édition n'implique pas que chaque ligne de la notice eût pu être écrite par vous, mais seulement que rien ne vous y choque particulièrement et que l'esprit de l'ensemble vous agrée ou vous suffit. Dans tout ce que je ne tiens que de vous et de votre confiance, il est trop simple que l'usage que j'en fais soit tout à fait subordonné à votre volonté et à votre direction ; dans le reste, je me retrouve naturellement plus libre. Je pose là, encore un coup, à l'avance des difficultés que je ne prévois pas dans l'application ; mais votre lettre m'a semblé les prévoir et les craindre. Au pire, si nous ne pouvions tomber d'accord sur quelques-uns des points que je considère comme *libres*, le biais à prendre est tout trouvé. Dans ma notice de la *Revue des Deux Mondes*, je me trouverais un peu plus complet que dans ma notice de l'édition ; je le regretterais pour toute sorte de raisons, et l'édition a déjà souffert un peu de toutes ces considérations intérieures dans lesquelles le public n'entre pas du tout. Pardon, madame, de toutes ces explications préalables auxquelles je me flatte que nous n'aurons bientôt plus à songer. En écrivant sur M. de Fontanes, je n'ai pas même eu besoin de songer à vous pour que ma plume s'intéressât vivement et prît parti pour son objet : plus je l'ai regardé de près, plus il m'a charmé, et c'est, je crois, ce sentiment qui fait la valeur générale de mon Portrait.

A mardi donc, et veuillez recevoir, madame, ainsi que mademoiselle Mathilde, mes hommages respectueux.

XL.

A LA MÊME.

Madame,

Je reçois votre mot aimable, et je ne saurais dire combien j'en suis comblé. Ce que j'ai le plus désiré, c'est remplir au gré des amis de M. de Fontanes et de vous, par-dessus tous, cette mission honorable de parler de lui, presque en leur nom et au vôtre. Quant à la suite, je vous demanderai quelques jours avant de vous la pouvoir donner. Il est inutile de recourir à M. de Langeac pour le discours : je sais que c'est bien le nôtre. Hier matin, j'ai vu M. Molé qui m'a donné deux détails, dont un surtout est précieux parce qu'il complète *essentiellement* la conduite de M. de Fontanes envers le consul au sujet du duc d'Enghien. J'ai aussitôt recherché dans *le Moniteur*, et j'ai tout vérifié. De plus, j'ai pu, étant le matin dans le quartier, revoir M. de Langeac lui-même. Quoique je le susse bien vieux[1], j'ai été un peu renversé quand, repassant ses souvenirs de poëte et me parlant de ses prix d'Académie, il me dit qu'il en avait remporté un autrefois. « En quelle année ? — En 1768 : j'avais La Harpe pour concurrent. »

Si vous vouliez, madame, j'aurais l'honneur de vous voir mercredi matin vers trois heures : votre silence voudra dire oui. Offrez, s'il vous plaît, mes hommages respectueux à mademoiselle Led'huy.

---

1. Le chevalier de Langeac pouvait avoir dans les quatre-vingt-dix ans, quand Sainte-Beuve allait le consulter sur Fontanes, dont il avait été l'ami et auquel il avait longtemps servi de secrétaire intime. C'était un poëte agréable, très-connu pour ses opinions royalistes ; ce qui ne l'empêchait pas d'avoir occupé des fonctions universitaires sous l'Empire, grâce à sa liaison avec l'illustre grand maître de l'Université. La Restauration, en lui maintenant ces fonctions, l'avait créé chevalier de la Légion d'honneur et un peu plus tard chevalier de Saint-Louis.

XLI.

A LA MÊME.

Ce mercredi matin.

Madame,

J'ai beaucoup réfléchi depuis hier à notre différend. Je viens d'y resonger avec la clarté d'idées du matin. J'ai le regret de vous dire que je n'ai pu un seul instant changer mon impression première. Du moment que l'idée de devoir intervient dans votre pensée au degré où je l'ai vu se prononcer hier, il est tout à fait impossible que la notice entre dans l'édition, car de mon côté il y a, malgré moi, obstacle invincible. Sur tout au monde je céderais, — pas sur les choses de plume quand une fois je crois avoir *dit*. C'est mon faible; me le voudrez-vous pardonner?

J'ai écrit une notice sur madame de Duras : j'avais eu de la confiance de madame de Rauzan des pièces, des documents; elle n'a lu la notice qu'au moment où elle paraissait, déjà imprimée, la veille au soir. L'impression générale lui a suffi; elle aurait pu sur tel ou tel point désirer autre chose sans doute; mais, au total, elle a été contente, et le public n'a pas pensé qu'il y eût rien qui allât contre la mémoire de madame de Duras.

J'ai écrit une notice sur M. Ampère le père, avec des documents tout intimes venus du fils, mon ami : je ne lui ai pas lu la notice. Il ne l'a vue que imprimée; il a été content, sauf d'un mot que j'avais glissé sur ce que je croyais tenir à une faiblesse de caractère de M. Ampère à l'égard des puissants. Il m'a dit : « J'ai été heureux de tout, sauf de ce mot que je vous aurais prié de retrancher si je l'avais vu d'avance. » C'est pour cela même que je ne le lui avais pas soumis. Si je n'avais été libre d'écrire ce mot, je n'aurais pas écrit la notice; dans la réimpression, le mot sera maintenu. Le public n'a vu dans l'article qu'un hommage à M. Ampère.

Quand j'ai écrit sur madame de Staël, madame de Broglie m'a fait venir, et, avec toute l'autorité de grâce et de vertu dont elle pouvait disposer m'a prescrit certaines limites; elle désirait que je communiquasse l'article; je ne l'ai pas voulu. Elle a été contente en le lisant, sauf d'une page que, pour rien au monde, je n'aurais retranchée; car c'étaient mes réserves et mes insinuations (sur la vie *romanesque* de Coppet).

Je vous ennuierais longuement, madame, de ces précédents : vous m'opposerez qu'ici ma fonction est officielle et que la notice se fait sous vos yeux, au sein même de l'édition. C'est là qu'est notre différence de vue : je ne voudrais pas que la condition fût autre pour moi que si j'écrivais en toute indépendance, d'autant plus que j'ai moi-même, en écrivant, tenu compte, autant qu'il m'a été possible, de la convenance et du lieu.

L'affaire est manquée : du moment que la notice n'est plus qu'un désagrément plus ou moins mitigé, mon but n'a pas été atteint, et je n'ai pas su passer dans le défilé. Cela est si vrai, que toutes vos remarques que je relis portent sur des points auxquels je tiens pour des raisons diverses et auxquels une intention de ma part est attachée.

Sur les points littéraires, c'est ma nuance même, et voulue, et amenée au degré où je la souhaitais en finissant, qui vous a paru trop faible.

Sur les points politiques, ma manière de voir M. de Fontanes est encore très-intime chez moi; j'avais tâché de tenir compte de vos désirs en éteignant plutôt mon impression. Mais je puis vous assurer, madame, que, même quand vous ne m'eussiez pas parlé avec autant de confiance de ses dispositions intérieures et de ses regrets mêlés à sa joie (en 1814); que, même quand madame Duvivier ne m'eût point parlé comme elle l'a fait, j'avais, au moins de trois autres côtés et par des mots très-précis, de quoi me former sur M. de Fontanes cette idée que je garde plus vive que je ne l'ai exprimée.

De tout ceci je conclus qu'il est impossible que la notice entre dans l'édition; de votre côté, un devoir, du mien un sentiment que je ne sais comment appeler, mais qui est ma nature même.

Il ne reste plus qu'à savoir si elle pourrait paraître à côté. Mais, du moment qu'elle n'est plus pour vous, madame, qu'un désagrément plus ou moins dépaysé, mon sentiment est de la laisser dormir. Une notice qui resterait ce que vous l'avez lue, sauf les changements de *fait* qui porteraient sur les petites inexactitudes matérielles, pourrait encore aider collatéralement l'édition sans doute; mais ce qu'elle contiendrait de désagréable pour vous, madame (moi le sachant), m'en semblerait empoisonner l'effet.

Ajoutez-y le public, qui, en lisant, ne comprendrait

rien à cette dissidence; je parle du public le plus rapproché.

Nous allons continuer et presser la publication du second volume; je ferai entrer dans les extraits du *Mémorial* la lettre au général Bonaparte que je voulais insérer dans la notice. Rien ne sera changé au deuxième volume, d'ailleurs. Je me charge d'arranger avec M. de Chateaubriand l'affaire de sa préface : ce ne sera qu'une demi-page à changer.

Tout cela, madame, me coûte si péniblement, que je voudrais qu'il n'en fût plus question entre nous quand je vous reverrai : j'aurai cet honneur bientôt, en vous reportant toutes les lettres et pièces que j'ai dues à votre obligeance. Je vous porterai en même temps le premier volume en entier, sauf les préfaces.

Veuillez offrir à mademoiselle Led'huy et recevoir mes regrets confus et mes respectueux hommages.

XLII.

A LA MÊME.

Jeudi matin.

Madame,

Si vous avez vu hier soir madame Récamier selon votre projet, elle vous aura pu dire que nous avions, le matin, causé du conflit et pris l'avis de M. de Chateaubriand. Sa pensée a été que je fusse libre dans la *Revue*, et que je cédasse à vos convenances dans l'édition. Enfin, le premier

biais que je vous avais posé, dans le principe, comme pis
aller. Ce serait toujours le mien, et j'y serais entré dans
notre dernière conversation, si, au premier mot sur ce point,
vous n'aviez paru frappée, madame, de l'inconvénient
qu'aurait la différence des deux versions de la notice, et
si je n'avais cru voir là un rejet du biais.

Cet inconvénient n'a pas paru fort grand à M. de Chateaubriand ; en me plaçant à votre point de vue, madame,
je ne crois pas non plus que cela puisse faire tort à rien.
D'abord, très-peu de gens et même de lecteurs remarqueront la différence (vous voyez que je reviens toujours à
mon respect pour les majorités) ; ceux qui auront lu d'un côté
ne reliront pas de l'autre, ne compareront pas. Ceux qui
remarqueront, comprendront à l'instant qu'il y a eu là
quelque considération particulière à observer. Comme l'édition paraîtra après la *Revue*, on pourra même croire que,
sur l'effet de la première version, je me suis amendé. Il
n'y aura que pour les critiques attentifs (présents ou futurs)
que mon dessein se démêlera et que ma version préférée
sera bien distincte.

Si cela vous agréait, ce serait arrangé. La suppression
d'une dernière demi-page [1] (ce qui se peut sans aucun
inconvénient de sens général ni d'effet) enlèverait du coup
le *petit parfum*, le *demi-jour*, et ne *maintiendrait* rien, pas
même le *marbre du tombeau*.

En politique, sans rien ajouter, des suppressions par-ci

---

1. Dans la notice en tête de l'édition des *Œuvres*, la dernière
demi-page du *Portrait* de Fontanes par Sainte-Beuve a été en
effet supprimée. La notice n'est au complet que dans les *Portraits
littéraires* (t. II, chez Garnier frères).

par-là arriveraient aussi, ce me semble, à atteindre l'effet que vous désirez ou du moins à n'en pas produire un autre. Je ne puis pas tout à fait oublier ma signature quand j'écris des Bourbons et du royalisme, et je suis (toute proportion gardée) comme M. de Condorcet, qui, dans ses *Éloges*, dit des académiciens bons chrétiens : « Nous devons convenir que M... avait des sentiments religieux. » On sait, dans sa bouche, ce que cela veut dire. Il faut lui passer sa légère grimace.

> Il me semble en lui voir le diable
> Que Dieu force à louer les saints.

Quant à ce qui n'a pas été rangé dans les *sine qua non*, je vous demanderais grâce pour Millevoye, dussiez-vous comme pièce justificative être condamnée à lire ce que j'en ai écrit : on ôterait le *Lamartine*.

En un mot (ma pensée une fois garantie quelque part dans son intégrité), vous ne trouveriez plus, madame, qu'un désir de vous complaire et de réparer ce que je tiens pourtant à faire : c'est absolument comme pour le mal, on veut avoir le bénéfice des deux.

Je serais heureux si ceci offrait une solution, et, si je le savais, je ne tarderais pas à envoyer à l'impression la première moitié de la notice.

Veuillez recevoir, madame, avec mes profonds regrets de toute cette chicane, l'expression de mes hommages respectueux et les partager avec mademoiselle Led'huy.

XLIII.

A LA MÊME.

Samedi soir.

Madame,

Mille pardons de ne vous avoir pas aussitôt confirmé ce que votre lettre terminait en effet. J'ai vu hier madame Récamier et M. de Chateaubriand à quatre heures : je leur ai dit le *biais* et ils n'ont rien vu de mieux puisque vous en étiez satisfaite. J'ai donc envoyé à l'impression pour la *Revue* la première partie, qui passera le 1er décembre (1838). J'ai de plus accéléré, par une double lettre à M. Hachette et à l'imprimeur, notre second volume. J'attends les dernières feuilles du premier pour vous le montrer complet (sauf les préfaces).

Je vous prie de recevoir mes remercîments sincères pour 'amabilité dont vous voulez bien couvrir toute ma mauvaise grâce, et je vous offre, ainsi qu'à mademoiselle Mathilde, tous mes respectueux hommages.

XLIV.

A LA MÊME.

Ce mardi.

Madame,

J'ai en effet reçu une lettre de M. Roger que je joins ici, parce que vous vous expliquerez peut-être par là son intention, qui reste pour moi un peu obscure. Dans la conversation que j'avais eue avec lui et où j'avais touché un mot de la possibilité de mettre les discours académiques, il m'avait paru plutôt éloigné de cette idée. Après notre conversation, madame, et vous-même ne cédant qu'à une sorte de nécessité ou de convenance matérielle pour le volume, j'avais tâché qu'on s'en passât. J'avais vu Hachette, qui est tombé d'accord. Ainsi plus de discours académiques, aucune demande de moi à M. Roger, lorsque j'ai reçu cette lettre obligeante qui est pourtant un vrai *raprès-coup*. J'aurais dû la recevoir dimanche si j'avais été chez ma mère; mais, par contre-temps, je ne l'ai eue que lundi matin. J'ai répondu aussitôt que j'avais pris l'autre parti, qu'il était trop tard. Et, en effet, quoique la dernière feuille ne soit pas tirée, elle est composée avec la note finale, que j'ai mise afin d'indiquer du moins les éloges académiques qu'on n'insère pas, et avec la table des matières. La lettre et l'envoi de M. Roger à vous, madame, me font entrevoir qu'il tient plus à cette insertion qu'il n'avait paru d'abord. Mais il me semble véritablement qu'il est trop tard. Déjà la nécessité d'envoyer les épreuves de la préface et de la notice à M. de Chateaubriand et à lui nous rejetait à une semaine plus tard pour la publication. Car on ne peut imprimer ma notice, ou du moins me l'envoyer à corriger définitivement, que quand ces messieurs auront fini de leur côté. Voilà l'état des choses. J'ai l'agrément de M. de Chateaubriand pour le titre. Vous aurez les bonnes feuilles de sa préface à l'avance pour les *Débats*. A moins d'un contre-ordre absolu de votre part et qui arrive promptement, je laisserai passer outre pour le tirage de la dernière feuille, telle qu'elle avait été arrêtée, c'est-à-dire sans les éloges académiques.

Pardon, madame, de tous ces détails techniques, auxquels vous comprendrez toujours assez pour vous ennuyer. Mille remercîments sensibles pour la lettre confiée. J'aurai l'honneur de vous en aller remercier au premier jour, mais sans pouvoir vous en assigner un. Au reste, nos *séances* sont finies, et ce n'est plus que des *visites* que j'aurai l'honneur et le plaisir de vous faire.

Veuillez recevoir, ainsi que mademoiselle Mathilde, l'expression de mes hommages respectueux et dévoués.

P.-S. — J'aurai grand soin du volume de M. Roger et le lirai avec intérêt, *discours* et autres pièces. Je vous le reporterai, madame, la prochaine fois.

XLV.

A LA MÊME.

Ce vendredi.

Madame,

En attendant que j'aie l'honneur de vous aller saluer, je veux tout de suite vous rassurer un peu sur le matériel du volume. Cet exemplaire, encore une fois, n'est que ce qu'on appelle des *bonnes feuilles* : non satiné, non broché, car c'est moi-même qui l'ai fait *brocher* à la hâte pour que les feuilles se tiennent; mais, quand on broche *sérieusement*, on met le volume sous presse, et il est bien plus mince.

De plus, cette couverture est tout bonnement le premier papier venu et n'a aucun rapport avec la couverture imprimée qui sera mise à l'édition. Après cela, je partage votre avis sur les caractères : je ne suis pas content de l'imprimeur; mais qu'y faire? Nous subissons là les inconvénients d'une librairie classique, plus marchande qu'élégante.

J'ai l'honneur de dîner avec vous, madame, chez M. Rousselle, mardi.

D'ici là, j'aurai sans doute un moment pour vous aller saluer et vous dire les sentiments assez peu vifs, mais bien estimables, que m'a laissés *la Popularité*. C'est la plus belle comédie *juste milieu* qui se puisse faire; il y a de bien bons vers et de l'esprit de détail : c'est le fond qui manque. Mais je suis sorti, fort pénétré de contentement : il est vrai que tout dépend du point de départ où l'on est avec M. Delavigne.

Veuillez recevoir, madame, avec mademoiselle Mathilde, l'expression de mes sentiments respectueux et dévoués.

XLVI.

A LA MÊME.

Ce lundi.

Madame,

Voilà encore bien des retards : ce seront les derniers. M. de C...[1] n'a donné son bon à tirer qu'avant-hier, et il m'a fallu tout revoir. Il le fallait d'autant plus que bien

---

1. Chateaubriand.

des fautes typographiques avaient échappé à ses yeux moins occupés que moi du détail de la matière. J'ai vu avant-hier matin M. Roger pour m'entendre avec lui sur des *raccords* indispensables et qui n'avaient pas été faits : il s'y est prêté avec toute sorte de bonne grâce. Mais cela a pris du temps. On ne tirera la feuille première où est la lettre de M. de C... qu'après le jour de l'an. Aussitôt que j'aurai la bonne feuille, vous la recevrez : je ne vois pas qu'il y ait rien eu de changé à la copie que vous avez entre les mains : au moins presque rien, puisque je ne m'en suis pas aperçu. Au reste, vous verrez.

J'aurai l'honneur, madame, de vous reporter au premier moment le volume de M. Roger et autres livres que j'ai encore. J'ai été et je suis toujours souffrant : c'est décidément une habitude.

Notre second volume n'est pas si mince que vous le craigniez : il a vingt-six feuilles à peu près, comme le premier, qui vous paraissait trop gros.

J'avais été quinze jours sans voir M. de Chateaubriand : je ne l'ai vu qu'un moment hier. J'aurai son agrément pour l'insertion aux *Débats* puisque vous le désirez ; mais il va sans dire qu'il nous laisse carte blanche là-dessus. Je le préviendrai seulement à la prochaine rencontre.

Le titre est celui-ci :

ŒUVRES DE M. DE FONTANES

RECUEILLIES POUR LA PREMIÈRE FOIS
ET COMPLÉTÉES D'APRÈS LES MANUSCRITS ORIGINAUX
PRÉCÉDÉES D'UNE LETTRE DE M. DE CHATEAUBRIAND
AVEC UNE NOTICE BIOGRAPHIQUE PAR M. ROGER, DE L'ACADÉMIE FRANÇAISE,
ET UNE AUTRE PAR M. SAINTE-BEUVE.

J'aurais été heureux, madame, de pouvoir vous porter pour cette fin de l'an les deux volumes complets; mais ils suivront de près.

Veuillez recevoir tous mes hommages respectueux et mes vœux bien sincères.

XLVII.

A LA MÊME

Ce mardi matin.

Madame,

Voudrez-vous bien pardonner à mon long silence, pourtant occupé? J'aurai l'honneur, demain mercredi, si vous y êtes, de vous remettre une copie de la lettre de M. de Chateaubriand. Je dis *copie*, parce que j'en envoie un double à l'imprimerie pour qu'on l'imprime toujours, car il en demande des épreuves pour modifier et corriger, selon son habitude, sur l'imprimé même. Je prendrai en même temps de vous l'article de M. Roger. Nous réglerons aussi sur la *Revue* les suppressions définitives et modifications du deuxième article, selon que vous me les désignerez.

Veuillez recevoir, madame, tous mes hommages respectueux et dévoués.

P.-S. — Je rouvre ma lettre, madame, pour répondre à la vôtre, et je la laisse pour vous montrer que je n'étais qu'en retard et non en distraction de pensée.

Ce ne sera donc que vendredi que j'aurai l'honneur de vous voir chez vous.

J'irai certainement chez M. Rousselle, à l'amabilité de qui je ne puis rien refuser. Je serai charmé d'entendre madame Guinard, plutôt que je ne pourrai beaucoup lui parler, étant véritablement souffrant, surtout vers ces heures du soir. Mais les beaux vers sont toujours un délassement.

Veuillez recevoir encore, madame, tous mes respects avec mes excuses pour cette lettre si surchargée.

XLVIII.

A M. EUGÈNE TOURNEUX, ARTISTE PEINTRE[1].

7 novembre 1838.

Monsieur,

Je suis bien reconnaissant de votre aimable présent. Ces *Chants*, que je n'avais qu'à peine feuilletés l'autre jour sur la table du salon vert[2], sont pleins de choses senties et élevées : ce sont de vrais Chants. Remerciez-en pour moi votre ami et recevez pour vous-même l'expression de mes sentiments très-vrais et du plaisir que j'ai à vous connaître.

---

1. Lettre écrite au sujet de l'envoi des *Chants et Prières*, par Charles de Maricourt et Eugène Tourneux, *Paris, Dessessart*, 1838, in-12.

2. Sainte-Beuve et M. Eugène Tourneux se rencontraient souvent dans le salon du général Pelletier.

XLIX.

A M. ADAM MIÇKIEWICZ.

Jeudi, 28 novembre 1838.

Monsieur,

Je reçois une lettre de mes amis Olivier. L'Académie de Lausanne vient de prendre une décision à votre sujet : elle a décidé, à l'unanimité et avec acclamation, de demander au Conseil d'État de vous appeler à un cours provisoire aux meilleures conditions et avec le maximun d'appointements. Vous voyez, monsieur, que, si le rayon de poésie perce un peu tard, il perce pourtant... Acceptez, je vous y engage. Lausanne est un pays excellent, vous y trouverez (oserai-je dire?) une patrie!... comme tant d'exilés.

Une jeunesse morale, dévouée, patriotique, vous y entourera de liens affectueux. Entre tous, je vous recommande comme un trésor de poésie, d'affection, de toutes les vertus aimables, le foyer de nos chers amis Olivier. Nulle part vous ne pourriez vous appuyer plus fortement; si madame Miçkiewicz vous accompagnait, vous trouveriez de ce côté tout ce qui pourrait aider, alléger. Enfin, monsieur, je désirerais bien vivement pour vous, pour Lausanne; que vous y élussiez séjour. Répondez donc, répondez vite : soit à M. Monnard, recteur de l'Académie, soit à Olivier, qui demeure rue Marteray (vous le savez).

Croyez à tous mes sentiments de respect et d'affection.

L.

AU MÊME.

21 décembre 1838.

Monsieur,

Je reçois une lettre de M. Olivier qui m'apprend que la lettre officielle de Lausanne a dû vous être adressée ; mais il craint qu'elle ne vous parvienne pas, car vous avez négligé, à ce qu'il paraît, d'indiquer une adresse précise. Il semble convaincu de la nécessité d'une réponse prompte de votre part avec l'envoi du programme. M. Monnard m'envoie un mot également pour m'informer que le conseil de l'instruction publique attend avec impatience acceptation et programme de vous. L'ouverture de l'Académie a lieu le 8 janvier; et tous vos amis de là-bas (et vous en avez beaucoup) paraissent souhaiter vivement que vous y soyez pour cette solennité d'installation.

En vous informant à la hâte de cet état de choses, je n'ai que le temps, monsieur, d'y joindre l'expression de mes vœux pour la santé de madame Mickiewicz et de mes sentiments bien profonds envers vous.

LI.

A MADAME LA COMTESSE CHRISTINE DE FONTANES.

6 janvier 1839.

Madame,

Voici la bonne feuille de la lettre de M. de Chateaubriand. J'y joins quelques pièces de vers qu'on pourrait citer également dans les *Débats*: *Mon Anniversaire*, les *Stances à une jeune Anglaise*, et quelques autres petites odes. J'ai eu soin de les choisir autres que celles que j'avais citées dans la *Revue des Deux Mondes*. J'ai encore trois *bons à tirer* à donner, je pense que ce sera fait jeudi au plus tard. Ainsi on pourra être en vente sans faute de lundi en huit. Si donc ces pièces pouvaient passer aux *Débats* vers la fin de la semaine, samedi ou dimanche, ce serait à merveille.

Il est *très-important* de ne pas oublier d'indiquer dans l'annonce le *nom* et l'*adresse* du libraire. Aussi je les joins aux feuilles ; mais veuillez recommander ce petit détail à M. de Laborie.

J'aurai l'honneur, madame, de passer chez vous à l'une de ces premières après-midi qui suivront lundi.

J'offre à vous et à mademoiselle Mathilde l'expression de tous mes hommages, redoublée de celle de tous mes vœux.

LII.

A LA MÊME.

Madame,

Dussé-je vous lasser de mes lettres récidivées que j'aimerais bien mieux changer en visites, je me hâte de répondre à votre lettre reçue de tout à l'heure et qu'une de moi a croisée.

Je vérifie dans *la Divine Comédie* : c'est bien *disio* qu'il y a.

Quant au papier, toujours même réponse : la préparation

qu'on lui fait subir ne se fait que quand tout est terminé et sur la totalité des feuilles. J'en ai parlé à Hachette : la préparation sera, non pas le *satinage*, mais le *battage* ; il m'a expliqué cela, mais je ne vous en pourrais parler pertinemment. Il m'a tout à fait rassuré sur l'effet à l'œil. Je crois que ce sera suffisamment bien. Attendez, je vous en prie, les volumes pour vous former une impression.

Si l'on insère quelque chose au *Journal des Débats*, il n'en coûtera pas plus de citer quelques vers en sus. La lettre est si courte, et je vous réponds qu'on l'abrégera encore. Pour ces détails, fiez-vous, je vous prie, à M. de Laborie, qui en fera passer le plus possible : en lui remettant toutes les feuilles que j'ai eu l'honneur de vous envoyer avec mes petites indications, vous n'avez plus à vous inquiéter.

A bientôt, madame. J'aurai l'honneur de vous voir avant, ou avec, ou bien peu après les volumes.

LIII.

A LA MÊME.

Ce mercredi.

Madame,

J'aurais voulu courir ce matin chez vous pour vous rassurer sur tous ces détails derniers, auxquels, je crois, vous attachez plus d'importance qu'ils n'en ont. Mais je suis retenu par un article qui doit être dans la *Revue* du 15 (sur Malebranche, rien que cela), et, quoique mon travail soit déjà presque fait dans mon *Port-Royal*, d'où je le tire, je n'ai pas trop de ces cinq ou six derniers jours qui me restent pour le mettre au net et le faire imprimer; me voilà donc comme absorbé et confisqué : c'est un peu mon lot de quinzaine en quinzaine. Mais tranquillisez-vous, je vous en prie, sur ces détails de mise en vente : je vais écrire à Hachette pour la retarder. Il m'est impossible de ne pas regretter que vous ayez parlé à M. de Chateaubriand, comme d'une affaire expresse, de ce qui n'était qu'un incident qui ne faisait pas un pli, selon moi. C'était l'avis de madame Récamier, à qui j'avais demandé si elle voyait à cette insertion aucun inconvénient. En posant la question de vous à M. de Chateaubriand, il fait de la modestie, il ne veut pas; un peu d'ennui et de respect humain à l'égard des *Débats* s'y mêle; il consent bien à y être loué et cité, mais il ne se soucie pas d'en être trop directement prévenu. Il faut savoir faire aux gens quelque plaisir, même malgré eux. Et ici il n'y avait pas de *malgré*, je persiste à le croire : je me chargerais même de faire revenir M. de Chateaubriand, si tout cela, encore une fois, ne devenait pas une affaire, n'ayant jamais dû en être une. Et notez bien, madame, qu'il n'est au pouvoir de personne d'empêcher le *Journal des Débats*, ou tout autre journal, d'insérer, le jour où le volume leur tombera entre les mains, tout ce qu'ils voudront dépecer de la préface et du reste. Je pense que le *Journal des Débats* alors le fera : il s'agissait qu'il le fît seulement deux jours d'avance; ce qui était plus commode et la meilleure annonce pour l'édition. Je vous avoue que, si le *Journal des Débats* ne fait pas une annonce de cette sorte lorsqu'il en aura le droit, c'est-à-dire le jour où il aura le livre, le plus grand appui manque à la mise en vente; car aucun autre journal n'a crédit pour cela. Dans tout ceci, je regrette que vous n'ayez pas laissé faire aux gens du métier et intéressés au succès, et à l'amour-propre de tous en cette publication. C'est un peu comme pour un vaisseau qu'on lance : au moment de la manœuvre, il ne faut pas qu'une ficelle (fût-elle en soie) vienne en travers. Au reste, il n'y a pas grand mal jusqu'ici ; j'écris à Hachette pour retarder un peu une mise en vente qui aurait toujours été très-incognito sans la publicité d'une annonce au *Journal des Débats.* Vous recevrez pourtant les volumes cette semaine, j'espère : l'éditeur a, de plus, trop d'intérêt, dans cette crise politique, à les produire à M. de Salvandy avant sa sortie très-possible du ministère, pour ne pas les faire paraître : il doit tâcher d'obtenir définitivement, s'il se peut, les souscriptions restées en *promesse* jusqu'ici. J'ajouterai, dans ma lettre à Hachette, qu'il serait bon qu'il eût l'honneur de vous voir pour satisfaire à vos questions sur ces détails auxquels il est autant intéressé que personne et sur lesquels il ne m'a paru avoir aucune incertitude : il n'est nullement embarrassé de l'écoulement de ces volumes, m'a-t-il répété plus d'une fois. Quant à l'effet de la *mise en vente,* à cette vogue prompte, à ce coup de main instantané, il faut, je crois, peu s'y attendre : le *Journal des Débats* seul pouvait, en s'y prêtant, produire quelque chose de tel et ouvrir l'écluse; à son défaut, il y aura, selon l'expression d'Hachette, *écoulement* plutôt que rien de soudain et de vif. Je ne sais même s'il est à désirer que le livre arrive (sans que le libraire prenne d'avance ses précautions) à ces journaux rudes et grossiers que je connais de reste pour les avoir pratiqués : *le National, le Siècle, le Courrier* et *tutti quanti*. M. Granier, dans *la Presse*, pourrait bien le manger, comme il fait Racine, si on n'y prend garde. Le libraire, au reste, entend ces choses, et vous devez, madame, les ignorer, pour l'honneur de la littérature et de la liberté de la presse.

Mille pardons de ces longs détails, que la conversation allégerait un peu, et dans l'intervalle desquels je ne me lasserais de vous répéter : *Laissez faire, pas d'inquiétude, tout cela est médiocrement important.* L'essentiel, en effet, est que le livre existe, qu'il demeure, et, cette semaine, vos yeux vous en assureront.

Adieu, madame; à bientôt, si Malebranche me laisse une trêve.

LIV.

A LA MÊME.

Ce mercredi soir.

Madame,

Encore une lettre! celle-ci du moins va tout éclaircir. Je suis passé chez madame Récamier à cinq heures; son premier mot a été pour me dire qu'elle eût pu remplir ma commission près de M. de Chateaubriand, celui-ci vous avait vue.

M. de Chateaubriand alors m'a dit (ceci bien entre nous) qu'il avait dit *non* à l'insertion, parce que le *canal* par où elle se serait faite lui paraissait avoir quelques inconvénients de M. Bertin à lui. Il m'a dit de lui faire envoyer des exemplaires dès que j'en aurai, et que lui-même les enverrait avec un mot à M. Bertin. Vous voyez que tout est pour le mieux sur ce point. Je vais écrire à Hachette pour qu'il envoie à M. de Chateaubriand en même temps qu'à vous les premiers exemplaires.

Recevez, madame, tous mes respectueux hommages.

LV.

A LA MÊME.

Ce samedi.

Madame,

J'ai vu hier Hachette, qui est tombé d'accord sur tous les points avec ce que je lui ai dit de vos désirs. Il aura l'honneur de vous voir un de ces matins et m'a paru si décidé à vous complaire dans ce détail de la publication, que j'espère que tout ira selon votre souhait. Il fait *satiner* les volumes; s'il avait mieux aimé d'abord les faire *battre* seulement, c'est que le satinage, plus flatteur à l'œil, a l'inconvénient de briser un peu les caractères *neufs* comme le sont ceux qu'on a employés. En effet, ces caractères ne sont pas du tout mal, typographiquement parlant, et la personne qui s'est *extasiée* (me disiez-vous) sur leur beauté, pourrait bien avoir raison à demi.

En envoyant quelques exemplaires à M. de Chateaubriand, Hachette y joindra un mot pour lui soumettre le moment le plus opportun de l'envoi aux *Débats*.

Nous avons, de plus, arrangé ensemble à l'avance l'envoi et la *manière* d'envoi aux divers journaux, afin d'être sûrs que le livre ne tombe pas en toutes mains, mais arrive surtout en des mains amies.

Parmi les journaux, il en est quelques-uns seulement pour lesquels vous aurez, madame, à faire agir vos relations : ce sont *la Quotidienne* et en général tous les journaux royalistes, excepté la *Gazette*, avec laquelle Hachette a directement accointance.

Encore aurait-il *la Quotidienne* si M. Poujoulat était ici ; mais je le crois en Italie avec M. Michaud.

Ainsi, madame, vous n'aurez à vous inquiéter, s'il vous plaît, que de prier vos amis, M. Roger et M. de Laborie, de parler aux journaux royalistes avec lesquels ils auraient relation, y compris *la Quotidienne* et excepté la *Gazette*.

Je suis un peu soulagé de ma presse extrême, car heureusement mon *Malebranche* retarde de quinze jours faute de place[1]. Aussi profiterai-je de ma liberté, en ayant l'honneur de vous aller saluer.

Recevez, madame, l'expression de mes respectueux hommages.

LVI.

A LA MÊME.

Ce samedi.

Madame,

Pour répondre tout de suite au point d'*affaire*, je vous

---

[1]. Les Tables de la *Revue des Deux Mondes* ne signalent aucun article de Sainte-Beuve sur Malebranche. Cet article, extrait de *Port-Royal*, comme on l'a vu plus haut, fut donc probablement retiré.

dirai qu'il est tout simple que tous les exemplaires à donner aux journaux viennent d'Hachette; aussi, ou ne donnez aucun des vôtres et faites-lui savoir seulement l'adresse des personnes auxquelles il en devra envoyer, ou, si vous donnez des vôtres, dites le nombre pour qu'il vous soit rendu. Et même croyez-le bien, Hachette ne sera pas si strict avec vous, madame, que de ne pas ajouter avec plaisir quelques exemplaires à votre nombre, si vous en avez besoin.

J'ai le regret de ne pouvoir absolument ce soir me rendre à votre aimable invitation et à l'obligeant désir de M. Joubert. Lundi soir vous irait-il, madame, ainsi qu'à lui? Ou encore, lundi vers quatre heures? Un mot de vous me dira si l'une ou l'autre de ces heures vous agrée.

Recevez l'expression de tous mes hommages dévoués et respectueux.

LVII.

A M. ÉDOUARD TURQUETY.

Ce 8 janvier 1839.

Cher monsieur,

J'aurais dû aller vous voir déjà et vous serrer la main; j'avais espéré vous rencontrer un soir chez Marmier : vous nous avez fait faute. J'ai reçu avec reconnaissance votre don poétique[1]. J'y ai trouvé des notes qui m'ont été au cœur,

---

1. *Hymnes sacrées*, Paris-Rennes, 1839, in-8°. — La *Revue des Deux Mondes* rendit compte de ce volume dans une de ses Chroniques littéraires, qui étaient rédigées en collaboration par Sainte-Beuve et son ami Charles Labitte. La part qui revient à l'un et à l'autre était difficile à démêler, et l'on a pu s'y tromper, parti-

comme *Dans sa cellule* ; d'autres, je l'avoue, sont trop précises et trop austères pour moi ; mais vous permettez ces dissidences en faveur de ce que je ressens comme vous. J'aimerais à m'expliquer là-dessus, surtout pour les points d'unisson. Je crains de ne pouvoir le faire avec le développement convenable. Je tâcherai, du moins, surchargé que je suis, que l'indispensable soit fait. On nous alarme sur la santé de Boulay-Paty Où donc est-il, et est-ce si grave?

Adieu, cher monsieur, et croyez à toutes mes amitiés dévouées.

LVIII.

A M. J.-L. TREMBLAI [1].

Paris, 1ᵉʳ juin 183..

Monsieur,

J'ai été extrêmement touché de la lettre et des vers que vous m'avez envoyés, et, en même temps, je suis embarrassé

---

culièrement en ce qui concerne le poëte Édouard Turquety, dans les *Premiers Lundis*, t. II : l'article attribué à Sainte-Beuve était de Charles Labitte. La Table de la *Revue des Deux Mondes*, publiée en 1875, ne laisse aucun doute à ce sujet : elle donne, il est vrai, comme de Sainte-Beuve, et d'une façon générale, la Chronique du 15 février 1839, qui renferme l'article en question; mais elle énumère, au nom de Charles Labitte, les articles qui sont de ce dernier, et c'est cette ligne de démarcation bien établie qui a éclairé trop tard l'éditeur des *Premiers Lundis*. Il en fait ici son *mea culpa*. — Il aurait dû être averti par le dernier mot d'une lettre de Sainte-Beuve à Charles Asselineau sur Turquety, écrite après la mort du poëte (1867). Nous avons le devoir de la signaler : elle fait partie des *Notes et Pensées* qui ont remplacé, du vivant de l'auteur, l'ancienne Table des *Causeries du Lundi* (tome XI, p. 517).

1. Auteur de *Maladie et Guérison. Retour d'un enfant du siècle au catholicisme.*

pour répondre dignement à tant de confiance. Vous avez la bonté de juger de moi par mes vers, et de m'attribuer, comme disposition habituelle, ce qui n'est qu'éclair passager dans ma vie. Vous êtes malheureux, et vous me demandez des consolations; je voudrais bien en posséder le secret, monsieur, et avoir en moi la source d'eau vive; je n'en serais point avare, assurément. Mais ce n'est point en nous autres qu'il la faut chercher. Quand on a la foi et l'appui d'une religion positive, la source de toute consolation est presque trouvée; quand on n'a pas le bonheur de croire, le mal est presque irrémédiable; on ne peut l'assoupir que par des conseils humains fort imparfaits; l'amour, quand il n'est pas contraire à l'ordre, est ce que la terre a de mieux à offrir aux âmes qui y sont exilées; l'amitié peut beaucoup, mais j'ai le malheur de ne pas trop compter sur son efficacité souveraine...

Pardon, monsieur, de si mal répondre à vos questions, si pleines de candeur et de confiance. Mais, moi-même, si je croyais qu'il y eût au monde quelque poëte qui eût le secret que vous cherchez, je lui demanderais à lui-même ce que vous me demandez à moi ; car, comme vous, j'ai besoin de ce qui console; mais je me fais moins d'illusions peut-être, et je ne cherche plus, par désespoir de trouver, et par l'idée où je suis que la religion seule donne ce calme qui n'est pas le bonheur peut-être, mais qui suffit après la première jeunesse.

LIX.

A M. VILLEMAIN.

Ce 10 septembre 1839.

Monsieur,

Je trouve votre lettre en arrivant du Perche, ce matin même. Je crains de ne pouvoir me méprendre à vos remercîments, non [plus que vous-même ne vous êtes mépris à mes louanges : beaucoup sont sincères, quelques-unes sont réservées. C'est vous dire que je crois être rentré à votre égard dans les termes d'une indépendance respectueuse, équitable, non plus amicale. Je crois que vous-même, monsieur, m'avez délié le premier. En effet, depuis plus de six mois que je n'ai eu l'honneur de vous rencontrer, il m'est revenu de plusieurs côtés des plaintes de vous sur moi : mon travail sur M. de Fontanes en était l'objet. On n'est pas toujours heureux en louant, surtout quand on a le malheur de prétendre choisir entre les louanges. Pourtant j'ai été étonné que de telles plaintes s'élevassent tout haut devant des personnes plus ou moins indifférentes, dans des comités aussi officiels que l'est celui, par exemple, du *Journal des Savants*, et que vous n'hésitassiez pas à vous déclarer offensé par moi. Je mets en fait que mon travail sur M. de Fontanes, lu par un jury composé d'amis communs, n'eût paru à aucun receler rien d'offensant pour vous. Je dis plus : en considérant l'ensemble des deux volumes, la place que vous y tenez à bon droit, les notes que j'ai cru de mon devoir d'éditeur d'y joindre, et où votre nom revient comme il le mérite ; en voulant bien, de plus, tenir compte de certaines difficultés intérieures, non pas de l'opposition certes, mais de l'indifférence au moins que je trouvais non loin de moi à ce que ce nom revînt si souvent, on pourrait croire qu'il y avait là de quoi valoir peut-être le plus simple des remercîments. Que si ensuite, vous trouviez, monsieur, tel ou tel commentaire de ma part moins juste, moins flatteur que je n'eusse désiré, pourquoi ne pas m'adresser, au lieu de ce remercîment, une plainte ? Je l'eusse aimée (bien mieux) et j'y eusse répondu avec franchise. Au lieu de cela, rien, et des plaintes au dehors qu'il m'a été impossible de ne pas entendre. J'ai cherché en quoi je les pouvais mériter.

On m'a fait remarquer un passage qui avait pu causer cette offense. J'y semblais croire, en effet, que le plus d'esprit, et du plus fin, du plus poli, en ce temps-ci, ne suffisait pas toujours à lutter contre du plus gros ; mais, plus j'y ai songé, plus il m'a semblé impossible que l'offense tombât sur un autre personnage que ce *temps-ci* lui-même ! que Bédoch s'appelle Bédoch ou Cunin-Gridaine, oui, je le crois le plus fort en définitive, *toutes choses égales ou inégales d'ailleurs*. Voilà mon crime peut-être : aux yeux d'un homme d'esprit, en est-ce un ? Au pire, n'est-ce pas au siècle que je fais l'injure ?

Enfin, je m'arrête ; ce n'est pas ma justification que j'entreprends, j'essaye seulement de vous exprimer ma perplexité, lorsqu'on m'apprit cette grave offense dont je m'étais rendu coupable. Quoi qu'elle fût, au reste, elle n'était pas telle qu'elle dût mériter un silence direct, assez clairement interprété par des plaintes formelles au dehors. Si j'avais failli, c'était en ami encore; je ne suis pas digne de dénouer les cordons d'Horace; mais, comme lui, je pense que la louange est flatterie si elle ne joue souvent à la limite ; ce qu'on a dit de lui serait ma gloire :

>.....*Et admissus circum præcordia ludit.*

Mais j'ai été un lourdaud, je le vois bien. Et puis, à parler franc, je crois que nos grands hommes sont tous un peu gâtés là-dessus. La grosse louange ne les dégoûte pas assez, même les plus fins : chaque thèse, chaque discours de gens qui dépendent de vous, blase à la longue et accoutume aussi. Je me suis redit bien souvent l'épigramme (bien libertine, mille pardons!) de Chamfort aux coquettes de son temps :

> Vous rougirez, mais vous prendrez Alcide!

Je me suis donc considéré comme rentré à votre égard, monsieur, dans ma parfaite et plus que première indépendance ; mon procédé envers vous depuis plus de douze ans que j'ai l'honneur de vous connaître a été tel, que je ne veux certes pas le démentir désormais : je le continuerai, mais sans l'astreindre; l'humeur de l'âge (Alceste avait trente-six ans, je me figure) s'y mêlera parfois, le moins que je le pourrai; l'esprit charmant, l'écrivain accompli y recevront toujours mes hommages. Les années plus encore que les voyages m'apprennent à me passer d'autrui, même quand cet *autrui* est fertile en grâces; à croire moins que jamais aux amitiés effectives, aux choses désintéressées; à voir que tout ceci n'est qu'un grand jeu dont la plupart s'accommodent sérieusement, mais dont je m'impatiente souvent plus qu'il ne faudrait. L'amitié, à travers tout cela, est certainement douce et elle seule console ; mais il faut qu'elle soit sûre, qu'elle ne se complique pas de tous les chatouillements de la bonne et de la mauvaise louange : et vous m'avez montré qu'à votre égard, par ma faute sans doute, elle se compliquait.

J'abuse de vos moments et je termine avec le regret de ne pouvoir me permettre de nommer une personne à qui d'ordinaire arrivaient par vous mes hommages.

Veuillez croire, monsieur, à mes sentiments très-respectueux.

LX.

A MADAME LA COMTESSE CHRISTINE DE FONTANES.

Ce 26 septembre 1839.

Madame,

Le plus vif regret a été pour moi, croyez-le bien. J'ai été malheureux aussi en ne vous trouvant pas avant mon départ ; je compte bien pourtant en finir avec le guignon cette fois-ci. Vous nous restez cet hiver ; c'est à nous d'en profiter. J'aurai grand plaisir à vous entendre parler de l'Italie : je n'ai fait que la voir, en apprendre le chemin, mais c'est assez pour prendre intérêt à tout. Si je n'étais pas si excentrique et si occupé déjà, j'oserais vous indiquer quelque jour où j'aborderais vos quartiers : mais je m'en remettrai encore à la fortune, et elle se retrouvera. Remerciez bien, je vous en prie, mademoiselle Mathilde de sa bonne idée, et offrez-lui tous mes hommages en les recevant aussi, madame, avec mes sentiments les plus dévoués et les plus obligés.

LXI.

A LA MÊME.

25 octobre.

Madame,

Mille remercîments de cette aimable attention; je lirai avec toute sorte d'intérêt l'article de M. Roger sur un sujet qui m'est vraiment si cher. J'avais lu l'article du *Courrier*, dont la courtoisie a été telle, que je n'ose soupçonner la plume qui pourrait bien remonter à l'Université même. Ce *silence* allégué de M. Villemain m'a presque eu l'air d'une signature. Au fait, il n'y a rien à répondre; vous n'avez pas eu l'air, madame, de prendre fait et cause pour M. de Salvandy; votre position a été à merveille tracée par les termes si précis de votre lettre. Vous avez tous les honneurs de la guerre, et j'espère qu'elle est bien éteinte désormais. Je me réserve le plaisir de vous reporter *le Courrier* et vous prie, madame, de recevoir l'expression de tous mes sentiments respectueux et dévoués.

LXII.

A LA MÊME.

Vendredi

Madame,

Vous savez certainement déjà par madame Récamier que notre lecture continue demain samedi à trois heures; ceci n'est donc que pour vous témoigner le regret de n'avoir pu vous le dire moi-même et pour vous remercier de l'intérêt que vous voulez bien mettre à un travail que le lecteur devra beaucoup aider. C'est pour moi un aiguillon bien vif que d'être entendu comme je l'ai été l'autre jour. Mademoiselle Mathilde ne sera-t-elle pas de la réunion de demain?

Offrez-lui et recevez, madame, mes plus humbles hommages.

LXIII.

A LA MÊME.

Ce samedi soir.

Quel fâcheux contre-temps, madame, et quel malentendu! Je n'avais vu, depuis l'autre samedi, madame Récamier que mardi dernier; c'est alors que nous prîmes jour pour le samedi d'aujourd'hui. Je me chargeai bien de vous prévenir; mais, étant retourné hier chez madame Récamier sans la trouver, je ne sus pas bien à quel degré j'en étais chargé, et ma lettre ne vous alla que comme un avis inutile qui avait déjà dû être précédé d'un autre. Combien je regrette de ne pas m'être mieux expliqué! Madame Récamier vous a regrettée aussi; enfin, vous nous manquiez. Heureusement c'est réparable, et mon gros livre[1] tardera tant à paraître, qu'il y aura encore lieu à des lectures, et mademoiselle Mathilde en sera.

Veuillez recevoir, madame, tous mes respects et mes hommages dévoués.

LXIV.

A M. LE PASTEUR CHAVANNES [2].

Paris, jeudi (1840).

Je vous écris un tout petit mot, monsieur, pour vous dire combien la lecture que je viens de faire de votre article à mon sujet dans la *Revue suisse* m'a touché. J'en accepte surtout et seulement les sentiments de bienveillance et de sympathie qui vous ont conduit à tant d'éloges trop flatteurs. Votre remarque sur l'omission que j'ai faite de la querelle d'Arnauld et de Jurieu m'arrive très à temps pour que je puisse, j'espère bien, en tenir compte. Je suis mal-

---

1. *Port-Royal*, dont le premier volume parut en 1840.
2. M. le pasteur Chavannes (de Lausanne) avait écrit, dans la *Revue suisse*, un article sur le tome Ier de *Port-Royal*.

heureusement encore fort loin de cette partie superfinale de ma révision.

Croyez, monsieur, que rien ne peut m'être plus doux que l'accueil bienveillant fait à mon livre au sein d'un pays auquel je tiens désormais par tant de liens intimes ; agréez ma profonde reconnaissance pour avoir bien voulu être, monsieur, l'organe presque officiel de cet accueil d'amis à l'égard de celui qui demeure particulièrement

Votre bien dévoué serviteur.

LXV.

A M. ALEXANDRE VINET.

Mardi (1840).

C'était bien à moi à vous écrire depuis très-longtemps, cher monsieur, si j'avais consulté mon seul désir. Mais je ne doutais pas de votre souvenir affectueux et je me disais de ne pas rompre sans motif des heures et des pensées si véritablement remplies. Les nôtres, ici, ne sont qu'envahies et dissipées, surtout irrégulières ; on en sauve ce qu'on peut. Le gros volume[1] auquel vous vous montrez si indulgent a été ainsi repêché à grand'peine de cette espèce de naufrage quotidien. Mais combien il a fallu de temps pour cela et d'efforts et de reprises à la Sisyphe ! Me voilà au suivant et déjà essoufflé et désirant quelque trêve avant

1. Le tome Ier de *Port-Royal*.

de poursuivre. J'aurais bien envie de me l'aller procurer à Lausanne et de m'y faire quelque répit qui serait une émulation encore. Je crains de ne pas pouvoir ; mais je ne me le dis pas tout à fait. *Le Courrier suisse* m'a prouvé combien votre amitié se multipliait pour moi au moment où vous m'écriviez. On a été ici très-bienveillant, presque autant que chez vous ; bien des personnes du monde, et des plus éloignées du cloître, ont lu jusqu'au bout ce premier volume et parlent maintenant des graves personnages très-familièrement. Au reste, je vous dirai comme nouvelle toute récente, que *Polyeucte*, repris l'autre jour au Théâtre-Français, a eu un succès d'ensemble, un succès tel, que je crois qu'il n'en eut jamais un si grand du vivant même de Corneille. N'allez pas conclure pourtant de ces symptômes que nous devenons un peuple tout sérieux. M. Thiers, qui nous gouverne si bien, sait à quoi s'en tenir, et ces os de Napoléon qu'on nous rend (*grandiaque effossis...*) ne sont qu'une manière d'osselets. Mais tout cela se mêle, et le spectacle, à qui n'est qu'observateur, ne laisse pas d'être très-divertissant. Je m'imagine que c'est un des plus grands attraits de Paris, et le seul même qui vaille la peine d'y vivre : être à une bonne place pour juger la comédie. Mais l'inconvénient, c'est cette comédie même, c'est de tout y voir, c'est de n'agir pas et de prendre ce bas monde pour un spectacle, non point pour une arène, pour un sillon de labour. Voilà ce qu'à Lausanne on sait si bien ; voilà ce que j'enviais dans certaine visite à l'ombre de la cathédrale[1], quand je voyais toute une destinée d'étude, de sacri-

---

1. M. Vinet demeurait près de la cathédrale de Lausanne.

fice et d'humble et constante action. Je ne veux pas dire tout ce que j'en pense, de peur de vous fâcher et de vous détourner de m'écrire encore. — Offrez, s'il vous plaît, tous mes respects à madame Vinet, priez-la de me rappeler au souvenir bienveillant de madame Forel. Ma mère est bien sensible à ce que vous dites pour elle : sa santé, grâce à Dieu, est bonne, et elle n'a rien encore de la grande vieillesse.

Adieu, cher monsieur, croyez à tous mes sentiments de reconnaissance et d'amitié.

P.-S. — M. Vuillemin me disait que vous aviez l'idée d'une histoire de *saint François de Sales* : oh! songez-y, je vous en prie! Quel sujet entre vos mains, et quelle preuve de charitable union!

LXVI.

A M. AUGUSTE SAUVAGE.

Lundi, 9 mars 1846.

Monsieur,

Une personne que j'ai eu hier l'honneur de rencontrer, madame de Castellane, sachant par M. Molé que j'avais eu quelques relations avec la sœur de l'abbé Delille, m'a parlé d'elle avec un intérêt et une vivacité de souvenir qui m'engagent à vous en informer. Madame de Castellane, jeune enfant, a beaucoup rencontré mademoiselle de Vaudechamp; elle désirerait la revoir, m'a-t-elle dit. Seriez-vous assez bon pour me dire si mademoiselle de Vaudechamp demeure toujours place Royale, et m'indiquer le numéro, que j'ai oublié?

Veuillez recevoir, monsieur, l'expression de ma considération très-distinguée.

LXVII.

A MADAME DESBORDES-VALMORE.

Ce 23 (1840 ou 1841).

Je vous lis beaucoup depuis deux jours, cela me rend encore plus confiant. Voici deux petits bouquets fanés, *pour vous seule*. S'ils ont un reste de parfum, vous les jetterez dans la flamme après l'avoir respiré.

Votre nom est à l'une de ces chansons : c'est pourquoi je vous la devais.

A vous de cœur et aux vôtres.

LXVIII.

A LA MÊME.

21 mars (1840).

Charpentier fait imprimer dans son format tous mes vers : j'y glisse vers la fin le sonnet suivant, faible écho lui-même de *l'Horloge abandonnée*

SONNET

A MADAME DESBORDES-VALMORE.

Puisqu'aussi bien tout passe et que l'amour a lui;
Puisqu'après le flambeau ce n'est plus que la cendre,
Que le rayon pâli n'est plus même à descendre;
Puisqu'en mon cœur désert habite un morne ennui,

Si le loisir du chant me revient aujourd'hui,
Qu'en faire, Muse aimée? et nous faut-il attendre
L'écho qu'hier encore il était doux d'entendre,
Dernier soupir du nom qui pour toujours m'a fui?

Oh! sortons de moi-même! et de mon âme errante
Suspendons loin de moi la corde murmurante!
Ailleurs, je sais ailleurs des endroits consacrés :

Et, comme un timbre d'or qui parfois chante ou pleure,
Mon vers harmonieux sonnerait les quarts d'heure
Heureux ou douloureux des amis préférés.

LXIX.

A LA MÊME.

Je voudrais bien être pour quelque chose dans cette idée; mais il est de stricte justice d'en laisser tout l'honneur, toute la bonne grâce à M. Villemain, que je n'ai pas vu une seule fois dans son ministère, avec qui je suis resté brouillé (à la lettre), mais qui mérite bien qu'on se raccommode avec lui, ne fût-ce que pour cela.

Votre humilité vous dérobe que chacun vous connaît et

que votre nom est une fleur durable où l'on aimerait à lire, au fond du calice, quelques lettres de son nom.

Je suis accablé de travail. A bientôt pourtant, j'espère bien.

A vous toutes et à votre fils.

LXX.

A M. LE VICOMTE JULES DE GÉRES.

3 mai 1840.

Je reçois, monsieur, l'aimable livre de Poésies que vous voulez bien m'adresser. Vos *Premières Fleurs* sont pleines d'un parfum de sensibilité et de grâce que tous les avril n'ont pas. Recevez tous mes remercîments pour vous être souvenu de moi, et avoir mêlé mon nom à de si flatteuses prémices.

Mille compliments distingués.

LXXI.

A M. LE GÉNÉRAL ***.

Octobre 1840.

Général,

Sachant votre retour, et depuis plusieurs jours déjà, j'ai à m'excuser près de vous de n'avoir pas encore eu l'honneur de vous aller saluer. J'ai aussi, pour une dernière fois, à vous rendre compte d'une situation que ma démarche, lors de votre retour précédent, a si soudainement changée, et sur laquelle, avant d'entrer dans le long silence, je vous dois et me dois à moi-même de donner une explication finale. J'ai essayé, depuis votre départ, de cultiver, comme par le passé, des relations bien précieuses, mais auxquelles le plus grand charme du passé était ravi. J'ai cru un moment y avoir réussi, avoir triomphé assez de moi, ou plutôt m'être assez complétement remis à mon penchant, pour ne ralentir qu'à peine une assiduité aussi désirée que combattue. Mais, vous l'avouerai-je? si je dissimulais au dehors, je le payais trop au dedans. Vous le comprendrez sans que je l'étale ici. D'une part, être reçu avec toute la bonne grâce du monde et même de ce qu'on appelle amitié; de l'autre, étouffer et irriter en soi un sentiment désavoué, une souffrance qui tout bas s'ulcère, et remporter un long trouble qui se prolonge bien avant à travers les seuls remèdes possibles de l'étude et de l'isolement : je n'ai pu y suffire, et, à partir d'un certain jour, je me suis dit, avec la seule force que je retrouvais en moi, de m'abstenir désormais et de fuir dans mon ombre. L'irrégularité apparente de cette conduite, aux yeux de ceux qui auraient le loisir de la remarquer, ne peut, je me le suis dit, compromettre que moi, que mes prétentions soupçonnées et déçues, que mon amour-propre enfin. S'il en eût été autrement, j'eusse trouvé le courage dans une obligation sérieuse. Devant désormais avoir très-peu l'honneur de vous voir ou même de vous rencontrer, souffrez, général, que je vous assure ici des sentiments de respect et d'inviolable souvenir qui de ma part, ne cesseront de s'attacher à vous et à ce qui vous entoure.

LXXII.

A M. ÉDOUARD TURQUETY.

5 décembre 1840.

Je reçois, mon cher Turquety, presque en même temps que votre visite le volume que vous vouliez bien me promettre. Je vous remercie cordialement de votre amical souvenir. Je relis dans *Primavera* de douces choses et j'en trouve de nouvelles, pleines d'une grâce plaintive et pure.

Mes amitiés sincères.

LXXIII.

A M. AUGUSTE SAUVAGE.

6 janvier 1841.

Monsieur,

Je vous suis très-reconnaissant de l'honorable communication que vous voulez bien me faire. C'est bien sur mon indication que mon ami M. Géruzez vous a adressé sa demande. Il est très-digne que vous fassiez pour lui tout ce que vous avez bien voulu faire pour moi. L'appréciation qu'il fera de Delille se ressentira nécessairement de la lecture que vous lui aurez procurée, et vous aurez, il me semble, servi par là, monsieur, la mémoire du poëte.

Recevez l'assurance, monsieur, de mes sentiments obligés et dévoués.

P.-S. — Je lui fais parvenir votre lettre.

LXXIV.

A M. ÉDOUARD TURQUETY.

Paris, ce 22 septembre 1841.

Je reçois, mon cher ami, avec beaucoup de reconnaissance vos beaux vers et votre cher aveu [1]; je n'y réponds plus en vers, car le rapide rayon a disparu ; mais je vous dis en simple prose que je demeure très-touché. Continuez de chanter et de souffrir : c'est le plus noble état d'un cœur mortel.

Souffrir sans chanter est trop triste.

Chanter sans souffrir, c'est affaire de gosier.

Ne souffrir ni chanter, mais être heureux maussadement, c'est le lot de plusieurs à qui est échue la *graisse de la terre*.

---

1. Nous n'avons pu découvrir à quelle pièce de vers de Turquety il est fait allusion dans cette lettre. Aucun des recueils du poëte breton ne se rapporte à cette date. (*Note de M. Saulnier.*)

Je vous écris ceci de ma Bibliothèque[1] où ce lot n'est pas le mien, non plus qu'aucun autre, mais où je suis tiraillé et tracassé à chaque instant par les chalands : je suis là comme un épicier en détail à son comptoir. Voilà pourtant mes *invalides* de poëte et je dois écrire à ma porte : *Deus otia fecit.*

Cultivez bien votre solitude et couvez vos rêves.

Bien à vous.

LXXV.

A MARIE-LAURE[2].

1er avril 1842.

Mademoiselle,

Je suis fort touché de tout ce que vous voulez bien me dire d'infiniment obligeant et flatteur; je voudrais pouvoir

---

1. La Bibliothèque Mazarine, où Sainte-Beuve était alors conservateur. C'est à cette période de sa vie que se rattache le billet suivant, adressé à l'un de ses meilleurs collègues, M. Baudement, l'excellent latiniste, ami de M. Désiré Nisard, et regretté de tous ceux qui l'ont connu (il était depuis longues années, quand il est mort, conservateur à la Bibliothèque nationale). — Sainte-Beuve lui écrivait un jour, du temps qu'ils étaient tous deux conservateurs à la Bibliothèque Mazarine : « (Ce 3 août, lundi.) Cher monsieur, je viens recourir à vous pour vous prier de vouloir bien nous concerter ensemble au sujet de nos séances. Je ne puis ni ne dois plus avoir affaire à M. T... pour cette petite obligation. Je voudrais bien en causer avec vous. Nous trouverions peut-être moyen d'arranger cela sans trop nous gêner. Ce qui m'est souvent impossible, c'est de faire la séance entière. Les demi-séances me sont possibles et faciles. — Quand voulez-vous que nous en parlions ? je suis de service mercredi. — Tout à vous. »

2. Cette lettre et deux autres, adressées à la même personne, ont été écrites à l'auteur d'un recueil de Poésies intitulé *Essais de Marie-Laure* (un vol. in-12, 1844).

répondre à votre honorable confiance. Les difficultés d'un début littéraire à Paris sont plus grandes que vous ne pouvez croire ; et, nous qui de loin semblons peut-être quelque chose, de près nous y pouvons très-peu.

Dans tous les cas, mademoiselle, veuillez croire à la sincérité de mes vœux et à l'expression de ma considération la plus distinguée.

P.-S. — J'ai lu avec intérêt les vers que vous avez bien voulu joindre à votre lettre, et je vous en remercie beaucoup.

LXXVI.

A M. LE PASTEUR NAPOLÉON PEYRAT.

Ce 3 décembre 1842.

Monsieur,

C'est avec bien du plaisir que j'ai reçu de vous un souvenir de cette espèce [1], qui me montre toute la vie et l'application sérieuse d'un talent et d'une imagination dont j'avais apprécié les prémices. Vous nous rendez des luttes et des figures pleines d'animation et de grandeur, et vous le faites avec un feu qui semble allumé au leur. Je m'instruis beaucoup aux *Pasteurs du désert.* Les jansénistes, qui étaient leurs cousins germains sans s'en douter, ont été bien sévères pour eux ; je ne le leur mâcherai pas à l'occa-

---

1. Le livre de M. Napoléon Peyrat sur les prophètes des Cévennes.

sion. Il m'eût été bien agréable, en d'autres temps, de pouvoir étudier de plus près avec vous votre sujet en rendant compte quelque part de votre ouvrage. Mais je suis venu à n'avoir plus d'organe habituel de publicité. Le monde de Paris se renouvelle vite, et l'on est éliminé avant le temps par les nouvelles mœurs de la nouvelle presse qu'on n'accepte pas. Croyez du moins, monsieur, à mes sympathies pour votre œuvre et à mes sentiments de reconnaissance et de souvenir pour vous.

LXXVII.

A M. VICTOR COUSIN.

Ce mercredi 12 juillet 1843.

Je reçois le volume de *Mélanges* que vous voulez bien m'envoyer, et je voudrais pouvoir vous en remercier complétement. J'y trouve les lettres de madame de Longueville que vous n'avez pu résister à publier; il n'est pas tout à fait exact, comme vous le dites à la première page, qu'on *ignorât jusqu'ici ce qu'était devenue la correspondance* de cette princesse. Je crois que c'est de ma main que vous avez reçu le manuscrit où vous les avez lues pour la première fois, et la copie en est dans mes tiroirs, ainsi que celle des *Pensées* de Domat. Et permettez-moi ici de rompre un silence que j'ai trop gardé sur des procédés que les obligations que je vous ai ne peuvent m'empêcher de trouver peu aimables, peu convenables, et que vous ne vous seriez pas permis à l'égard de vos vrais et égaux confrères.

C'est la troisième fois depuis un an que vous étendez la main pour prendre devant moi directement le plat dont j'allais me servir, et que je me croyais réservé par une sorte de droit des gens et de civilité qui, en effet, n'existe plus.

Il m'est évident, et il doit l'être à tous ceux qui ont lu mon deuxième volume de *Port-Royal*, que, si vous m'aviez laissé continuer l'examen de Pascal, j'aurais dit sur les *Pensées* plus d'une des choses que vous avez prélevées si impétueusement : je les aurais dites avec moins d'éclat assurément, mais, je crois pouvoir l'assurer, avec plus de mesure.

Mais enfin le nom de Pascal est si grand, la nouveauté de vos résultats vous a paru si incontestable, que je conçois que ce gros morceau vous ait tenté (*quia nominor leo*) et que vous l'ayez cru trop fort pour moi.

Mais Domat! — je n'eusse en effet jamais songé à en faire l'éclat que vous en avez tiré : toutes ces pièces, pourtant, je les ai; ce sont les documents *nécessaires*, *inévitables*, du livre que j'achève et où je retrouve Domat, lors de la publication de son grand ouvrage.

Aujourd'hui, c'est madame de Longueville. Le portrait que j'en ai donné par avance ne saurait être aussi complet, eu égard à sa *pénitence*, que ce qui doit entrer dans *Port-Royal* même. Cependant vous n'hésitez pas à étendre encore une fois la main et à vous servir à votre convenance, quoique cet hiver, si je ne me trompe, vous ayez dit tout haut en fort bon lieu que vous vous feriez scrupule de me causer ainsi préjudice au cœur de mon sujet.

Vous m'allez dire que le préjudice n'est pas grand, que ce ne sont que des paperasses que vous publiez, que cela aide à grossir un volume, pas à autre chose. — Je méprise tellement tout ce qui est publicité, tapage, apparence, que je suis assez de cet avis ; mais le procédé n'en subsiste pas moins, et c'est trop.

Si vous demandiez à M. Mignet tel manuscrit de la Bibliothèque royale qu'il peut avoir sur Calvin et dont il a fait prendre copie pour sa prochaine Histoire, iriez-vous demain publier *ex abrupto* la matière de ce manuscrit, que vous savez être d'ailleurs en si bonnes mains? — Vous ne le feriez pas.

Si je vous demandais communication d'un manuscrit sur Descartes, et si j'y trouvais des lettres qui devraient entrer comme documents dans un travail de vous sur le cartésianisme, irais-je me jeter dessus, crier à la découverte, occuper le *Journal des Savants*, deux Académies, toute la presse ? — Non, quand je le pourrais, je ne le ferais pas.

Voyez-vous, quand je dis que l'homme n'est pas libre et que je ne crois pas à la liberté, c'est que je sais bien que vous n'êtes pas libre de ne pas faire ces choses et de résister à l'entraînement de votre appétit.

Quoi qu'il en soit, de ce que j'ai consenti à être votre obligé dans une circonstance importante, durable par ses conséquences et qu'il m'est impossible d'oublier [1], il n'est

---

1. La nomination de Sainte-Beuve à la Bibliothèque Mazarine. — Dans les *Causeries du Lundi*, tome XI (*Notes et Pensées*, p. 472), Sainte-Beuve, parlant de la *passion* de Cousin, a dit encore : « ...J'ai tenu à expliquer une bonne fois comment il s'est pu faire que je me sois trouvé légitimement délié envers lui des sentiments d'amitié respectueuse qui auraient gêné ma parole et

pas dit que je doive supporter ce manque d'égards, de procédés qui, dans votre entrain, ne s'arrêtera sans doute pas là; je veux au moins, de moi à vous, m'en plaindre et vous dire que je le ressens.

Toutes ces pièces sont à tout le monde, et chacun est libre de les publier; mais les circonstances où vous l'avez fait par rapport à moi sont telles, que, si vous aviez eu à tâche de décourager un travail pour lequel je n'ai jamais demandé encouragement à personne, vous ne vous y seriez pas pris autrement. C'est ce que pourtant je voulais vous exprimer, réservant d'ailleurs tout entiers les sentiments de respect, d'admiration et de reconnaissance que je vous dois.

LXXVIII.

A MARIE-LAURE.

1er février 1843.

Mademoiselle,

Votre adresse, que j'avais égarée et que je retrouve seulement en cet instant, m'a empêché d'avoir l'honneur de répondre en temps utile à votre lettre de décembre. Je n'eusse, au reste, pu vous dire qu'une chose : c'est que mes relations amicales avec les Revues étant déliées, je ne pouvais vous être serviable en rien auprès d'elles. Je tenais pourtant, puisque j'en retrouve le moyen, à ne pas laisser sans réponse votre billet, et je vous prie, mademoiselle, de recevoir l'assurance de mon profond respect.

retenu ma plume. Son procédé, à la longue, m'a rendu ma pleine liberté... »

LXXIX.

A LA MÊME.

Ce mercredi.

Mademoiselle,

Je reçois avec reconnaissance la pièce de vers que vous me faites l'honneur de m'adresser, et qui exprime des sentiments touchants. Je voudrais sincèrement pouvoir vous être utile en quelque point.

Vous paraissez désirer un accès à la *Revue de Paris*, et une introduction auprès de M. Buloz. Cela est plus difficile que vous ne pensez, surtout pour les vers, qui n'ont pas grande faveur dans ce recueil, ni auprès du directeur.

C'est plutôt par de la prose, et par de la critique en particulier, qu'il y a chance d'être admis en commençant. Je dirai au besoin un mot, sans que cela fasse beaucoup; ce genre de recommandations est dès longtemps usé par le fréquent emploi que j'en ai dû faire, et c'est d'après la lecture du travail qu'on se décide uniquement.

Veuillez croire, mademoiselle, aux sentiments respectueux avec lesquels j'ai l'honneur d'être votre dévoué serviteur.

LXXX.

A MADAME DESBORDES-VALMORE.

Ce dimanche soir (1843).

Merci, merci du fond du cœur!

Vous avez bien fait de mettre *Bouquets* [1], car il y a encore bien des fleurs. Mais quelle adorable et charmante, non pas préface, mais *hymne* vous avez mise là en commençant [2]! Je vais goûter à ravir cette poésie et je vous en parlerai. Je voudrais avoir les mêmes lieux qu'autrefois pour en écrire à tous.

A vous et aux vôtres. Non, je n'oublie pas mademoiselle Ondine.

LXXXI.

A M. ÉDOUARD TURQUETY.

Ce 22 mars 1844.

Mon cher Turquety,

Je prends bien vivement part à votre douleur : ce sont les vraies pertes, celles que ne peuvent désormais compenser

---

1. C'est le titre d'un recueil de Poésies de madame Desbordes-Valmore : *Bouquets et Prières* (Paris, 1843).
2. *Une Plume de femme,* morceau en prose.

nulles joies. Quand on disait à ma mère : « Il sera de l'Académie, cette fois ou l'autre ! » elle répondait : « Mais, moi, je ne puis attendre. » — Ainsi, cher ami, nos joies sont si courtes, que celle de l'un ne peut même arriver avant que celle de l'autre ait cessé, et la félicitation se mêle aux plaintes [1].

Croyez à la vivacité des miennes, mon cher Turquety, et gardez-moi un fidèle souvenir.

P.-S. — Labitte, souffrant, a dû aller passer un mois à Abbeville : il se tue de travail.

LXXXII.

A M. ALEXANDRE VINET.

20 avril 1844.

Vous avez été bien bon, monsieur, comme vous l'êtes toujours ! j'ai reçu le *Bonstetten* avec un mot de vous; j'ai reçu du Châtelard votre obligeant éclaircissement sur la lettre de Benjamin Constant à douze ans [2]. Ce qui m'est plus précieux que tous ces détails, c'est l'assurance de votre

---

1. Cette lettre fait allusion à deux événements tout récents : Sainte-Beuve venait d'être élu à l'Académie française le 14 mars 1844 et Turquety avait perdu sa mère, le 22 février de la même année. (*Note de M. Saulnier.*)

2. Lettre publiée sous le nom de Benjamin Constant, et qui n'était qu'un très-habile pastiche de M. N. Châtelain. (*Note de M. Charles Berthoud, de Gingins.*)

amical souvenir. Quand me sera-t-il donné de le rafraîchir, sans qu'il en soit besoin, de le renouveler de près, de vous revoir enfin ?

J'aurais bien besoin d'une nouvelle saison à Lausanne, je vous assure, pour m'y retremper moi-même, pour y achever ce que je n'ai pu commencer que là. La vie d'ici est toute dissipante ; on y fait mille choses, et jamais l'importante et l'unique.

Vous ne la perdez point de vue, quoi que vous fassiez, monsieur ; je viens de lire, dans la *Revue suisse*, votre discours sur l'histoire littéraire de la Restauration : j'oublie que vous m'y traitez trop bien, que vous m'y accordez trop d'attention ; mais le but élevé, final, ne manque jamais, et l'on achève la dernière page en regardant là-haut. Nous avons eu une grande douleur commune, la mort de ce pauvre et excellent Lèbre[1] : votre nom, votre pensée étaient pésents à tous à cette cérémonie funèbre, et vous y étiez dans toutes nos douleurs.

Adieu, monsieur et cher ami ; croyez à mes sentiments les plus profonds et les plus reconnaissants.

P.-S. — J'offre à madame Vinet mes humbles et affectueux hommages.

---

1. Adolphe Lèbre, un des collaborateurs de Vinet au *Semeur*, et collaborateur de la *Revue des Deux Mondes*. Il est question de lui dans les *Chroniques parisiennes* que Sainte-Beuve adressait à la *Revue suisse* et qui ont été publiées depuis en volume (chez Calmann Lévy, 1876). Sainte-Beuve lui fait parvenir les conseils les plus amicaux par Juste Olivier (page 83).

LXXXIII.

A M. VILLEMAIN.

Ce 29 avril 1844.

Mon cher monsieur Villemain,

Vous connaissez le ministre ; s'il est homme à vouloir user de son droit jusqu'au bout et à se croire obligé de mettre une personne délicate dans la nécessité de se contredire publiquement [1], veuillez lui faire tenir à temps la démission ci-jointe, par laquelle il apprendra que le fonctionnaire en question n'en est plus un.

Mille respectueuses amitiés.

LXXXIV.

AU MÊME.

Ce 30.

J'ai donné à ma réflexion tout l'espace voulu par le sage. Il m'est impossible de voir l'affaire sous une autre forme

---

1. Dans cette lettre, Sainte-Beuve répondait à celle-ci de M. Villemain :

« Mon cher confrère, vous savez la réponse que vous me fîtes il y a trois ans, au sujet d'une *distinction qui vous était offerte.* Aujourd'hui, je ne concevrais pas votre hésitation. Il n'y aurait que vous à l'Académie de non décoré ; et les personnes qui assisteront à votre Discours de réception s'en étonneraient. Veuillez, mon cher confrère, me donner vos pouvoirs le plus tôt possible.

» Tout à vous,

» VILLEMAIN.

» Ce 29 avril. »

que celle-ci : *Se donner à soi-même un démenti public, et se le donner parce qu'on y est contraint.* J'ai beau me tâter, il m'est impossible, mon cher monsieur, d'accepter, quoi qu'il arrive, une telle situation. J'ai vécu avec des hommes [1] qui ont tout sacrifié pour ne pas signer je ne sais quel *formulaire* : cela paraissait une puérilité, mais ils y mettaient une idée. Je comprends très-bien ces hommes. — Il eût été plus du fait d'une personne bienveillante comme vous l'êtes à mon égard, de moins prévoir ce que bien peu auraient remarqué, et de ne pas élever une question qui semble n'être à vos yeux qu'une question d'étiquette quand elle en est une pour moi d'une nature bien plus délicate.

Mais à la garde de Dieu !

LXXXV.

A M. LE MINISTRE DE L'INSTRUCTION PUBLIQUE.

Monsieur le ministre,

J'ai l'honneur de vous adresser ma démission de la place de conservateur de la Bibliothèque Mazarine.

Je suis, monsieur le ministre, votre très-humble et respectueux serviteur [2].

Paris, ce 30 avril 1844.

---

1. Les hommes de Port-Royal.
2. La démission ne fut pas acceptée, et Sainte-Beuve garda son poste, sans être décoré, jusqu'en 1848, époque où il le quitta pour d'autres raisons. Il fut plus tard créé officier et commandeur de la Légion d'honneur : mais on n'a pas à discuter ici les raisons qui lui firent accepter d'un régime ce qu'il avait refusé d'un autre.

LXXXVI.

A M. LE MARQUIS DE GAILLON.

Ce 13 février 1845.

Monsieur,

Il est bien triste, en recevant une aussi aimable lettre que celle que vous me faites l'honneur de m'écrire, d'être obligé d'y répondre maussadement par un *non* tout court. Je me rappelle en effet, monsieur, le souvenir poétique que vous invoquez, et il me semble que c'était à M. de Gars que je devais cette marque de confiance de votre part. Je voudrais sincèrement avoir pour auditeurs à ma réception des *amis* comme vous; mais je ne suis pas le distributeur des billets : le secrétaire perpétuel m'en accorde trente-deux, et vous pouvez juger si, avec un tel chiffre, je puis suffire même au strict nécessaire parmi mes relations les plus proches. Soyez donc assez bon pour entrer dans la réalité de mon excuse et pour agréer l'expression de mes sentiments les plus reconnaissants et les plus distingués.

LXXXVII.

A M. E. DE MONTLAUR [1].

Ce 15 (1844).

Monsieur,

Je suis bien en retard pour vous remercier de votre très-aimable envoi : il m'est arrivé dans un moment où un tra-

1. M. de Montlaur avait adressé à Sainte-Beuve son premier volume, intitulé *Essais littéraires*, dont la deuxième partie, *Italia*,

vail commencé m'interdisait **toute distraction**. Je puis lire enfin, et vous me pardonnerez d'aller tout droit aux vers; les vôtres, monsieur, me rappellent vivement un beau pays que j'ai trop peu vu, et ils en ont gardé le parfum; *le Rayon, la Fleur cachée* sont de doux souvenirs, même pour d'autres que vous : on a senti cela et l'on est heureux de le trouver exprimé.

Recevez, monsieur, l'assurance de mes sentiments les plus distingués.

LXXXVIII.

A M. DÉSIRÉ LAVERDANT, RÉDACTEUR DE LA *DÉMOCRATIE PACIFIQUE*[1].

Ce 5 mars 1845.

Cher monsieur,

Je serais très-sensible à votre reproche amical si je le méritais. Mais j'avais laissé, en effet, cinq ou six exem-

---

se compose de poëmes rappelant la plupart des scènes italiennes. Sainte-Beuve a cité un vers de ce recueil tout en tête de son article sur *Leopardi*, (1844, *Portraits contemporains*, tome IV de l'édition Lévy) : « ... Quelques-uns de nos poëtes qui ont voyagé en Italie ont rapporté comme un vague écho de sa célébrité (la célébrité de Leopardi) :

   Leopardi dont l'âme est comme un encensoir,

lisions-nous, l'autre jour, dans l'album poétique d'un spirituel voyageur. » — Il s'agissait, comme on vient de l'indiquer, de M. de Montlaur. On peut voir aussi un passage très-délicat sur M. de Montlaur dans les *Nouveaux Lundis*, t. X, p. 127-128 (article *de la Poésie en 1865*).

1. Cette lettre nous a été communiquée par M. Maurice Tourneux, auteur d'un travail très-consciencieux sur les *Portraits de*

plaires de mon discours au Secrétariat pour les journaux qui le viendraient prendre, et, de plus, j'en ai laissé à ma domestique un pareil nombre au cas qu'on vînt. Dans ce *brouhaha* de la sortie, il m'a été impossible, non pas de me souvenir, mais de rien envoyer. Veuillez donc ne pas m'attribuer ce qui n'a été qu'un malentendu.

Quant à l'autre regret tout littéraire que vous m'exprimez, cher monsieur, il faudrait causer pour s'expliquer. Je n'ai *jamais* aimé le drame moderne tel que l'ont fait Hugo et Dumas, et je n'y ai jamais reconnu le moins du monde l'idéal que je conçois à cet égard. — Et puis je crois que chacun doit rester dans sa nature : Delavigne, en devenant vraiment classique dans le vrai sens, dans celui de Sophocle et des vrais maîtres, aurait conquis, à une certaine heure, la position d'Ingres en peinture. Au lieu de cela, il a fait non pas *transition* (car rien n'est venu), mais transaction, ce qui n'est jamais bon en art ni en critique. C'est vous dire que je ne crois pas en faire. Je ne saurais exprimer ce que je ressens contre les énormités qui ont en partie démenti nos espérances ; mais il est des points sur lesquels je tiens bon, et me flatte de n'avoir en rien déserté mes convictions premières. Il m'est très-égal que madame de Girardin vienne me dire que je fais de la réaction pure et simple, et je ne me donne pas même la peine d'y songer ; mais, si vous me le dites, je me permets de vous dire *non*, et que vous vous méprenez complétement; ce qui tient peut-être à ce que vous n'attachez pas la même

---

Sainte-Beuve dans *l'Amateur d'autographes* (juin-juillet 1874), et qui achève en ce moment l'édition-*Diderot*, commencée par le regrettable Jules Assézat (chez Garnier frères).

importance que moi aux points purement littéraires sur lesquels je suis resté à très-peu près le même.

Merci d'ailleurs, cher monsieur, de votre amicale attention et à vous d'estime et de cœur.

LXXXIX.

A MADAME DESBORDES-VALMORE.

Ce 7 mars 1845.

Chère madame,

J'ai été bien occupé : de là mon absence. Comment êtes-vous tous et toutes? et la chère malade[1]? J'écris en ce moment un article sur *Louise Labé* : il me semble que vous l'avez chantée. Pourriez-vous m'indiquer l'endroit ou me prêter la pièce? Je serais si heureux de mêler une fleur de vous à ma prose.

A vous et aux vôtres, chère madame.

XC.

A M. ALEXANDRE VINET.

7 octobre 1845.

Cher monsieur,

Vous avez été si bon pour moi, et par votre lettre et par l'envoi de votre volume sténographié[2], qu'en ne répondant

---

1. Inès, une des filles de madame Desbordes-Valmore.
2. Le cours de Vinet sur *Chateaubriand et madame de Staël*.

pas un mot, j'ai l'air d'un ingrat : je ne le suis pas, je vous assure. Votre lettre m'a touché, honoré ; mais je me trouve toujours sans paroles devant vos éloges, m'en sentant si peu digne, passé que je suis à l'état de pure intelligence critique et assistant avec un œil contristé à la mort de mon cœur. Je me juge et je reste calme, froid, indifférent ; je suis le mort et je me regarde mort sans que cela m'émeuve et me trouble autrement. D'où cet étrange état? Hélas! il y a des causes anciennes et profondes. Voilà que je vous parle tout d'un coup comme à un confesseur ; mais je vous sais si ami, si *charitable*, et c'est ceci, ce dernier point qui est tout, et que le monde appelle vulgairement le cœur, qui est mort en moi. L'intelligence luit sur ce cimetière comme une lune morte.

J'ai reçu et lu avec intérêt votre volume, et j'en profiterai pour mes réimpressions de critique, heureux de m'appuyer le plus souvent à vos paroles.

Mille respectueuses amitiés, et j'offre aussi mes hommages à madame Vinet.

XCI.

A M. ÉDOUARD TURQUETY.

23 décembre 1845.

Mon cher ami,

Je suis passé l'un des derniers jours de la semaine dernière à l'hôtel du *Rhône*, et j'ai eu le regret de vous savoir parti de la veille. Je voulais vous remercier de votre beau volume [1] où je retrouve tant de belles et douces poésies qui sont déjà pour moi des souvenirs et qui en valent par là encore mieux pour le cœur, car c'est de souvenirs que j'ai surtout à le nourrir. J'ai vu la note obligeante que vous avez bien voulu mettre à l'une de vos préfaces [2]; vous avez été trop bon de vous souvenir de je ne sais quelle petite chicane que j'avais si parfaitement oubliée, ainsi que tout le monde. Continuez, mon cher ami, de cultiver cette Muse élevée et pure : vous méritez qu'elle vous reste fidèle, tandis qu'elle nous a fuis au milieu de cette vie sans cesse excitée et troublée. — Que d'amis ont manqué à votre appel à ce dernier voyage! cet excellent Labitte [3] qui me parlait toujours de vous; le bon Ernest Fouinet, digne de vous connaître et comme compatriote et comme cœur poétique et simple [4].

1. La 4ᵉ édition des *Poésies* d'Édouard Turquety, publiée à la fin de 1845 et portant la date de 1846. (Paris, Bray, 1846, in-18 anglais.)

2. Voir la préface de *Poésie catholique* dans l'édition mentionnée ci-dessus, p. 172, à l'occasion d'un article de Sainte-Beuve sur *Amour et Foi*, l'un des premiers recueils poétiques de Turquety dans le numéro de la *Revue des Deux Mondes* du 1ᵉʳ septembre 1833, page 594. Sainte-Beuve reprochait principalement au poëte breton d'avoir empiété sur le terrain des sermonnaires. — Cet article n'a pas été reproduit dans les *Premiers Lundis*, parce qu'on ignorait qu'il fût de Sainte-Beuve, et on ne l'apprend que par cette lettre et le commentaire qu'a bien voulu y joindre M. Saulnier (de Dieppe), l'ami dévoué de Turquety. (On l'a seulement signalé, comme non signé, dans une note, au bas de l'article sur Achille du Clésieux, *Premiers Lundis*, t. II, p. 260.)

3. Charles Labitte était mort le 19 septembre 1845. (Voir l'article que Sainte-Beuve lui a consacré dans les *Portraits littéraires*, t. III.)

4. Ernest Fouinet, poëte et romancier, né à Nantes en 1799, mort à Paris en 1845 : son œuvre la plus connue est un roman publié en 1834, *le Village sous les sables*.

Je suis à vous, mon cher Turquety, à travers tout, n'en doutez jamais.

XCII.

AU MÊME.

Ce 18.. [1845 ou 1846].

Mon cher ami,

Il m'est très-doux de recevoir de vous cette marque de souvenir; hélas! moi, aussi, je ne vis que par le passé, moins heureux que vous qui y mêlez les seules aurores d'avenir qui ne trompent pas et qui éclairent vos ombres. La mort de notre pauvre ami Labitte a été, pour moi, comme le déchirement dernier du lien qui m'attachait encore aux jeunes générations; je communiquais avec elles par lui. — Il m'était dit que ce serait lui qui me rendrait les devoirs littéraires suprêmes que je lui ai payés contre toute attente. Il avait beaucoup d'amitié pour vous et il m'a souvent parlé de vous, de votre talent élevé et chaste, en homme qui sentait votre grâce de poëte et vos trésors de cœur. — M. Vinet dont vous me parlez et dont j'ai reçu une lettre, il y a peu de jours, est à Lausanne. Il suffit de lui adresser là avec cette suscription : *à M. Alexandre Vinet, professeur à l'Académie de Lausanne.* Voilà un homme encore digne d'être aimé, à travers toutes les dissidences de communion ; il est de cette religion que vous définissez : *Religio Christi caritas.* Il voulait écrire une vie de saint François de Sales, tant il est peu exclusif. Écrivez-lui, mettez-vous en rapport avec lui; vous lui ferez un vrai plaisir, j'en réponds.

Je suis tout à vous, mon cher Turquety, à travers les distances et les absences.

XCIII.

A M. DE SALVANDY[1].

Ce 21 février 1846.

Monsieur le ministre,

J'éprouve un petit regret de n'avoir pu avoir l'honneur de vous parler un moment à part, et sur un terrain autre que l'officiel, de l'affaire à laquelle je n'ai été mêlé qu'indirectement, mais dans laquelle j'ai pourtant assez trempé pour tenir à ce que le vrai caractère n'en soit pas dénaturé. Il serait, je le crois, entièrement inexact et il ne serait vraiment pas juste à l'égard de ceux qui ont touché du doigt et de la plume à ce projet de publication du mémoire sur Louis XV, de n'y voir de leur part qu'une affaire de scandale et de laisser peut-être entrevoir cette idée devant les membres de la famille La Rochefoucauld, qui n'a qu'à s'honorer, je le pense, de l'aïeul dont émane cet écrit. Le ministre a entendu ses devoirs d'une manière prompte et précise :

---

1. Au sujet du récit de la mort de Louis XV qu'il avait empêché la *Revue des Deux Mondes* de publier, et que Sainte-Beuve a imprimé tout au long dans les *Portraits littéraires*, t. III.

l'écrivain qui s'était chargé (les autres difficultés, dans lesquelles il n'entrait pas, étant d'ailleurs supposées aplanies), — qui s'était, dis-je, chargé de la présentation au public, croit pourtant n'avoir pas eu l'idée un seul instant de manquer à ses propres devoirs ni à ses errements habituels. L'histoire a aussi ses droits; je regrette que le temps ait manqué pour qu'elle pût être admise ici à les faire valoir. Ce qui est propriété de l'État est sacré sans doute comme toute propriété, et, en ma qualité de bibliothécaire (je prie le ministre d'en être bien assuré), je saurais au besoin m'en montrer le gardien jaloux; mais, à moins de mettre un manuscrit de vingt pages sous le scellé et d'en interdire la communication, il est impossible (s'il offre de l'intérêt) qu'il ne soit pas bientôt connu, analysé, extrait. D'une telle divulgation à la publication, la limite est délicate; il ne s'agit plus d'ailleurs de la franchir, le ministre l'a posée et elle subsiste, bien que l'interdiction ne soit pas irrévocable.

Ce ne peut être, en effet, qu'une question de temps. Il avait semblé ici que les délais d'usage étaient probablement révolus. 1774-1846, c'est-à-dire soixante-douze années entières avec 89 et 1830 dans l'intervalle, n'était-ce pas un laps suffisant? Si l'on s'est trompé dans l'appréciation du terme convenable, ce ne saurait être que de bien peu.

Dans l'ancien régime, on était moins scrupuleux; les Mémoires de M. de La Rochefoucauld (et que n'y lisait-on pas?) paraissaient de son vivant[1]. La duchesse du Maine était à peine morte, que Voltaire écrivait à madame du Deffand :

---

1. Absolument comme de nos jours ceux du vicomte Sosthènes de La Rochefoucauld, où se lisent aussi bien des choses et où il joue par trop le rôle du duc d'Aumont. (*Note de S.-B.*)

« On peut songer maintenant à publier les Mémoires de madame de Staal. »

Je suis loin d'ailleurs de ne pas reconnaître et comprendre les honorables scrupules du ministre; mais il me pardonnera d'avoir aussi les miens. Je tiens fort à son estime, et c'est pourquoi je tiens fort aussi à ce que, dès à présent, la pensée sérieuse dans laquelle on concevait cette publication lui soit connue. J'ai l'honneur, à cet effet, de lui adresser un exemplaire de l'épreuve; de telles pièces, une fois signalées, ne sauraient s'abolir, et celle-ci, en particulier, sera désormais une des pièces justificatives essentielles de toute histoire de Louis XV.

J'offre à M. le ministre, avec mes excuses pour la longueur de ces explications dont j'avais besoin, l'expression de mes humbles respects et celle de mes sentiments tout particuliers pour lui.

XCIV.

A M. LE PASTEUR CHAVANNES.

Le 22 juin 1846.

Monsieur,

Toute sorte de motifs de retards, d'ennuis et de petites maladies m'ont privé d'avoir l'honneur de répondre aussi vite que je l'aurais voulu à votre aimable et poétique envoi; j'en ai pourtant joui en silence[1]. Il y a, en effet, dans votre

---

1. M. le pasteur Chavannes avait envoyé à Sainte-Beuve un poëme intitulé *le Pasteur de campagne*, dont voici le sujet : « A

poëme beaucoup de douceur, de charme, et il y circule un air comme salutaire, tel que je l'ai respiré quelquefois dans votre cher canton, au seuil de ces cures si fraîches, si riantes, et déjà désertes, hélas! C'est bien là le pasteur vaudois tel que j'en ai connu avant ces derniers orages et tel qu'on en a vu s'asseoir sur la petite terrasse de Montreux [1]. Vous avez fait preuve d'un art véritable dans le maniement de l'octave; pourtant (et je crois que M. Vinet a fait cette remarque déjà), il arrive que la pensée est quelquefois gênée dans son développement par cette sorte d'*arrêt rond et court* (comme dit Montaigne), qui revient à chaque instant. C'est un peu l'inconvénient du couplet. Béranger l'a senti, et, dans son recueil inédit de chansons (qui ne paraîtront qu'après lui, mais dont plusieurs amis ont entendu la lecture), il a cherché à se dégager de l'entrave du couplet sans la rompre entièrement; et pour cela il a choisi précisément l'*octave*. Mais ce qui est pour lui un relâchement et un élargissement *relatif* ne laisse pas de demeurer une gêne si on le compare au récit qui se déroule moyennant des alexandrins. — Vous avez racheté et comme recouvert, monsieur, cette sorte de liens avec beaucoup de grâce et on l'oublie volontiers en vous suivant.

Il y aurait eu un temps où j'aurais aimé à discuter ces

---

la suite de la révolution qui avait eu lieu à Lausanne en février 1845, un grand nombre de pasteurs de l'Église nationale du canton de Vaud avaient donné leur démission, devant les empiétements du pouvoir civil. Ils avaient abandonné leurs cures et se trouvaient, pour la plupart, dispersés au loin. » (*Note de M. le pasteur Chavannes*).

1. Allusion à M. le doyen Bridel, mort pasteur à Montreux, peu de temps auparavant.

questions dans quelque article de la *Revue*, et à suivre à cette occasion l'histoire de la poésie religieuse et domestique en Angleterre et en Allemagne. Mais je me trouve en ce moment éloigné pour longtemps de toute distraction pareille et obligé de mettre enfin la dernière main à un gros livre commencé chez vous, monsieur, et qui courrait risque de ne pas s'achever (grâce à la vie disséminée d'ici), si je ne prenais un violent parti. Je m'y suis donc remis avec le vœu de ne plus écrire ailleurs jusqu'à entier achèvement[1]. Excusez-moi donc : recevez mes remercîments sincères et l'expression de mes sentiments les plus distingués et obligés.

XCV.

A M. GERDÈS,
GÉRANT DE LA *REVUE DES DEUX MONDES*.

Ce 15 juillet (1846).

Cher monsieur Gerdès,

Nous voilà libres du numéro. Tirons-nous un peu sur *Mademoiselle Aïssé* [2]? Tout ce que je voudrais, c'est de nous voir en train. Vous ne tirerez pas la première feuille, n'est-ce

---

1. La dernière édition complète et définitive de *Port-Royal* n'a paru qu'en 1867.

2. La notice sur *Mademoiselle Aïssé*, qui fait aujourd'hui partie des *Portraits littéraires*, t. III, avait paru dans la *Revue des Deux Mondes* du 15 janvier 1846. Il s'agissait ici d'une réimpression de cette notice en tête d'une édition des *Lettres de mademoiselle Aïssé*, qui a été publiée la même année.

pas? sans avoir l'obligeance de m'avertir pour que je jette les yeux sur la tierce.

Quant à ce qui reste à composer de la notice, ce que je désire, c'est de ne pas laisser plus longtemps cette partie, que j'ai refaite et qui me coûterait beaucoup de peine si elle était perdue, entre les mains des ouvriers, qui peuvent très-bien en égarer quelque feuillet. Ainsi je voudrais que vous m'en fissiez envoyer ou l'épreuve, ou au moins la copie.

Je voudrais bien apprendre que votre affaire arrive à une solution satisfaisante et que vous êtes hors de ces tracas.

Mille amitiés.

XCVI.

AU MÊME.

Ce samedi.

Cher monsieur Gerdès,

Je reçois à l'instant le plus charmant portrait du chevalier d'Aydie[1]. Le dessin est dans le genre de l'autre, un peu moins grand. Le chevalier a trente ans, et est un très-joli héros de roman.

Je crois qu'on en pourrait faire une lithographie soignée. Faites-moi le plaisir de venir le voir. Nous le mettrions en tête des lettres du chevalier, après celles d'Aïssé, et j'ajou-

1. L'amant de mademoiselle Aïssé. (Voir la lettre précédente.)

terais un petit mot pour remercier le monsieur qui l'a fait si obligeamment à notre intention. Ne serait-il pas bon de voir un peu chez le graveur qui a le portrait d'Aïssé, s'il avance et s'il soigne son ouvrage?

Tout à vous.

XCVII.

A M. E.-H. GAULLIEUR [1].

Paris, ce 11 août 1846.

Je remets, monsieur, à M. Fancy, quatre lettres originales (une de Brossette et trois de J.-B. Rousseau, dont une à Crousaz et les deux autres à M. du Lignon). — Je tiendrai prête pour le 15 octobre la petite somme que je vous dois. — Il ne me reste qu'à vous remercier beaucoup, comme vous m'y avez accoutumé.

Je remarque combien la Suisse française nous envoie de visiteurs et presque de nouveaux habitants depuis ces derniers événements [2]. L'autre jour, chez Olivier, nous étions six ou sept, tous Vaudois ou Neuchatelois comme jadis, car je m'y comprenais.

Agréez, monsieur, l'expression de mes sentiments très-dévoués.

1. M. Gaullieur, bibliophile suisse, mort en 1859, a été nommé par Sainte-Beuve dans son article sur *les Cinq derniers Mois de la vie de Racine*. (*Nouveaux Lundis*, t. X, et *Port-Royal*, t. VI.)

2. La révolution de Lausanne, arrivée en 1845.

XCVIII.

A MADAME BASCANS [1].

Ce 25 décembre 1840.

Chère madame,

Je suis dans une grande contrariété depuis quelque temps, et j'ai besoin de m'en ouvrir à vous. Il m'est survenu toutes sortes de mécomptes dans mes affaires privées, et je me trouve hors d'état de suffire, pour le moment, à l'engagement que j'ai pris de concert avec vous. Je suis brouillé avec la *Revue des Deux Mondes*, par suite de mauvais procédés qui ne me laissent aucune voie honorable de raccommodement. Une action, que j'y avais prise, et qui devait m'être remboursée, si on m'avait tenu parole, est *retenue* par le directeur de cette Revue; j'en avais payé la moitié, et, loin de rentrer dans ces fonds, je me vois à la veille d'être obligé de payer le restant qui n'est pas de moins de trois mille francs.

Tout cela m'a donné bien de l'ennui et du travail de tête; mais la partie la plus sensible pour moi, est l'impossibilité où cela me réduit, pour le moment, de faire face à une dette, la plus sacrée pour moi et la plus douce.

Je voulais vous dire ces choses verbalement, mais je ne

---

1. Madame Bascans, maîtresse de pension à Chaillot. — Dans les articles de Sainte-Beuve sur *Madame Desbordes-Valmore*, il est question du pensionnat de madame Bascans. (*Nouveaux Lundis*, t. XII, p. 169.)

vous ai pas vue seule, les dernières fois que je suis allé chez vous, et j'ai été trop souffrant pour y retourner depuis quinze jours. Je n'ai pourtant pas voulu tarder plus longtemps à confier à votre amitié mon grave sujet d'ennui. J'irai vers vous, chère madame, le premier jour que je me trouverai de loisir et en bon état.

Agréez mes respectueuses amitiés, et offrez-en une part, s'il vous plaît, à monsieur... [son mari].

XCIX.

A LA MÊME.

Janvier 1847.

... Non, non, mille fois non, et, quoique vous vouliez bien me la conseiller, je ne ferai pas cette démarche. Ce n'est pas moi qui dois aller à la *Revue*, c'est elle qui doit venir à moi. La rupture n'est point, à le bien prendre, de mon fait : elle tient à une autre cause que je vous ai déjà expliquée et sur laquelle je préfère ne plus revenir. Il y a là une question d'honneur et de dignité qui doit passer avant la question vitale... *vitale !* le mot est dit. Oui, cette rupture gêne ma vie, quant aux ressources habituelles et à peu près régulières qu'elle me supprime. Mais je prendrai le dessus, croyez-le bien. J'ai déjà en vue des arrangements nouveaux qui me permettront peut-être de renoncer à tout jamais à un rapatriement quelconque avec l'ingrate...

C.

A M. WILLIAM ESPÉRANDIEU.

Paris, 9 mai 1847.

Cher monsieur,

Vous avez bien pensé de moi et de mes sentiments en cette triste mort (de Vinet) [1] ; je dis avec vous et avec ce cher canton dont je suis, moi aussi, un des exilés [2] : « La couronne de notre tête est tombée. » J'avais reçu jeudi une lettre de M. Chavannes qui me disait qu'on n'avait plus d'espérance, et Olivier m'avait donné le lendemain la fatale nouvelle. Votre lettre m'a donc trouvé dans un sentiment d'entière sympathie avec vous. Ce que vous me dites, je me le disais, et il m'a été doux que votre amitié ait songé d'abord à moi dans mon affliction. C'est à vous que j'ai dû tout d'abord de franchir le pas difficile lorsqu'il s'agissait d'être admis à cette chaire dans le canton alors si heureux et florissant. Depuis lors, j'y habitais en idée, j'y retournais en espérance, j'y plaçais en rêve mon avenir. Lorsque tout est tombé, j'ai été frappé avec vous, et, si quelqu'un voyait ma vie telle qu'elle est faite depuis des années, il jugerait bien que je ne me suis rattaché à rien, et que je suis véritablement sans patrie — sans patrie du cœur et de l'intelligence.

1. M. Vinet mourut le 4 mai 1847 à Clarens. Sainte-Beuve écrivit un article sur sa mort. (*Portraits littéraires*, t. III.)
2. M. Espérandieu avait dû quitter le canton de Vaud après la révolution de 1845.

J'ai écrit quelques lignes sur M. Vinet pour être insérées aux *Débats*; elles paraîtront un de ces matins, bien faible et incomplet hommage! Mais, cher monsieur, si vous saviez ce que coûte de pénible au cœur cette insertion, comme il faut expliquer à ces indifférents et à ces *étrangers* ce que c'est que l'homme éminent qu'on pleure, comme il faut leur *épeler* le nom si connu, essuyer le sourire du dédain et n'accepter que de la *complaisance* ce qui semblerait devoir être pour tous un devoir et une satisfaction dernière — une piété! Quoi! tous ensemble, unis de cœur et d'esprit, capables de sacrifices, ne pourrons-nous faire une feuille à nous, un journal qui soit notre organe? Allez, soyez sûr de ceci : il n'y a pas jour à l'expression d'une pensée vraie et sincère en France dans l'état actuel de la presse.

La mort de M. Vinet m'a confirmé douloureusement dans cette pensée; et, si j'avais été un peu plus fier, j'aurais retiré ce que j'avais écrit sur lui et j'aurais gardé le silence.

Cela est triste et c'est une mort aussi. — Tout ceci entre nous.

Merci encore et à vous de cœur.

CI.

A M. LE PASTEUR CHAVANNES.

Ce 19 mai 1847.

Monsieur,

Je n'avais eu garde de laisser passer dans la *Revue suisse* les intéressants articles que vous avez consacrés à notre ancienne poésie[1]; les témoignages si bienveillants que j'y recevais de vous au passage m'avaient vivement touché, en même temps que je m'instruisais d'une quantité de détails et de rapprochements que votre érudition a recueillis. Il m'est très-doux aujourd'hui de vous devoir directement un exemplaire de ce travail; les paroles que vous y ajoutez y donnent un nouveau prix. Il en a été pour moi de mon livre sur la poésie du xvie siècle comme il en est en général des premiers ouvrages pour ceux qui les entreprennent : je n'étais bien réellement en état de commencer mon travail que lorsque je le terminais. Par malheur, on sent cela et pourtant on ne recommence pas ce qui est une fois écrit. Je me suis borné depuis lors à tâcher de compléter les lacunes par des articles subsidiaires. Si jamais je refais une édition nouvelle, j'aurai encore à ajouter beaucoup, et votre Essai, monsieur, me fournira plus d'une indication utile.

Le malheur [2] que votre lettre me faisait pressentir, monsieur, a suivi de bien près. Voilà une perte qui ne se réparera pas. Je l'ai positivement sentie, comme étant l'un des vôtres et comme lié à l'homme si rare que vous pleurez par les sentiments de la plus respectueuse et de la plus tendre vénération.

Agréez, monsieur, les expressions de mes remercîments et de mon dévouement.

P.-S. — Dans le prochain numéro du *Journal des Savants*, je

---

1. M. le pasteur Chavannes avait publié dans la *Revue suisse* un *Essai sur l'histoire de la versification française au* xvie *siècle*.
2. La mort de M. Vinet.

dois publier un article sur les *Poésies de François Ier*, et toucher à quelques questions qui nous concernent, nous autres amateurs de ces reliques.

CII.

A M. LE MARQUIS DE GAILLON.

Ce 13 juillet 1847

Monsieur,

Je suis fort reconnaissant de votre gracieux souvenir et de tout ce que vous y mêlez d'obligeant et de flatteur pour moi. Je suis en ce moment à la campagne et je prendrai votre volume à mon prochain retour à Paris. Vous me demandez, monsieur, de faire l'arbitre entre les deux voix qui parlent en vous; c'est un rôle que je n'assumerai certainement pas, malgré votre aimable instance. Non, le temps est passé où je tranchais ainsi de l'aristarque. Vos vers, quand ils ne seraient que gracieux, naturels, sentis, mériteraient encore de trouver indulgence auprès de vous et ne devraient pas être condamnés de ce juge intérieur plus exigeant et plus sévère. Ces qualités-là (bien que l'éloge en ait été souvent prodigué) ne sont pas déjà si vulgaires, et, si elles ne suffisent pas à remuer le public, elles font leur chemin auprès des lecteurs de goût. Ma pensée, monsieur, c'est qu'en ce moment, au point où en sont venues les dispositions du public et les diverses expériences tentées par les poëtes, il n'y a qu'une très-grande originalité qui puisse couper court à une fin d'école qui décidément est à bout et se traîne; il faudrait quelque chose d'aussi neuf que l'a été en son temps l'apparition des *Méditations* et dans un tout autre genre, — de l'imprévu enfin. La veine poétique ouverte par Lamartine, Hugo et leurs successeurs est arrivée à sa dernière période d'épuisement ou de raffinement. On en est à imiter Musset et Théophile Gautier, à remettre en couleur le xviiie siècle. De charmants et spirituels rimeurs ne font pas autre chose que broder là-dessus. Revenir, comme vous me semblez l'avoir dû faire, monsieur, à des sources de poésie plus naturelles et plus courantes, c'est faire preuve de goût, c'est rompre un moment par de la fraîcheur de sentiment toute cette monotonie des nouveaux Watteau et des Boucher; mais, je le crois, pour enlever le public, pour marquer et fixer du premier coup son rang, il faudrait je ne sais quoi d'un ordre qui ne s'est pas encore présenté et qui pourra se faire longtemps attendre. Il est bien possible que je me trompe, monsieur, et que mon impatience et mon ennui de ce qui est s'exagèrent la nature et la portée de ce qui doit être. Je vous lirai du moins, comme on lit aux champs, pour mon seul plaisir et sans aucune théorie.

Agréez, monsieur, l'expression de mes sentiments aussi distingués que dévoués.

CIII.

AU MÊME.

Ce 7 novembre 1847.

Mon cher monsieur,

Vous me rappelez ma faute, que je suis loin de m'être pardonnée. La vérité est que je n'ai pas du tout oublié de vous écrire, mais qu'il m'a été impossible de savoir un peu à l'avance ce que je ferais de mon temps ; j'ai moi-même fait de nouveau un petit voyage à la campagne, et, au milieu de ces retards, vous avez dû croire à une négligence qui n'était pas dans mon intention. — Vous avez parfaitement raison, monsieur, sur ce que vous sentez de la poésie en général et de la vôtre en particulier. Les pièces que vous m'indiquez et dont j'avais relu quelques-unes, ont un caractère qui n'est pas ordinaire aux poésies de ce temps-ci, et en d'autres moments il y aurait eu pour elles chance d'être remarquées. Si, il y a dix-sept ou vingt ans, ces poésies avaient paru, elles auraient attiré l'attention des amis du vrai par leur nuance. Vous me direz : « Mais, aujourd'hui qu'on s'est écarté de ce ton, elles n'en sont que plus à remarquer. » — Oui, monsieur, en ce sens qu'elles honorent davantage votre esprit et votre cœur ; mais le public ne revient pas ainsi en arrière, même quand il a fait fausse route. Pour l'en tirer, il faut quelque chose de puissant, de neuf, d'original, même en son naturel et en sa douceur. Vous rentrez dans des nuances de poésie qui succédaient naturellement aux *Méditations* et à d'autres recueils de ce temps-là ; mais les *Méditations* elles-mêmes, un tome second des *Méditations* paraissant aujourd'hui, ne produiraient plus guère d'effet. Cet effet est produit, il en faut un autre. Lequel ? je l'ignore. C'est au poëte futur à trouver sa veine. Les critiques ne peuvent ici (tout en réservant la part d'estime due à l'auteur) que faire un peu comme le public, et, sans toutefois sanctionner ses écarts, reconnaître qu'on ne peut revenir que moyennant quelque grand coup. Vous allez me trouver, monsieur, bien fataliste mais, que voulez-vous! chaque école poétique a ses phases, son cours, sa croissance, sa décadence. A part quelques notes immortelles qui survivent et qui sont jeunes toujours, les œuvres subissent cette loi du temps. Il y a beau jour que l'école de 1819 ou de 1828 (à quelque date que vous la vouliez commencer) a eu son printemps. Ses *feuilles d'automne* même sont déjà tombées depuis bien des soirs. Vous revenez, vous, poëte des *Oiseaux* et des *Fleurs*[1], nous rendre quelques sons et quelques couleurs du printemps. Mais est-ce un nouveau printemps que vous apportez? nouveau du moins à quelques égards? Non pas, c'est une reprise de la couleur et du ton de l'ancien printemps, de la manière qui a eu sa floraison et qui n'est plus assez neuve pour réveiller. Je ne sais si dans la nature les oiseaux redisent tous les ans les mêmes chansons, mais dans l'art il faut absolument changer d'air.

Voilà mon jugement sur l'ensemble et sur la portée. Maintenant, encore une fois, le poëte qui a su se préserver à ce degré de la contagion, et n'écouter que la voix pure et innocente de la nature champêtre, mérite sympathie et amitié.

Excusez, mon cher monsieur, tout ce discours où vous m'avez induit, et croyez à mes sentiments très-distingués et dévoués.

---

1. M. le marquis de Gaillon avait publié un volume de Poésies intitulé *Oiseaux et Fleurs* (Paris, Garnier, au Palais-Royal, 1847).

CIV.

A M.*** [1].

Ce jeudi, six heures du soir (1847).

Monsieur,

Votre résistance à l'œuvre que je croyais si possible et qui a paru telle à presque tous nos confrères à qui j'en ai parlé en particulier, me pousse vraiment à bout; vous êtes toujours le même, monsieur; vous affectez en vain une bienveillance personnelle que vous n'avez jamais eue. Lisez la lettre ci-jointe, que j'ai en mains depuis deux mois. Voyez-y votre résistance *ancienne* à la bonne œuvre à laquelle j'aurais voulu vous ramener aujourd'hui. Lisez et appréciez; puis détruisez cette lettre et répétez-moi encore que vous désirez personnellement tout le bien que vous repoussez et que vous déjouez...

Pour moi, je renonce à vous convaincre et à vous convertir, et je vais m'adresser directement au ministre.

1. On a vu, par une lettre du 15 août 1837, quel intérêt M. Auguste Sauvage portait à tout ce qui tenait au nom de Delille. Mademoiselle Vaudechamp, déjà nommée dans une lettre du 9 mars 1840, était la belle-sœur du poëte des *Jardins* : « Elle lui avait consacré ses vingt plus belles années (de seize à trente-six ans)... A la mort de madame Delille (6 novembre 1831), toute sa préoccupation fut le paiement des dettes de cet honorable héritage; les charges acquittées, il ne lui resta rien. » Elle était septuagénaire en 1847. Tous les efforts de M. Sauvage tendaient à lui faire avoir une petite pension. C'est à quoi travaillait aussi Sainte-Beuve; mais il y rencontrait bien des obstacles. Cette note était nécessaire pour expliquer la lettre ci-dessus.

CV.

A M. AUGUSTE SAUVAGE.

Ce 4 février 1848.

Monsieur,

J'ai fait du moins quelque chose. M. de Salvandy, à ma demande, a bien voulu, non pas accorder une pension (il n'y a pas moyen en ce moment), mais inscrire *en tête* de la liste des personnes qui attendent une extinction, mademoiselle Vaudechamp. Elle est tout à fait *en tête* de la liste, et les extinctions sont fréquentes par ce temps-ci. M. de Salvandy a pris lui-même, il y a quelque temps, cette disposition réglementaire de n'accorder de pension nouvelle qu'en remplacement d'une autre. Quant à l'Académie, j'ai trouvé chez M. Villemain toute la malveillance imaginable, et je lui ai dit son fait. Je ne désespère pourtant pas de faire glisser le nom de mademoiselle Vaudechamp à la fin du prix de vertu Montyon, mais il me faut pour cela de la *conduite* et attendre le moment.

M. de Salvandy est encore votre ressource la plus sûre, et je ne négligerai pas de lui rappeler l'effet de sa généreuse promesse.

Agréez, monsieur, l'expression de mes sentiments bien distingués et dévoués.

P.-S. — Je vous tiendrai au courant dès qu'il y aura un résultat.

CVI.

A M. JEAN REYNAUD.

Ce 30 mars 1848.

Mon cher Reynaud,

J'ai *tout* pesé : il est des circonstances où il ne faut prendre conseil que de ce qu'on sent. Vous lirez une lettre de moi dans les journaux. J'envoie en même temps au ministre ma démission de conservateur de la Mazarine.

Si le gouvernement croit me devoir une réparation, il mettra une note au *Moniteur*.

Il m'est impossible de conserver le plus léger lien d'obligation immédiate envers un gouvernement dont un seul membre garderait à mon égard l'ombre et le nuage d'un soupçon. Si le gouvernement, qui fait tant de choses grandes et petites, croit qu'il y a lieu de s'occuper un seul instant de l'honneur d'un homme de lettres qui ne fait lui-même qu'honorer, à ce qu'il pense, la littérature de son pays, il pourra faire insérer une note au *Moniteur*. Ce sera une espèce de réparation due à la justice.

Pour vous, mon cher Reynaud, soyez remercié bien sincèrement pour l'avis que vous m'avez donné et qui était si urgent.

A vous de cœur.

P.-S. — Je joins ici une note plus détaillée; vous me devez, malgré vos occupations, de la lire jusqu'au bout.

J'y joins une note confidentielle.

CVII.

NOTE AU MINISTRE POUR QU'IL Y DONNE SUITE AUPRÈS DE SON COLLÈGUE DE LA JUSTICE.

Ce 31 mars 1848.

L'honneur d'un homme de lettres connu pouvant être considéré comme intéressant la littérature elle-même, et par conséquent comme n'étant pas indifférent au gouvernement d'un pays libre, M. Sainte-Beuve, membre de l'Institut, se croit en droit de réclamer de l'autorité compétente une enquête ou instruction qui éclaircisse l'odieux mystère où son nom se trouve compromis.

Sans prétendre tracer à l'autorité supérieure éclairée les voies et moyens d'atteindre le plus sûrement et le plus promptement à la vérité, M. Sainte-Beuve est persuadé, d'après ses *propres éléments moraux de conviction*, que, si l'on adoptait la marche suivante, on obtiendrait une solution prompte et une lumière :

— Interroger M. de Montalivet, intendant général de l'ancienne liste civile ;

— Interroger aussi (ceci, je crois, est important) M. Edmond Blanc, agent et entremetteur habituel :

« Connaissez-vous M. Sainte-Beuve ?

» A-t-il jamais été mis en rapport direct et personnel avec vous ?

» Vous ne pouvez ignorer comment et à quelle époque

a eu lieu l'introduction de son nom sur la liste? — Par qui a-t-elle été négociée? sous quel prétexte? etc. »

Comme contre-partie immédiate, vouloir bien interroger le commis et caissier de la *Revue des Deux Mondes* (rue Saint-Benoît, 18), M. Gerdès, très-honnête homme, qui depuis plus de seize ans tient les registres et les comptes de ladite *Revue* (seul recueil où M. Sainte-Beuve ait écrit, et qui puisse rattacher son nom à quelque prétendu *service* rendu), et vouloir bien poser à M. Gerdès quelques questions dans ce sens :

« Depuis quand connaissez-vous M. Sainte-Beuve?

» Quelles ont été constamment, à votre connaissance, ses relations financières avec la *Revue*?

» A-t-il jamais élevé des prétentions exorbitantes ou irrégulières?

» Avez-vous inscrit sur vos registres tous les articles qu'il a écrits?

» A-t-il jamais écrit, depuis seize ans, de ces articles politiques anonymes intitulés *chronique politique*?

» Quand il a écrit quelques articles non signés, n'était-ce pas des articles purement littéraires?

» Dans le cas où il y aurait dans les comptes et finances de la *Revue* une partie secrète, à vous inconnue et qui ne figurerait pas sur vos registres, y a-t-il dans les articles inscrits par vous au nom de M. Sainte-Beuve rien qui puisse raisonnablement les rattacher à cette partie?... »

Et, au besoin, se faire produire les registres.

— M. Sainte-Beuve est persuadé que, si l'on réalisait ce triple interrogatoire, on aurait déjà acquis une lumière suffisante et qu'on toucherait le nœud de l'intrigue.

CVIII.

NOTE CONFIDENTIELLE ENVOYÉE A M. JEAN REYNAUD.

Ce 31 mars 1848.

Voici une note qui précise encore mieux certains faits dont il a été question dans notre conversation d'hier.

Je vous l'ai dit tout d'abord, mon cher Reynaud, l'explication officieuse et tout amicale que vous avez essayée dès le début, et à laquelle j'ai coupé court en vous en remerciant, était déjà injurieuse au prix de l'exacte vérité.

Depuis quinze ans, j'ai eu des liens de société et même d'amitié avec bien des ministres et personnages considérables du dernier régime; ils savent tous quelle a été à leur égard mon attitude constante de délicatesse et de discrétion, et si j'ai *jamais rien demandé* à aucun d'eux.

De 1830 à 1840, j'ai vécu dans une chambre d'étudiant (cour du Commerce, n° 2), au quatrième étage et au prix de *vingt-trois francs* par mois, y compris les déjeuners[1].

Durant ces dix années (1830-1840), il ne m'est survenu qu'un incident qui, vers 1835 environ, et pour un an à peu près, m'a rapproché du ministre de l'instruction publique d'alors (M. Guizot). Ampère laissait vacante la place de maître de conférences à l'École normale; il me proposa pour le

---

1. Il me vient pourtant un petit doute, et il se pourrait bien que ce fût *vingt-trois francs* sans les déjeuners, et *vingt-sept francs* en les comptant. (*Note de S.-B.*)

remplacer. Le ministre ne voulut pas; mais, pour me dédommager, disait-il, il me nomma secrétaire (ou quelque chose d'approchant) d'un comité historique qu'il instituait. A ce titre, je fis quelques travaux, notamment une grande circulaire qui servit comme de programme aux travaux que dirigeait le comité[1]. Au bout d'un an environ, voyant que la place tournait à la sinécure, je donnai respectueusement ma démission, malgré les instances de M. Guizot, et depuis je l'ai graduellement perdu de vue.

En 1837, sous le ministère de M. Molé et de M. de Salvandy, dès lors très-bienveillants pour moi par suite de rapports de société, je refusai la croix, et j'allai vivre un an en Suisse, faisant le métier, très-rude pour moi, de professeur.

En 1840 seulement, sous le ministère de MM. Thiers, Rémusat et Cousin, j'acceptai la place de conservateur à la Mazarine, et je quittai ma chambre d'étudiant (cour du Commerce) pour venir loger à l'Institut.

Dès lors, je me trouvai riche ou très à l'aise pour la première fois de ma vie. Je me remis à l'étude, je rappris le grec; mes travaux se sont ressentis de ce loisir et du choix que j'y pouvais mettre.

L'Académie s'y joignit vers 1843; je devins membre de la Commission du Dictionnaire, et vraiment j'eus peine à dépenser mon revenu. Il me fallut pour cela acheter des livres rares dont le goût m'est venu peu à peu.

Vers 1843, M. Villemain, ministre, voulut, à cause de ma

---

1. Cette circulaire a été recueillie dans les *Premiers Lundis*, t. III, sous ce titre : *Instruction sur les recherches littéraires concernant le moyen âge.*

réception à l'Académie, me forcer à recevoir et à porter la croix. Je refusai et lui envoyai ma démission de fonctionnaire, qu'il n'accepta point. Personne n'a jamais rien su de ce second refus, dans lequel je ne voulais pas démentir le premier.

Maintenant, quelques raisons générales *d'impossibilité* à ce que cet odieux soupçon ait l'ombre de bon sens.

Depuis que j'ai quitté *le National* vers 1833 ou 1834, je n'ai *jamais* écrit nulle part une ligne de *politique*.

Je n'ai *jamais* trempé dans ces *chroniques politiques* finales de la *Revue des Deux Mondes*, en aucun temps, depuis 1834, c'est-à-dire depuis qu'elle a pu commencer à avoir des relations avec le pouvoir et avec la liste civile.

Les registres de la *Revue,* très-bien tenus par le commis très-honnête homme, Gerdès, peuvent en faire foi. — Tous les articles qui sont de moi, et qui entraient en compte, y sont notés.

Jamais je n'ai, de loin ni de près, fait dans mes écrits l'éloge le plus léger ni de ce régime, ni du roi, princes ou princesses.

Jamais je n'ai vu de mes yeux ni visité aucun d'eux, sauf une seule fois le roi, lorsque, après ma réception à l'Académie, je fus, selon l'usage, présenté par M. Villemain, secrétaire perpétuel, et par le directeur (Hugo). Louis-Philippe ne m'adressa pas la parole, et, moi, je ne desserrai pas les dents. J'en fus quitte pour des saluts.

Jamais je n'ai mis les pieds aux Tuileries, chez le roi, hors cette fois unique, et, lorsqu'il m'arriva en deux ou trois circonstances de ces invitations de concerts ou de spectacle (comme on en adresse aux membres de l'Institut), je m'abstins rigoureusement.

Jamais je n'ai eu aucun rapport avec M. de Montalivet, directeur de la liste civile, ni ne l'ai visité.

Jamais je n'ai eu dans ma vie aucune dette : ce qui est bien à considérer moralement.

Mon cher Reynaud, on m'attaque là par mon côté fort. — J'ai mes faiblesses, je vous l'ai dit : ce sont celles qui donnèrent au roi Salomon le dégoût de tout et la satiété de la vie. J'ai pu regretter de sentir quelquefois que j'y éteignais ma flamme, mais jamais je n'y ai perverti mon cœur.

Après cela, que des courtiers d'intrigues se soient donné auprès des gens crédules pour *distributeurs* de fonds dont ils voulaient être les *détenteurs :* je m'arrête au seuil de ces ténèbres, et je laisse à ceux qui doutent le soin d'expliquer.

Non, je ne suis pas (comme vous me le disiez d'abord) tombé dans quelque guet-apens. Un homme assis et qui se tient immobile, à l'écart, n'y tombe pas. J'ose dire que ce sont les membres du gouvernement qui y tomberaient en ajoutant foi à une chose absurde.

CIX.

A M. LE COMMISSAIRE DU GOUVERNEMENT PRÈS LE TRIBUNAL DE LA SEINE.

Paris, ce 31 mars 1848.

Monsieur,

Je suis officieusement informé par un de mes amis qui est dans les conseils du gouvernement provisoire, que sur une certaine liste trouvée aux Tuileries, on aurait lu un nom semblable au mien. Je n'ai pas besoin de dire quelle a été ma stupéfaction, il est des révoltes de cœur qui ne s'expriment pas. On ne sait en vérité quelle sorte de dénégation assez formelle opposer, quand on est mis en demeure de s'expliquer sur de certains soupçons et sur de certaines injures. La vie seule d'un honnête homme peut répondre pour lui. Je n'essaierai pas d'autre réponse que celle-là; elle suffira certainement auprès de tous ceux qui me connaissent; et même, pour ceux qui ne me connaissent pas, je rougirais d'ajouter un mot de plus.

Agréez, monsieur, etc., etc.

CX.

A M. JEAN REYNAUD.

Ce 2 avril 1848.

Cher Reynaud,

J'ai hier causé avec un ancien ministre de l'intérieur de cette fâcheuse affaire, et cet homme de sens et d'esprit m'a dit :

« Il est impossible que cette liste trouvée soit une liste de pensions ou gratifications que le roi Louis-Philippe faisait sur la liste civile. Il n'en faisait pas.

» Ce ne peut être que la liste des fonds secrets de l'intérieur que M. Duchâtel, au moment de partir, aura remise au roi pour être signée et régularisée selon l'usage. Ces espèces de listes, dans le court intervalle où le roi les gar dait, se mettaient en effet dans le portefeuille *noir* en cuir. »

Ainsi ce serait du côté du ministre de l'intérieur que la recherche devrait se diriger. On pourrait interroger le caissier et payeur général des fonds secrets, M. Gerin, et savoir à qui il a payé cette somme en mon nom, — et tout franchement s'il ne l'a pas payée à M. X...

... M. Vitet ne saurait ignorer entièrement cette affaire, si elle s'est passée de la sorte, et je lui en parlerai à la première rencontre.

Le même ancien ministre me disait qu'une foule de noms inscrits sur ces sortes de listes sont de *faux noms* sous lesquels on touchait les fonds alloués. Ainsi il est naturel que ce soient des noms inconnus, comme vous me le disiez dans notre conversation.

Mille et mille pardons, cher Reynaud, de tout cet ennui, mais vous sentez combien il serait bon d'arriver à une entière lumière, et il me semble que tout ceci en approche.

P.-S. — Il faut que X... choisisse entre avoir fait une *infamie* et avoir fait une *vilenie*.

CXI.

A M. CRÉMIEUX, MINISTRE DE LA JUSTICE.

Paris, ce 6 avril 1848.

Monsieur le ministre,

Permettez-moi de m'adresser directement à vous pour obtenir une réparation à laquelle j'ai droit et qui concerne mon honneur.

On m'a appris, à mon profond étonnement, que mon nom se trouvait sur une liste de *fonds secrets* trouvée aux Tuileries et qu'il s'y trouvait *deux* fois, l'une sur une liste de *fonds secrets* provenant de l'intérieur, et l'autre sur une liste de *fonds secrets* provenant des affaires étrangères; lesquelles listes ont passé sous les yeux des membres du gouvernement.

J'ai exprimé, dans une lettre au *Journal des Débats* et au *Constitutionnel* du 31 mars [1], le sentiment d'indignation que j'ai dû éprouver au premier mot de cette nouvelle.

Aujourd'hui que ces listes vont être livrées à l'impression, monsieur le ministre, je demande de votre justice qu'on veuille bien m'aider à obtenir un éclaircissement sur cet odieux mystère.

Il y a eu évidemment un courtier d'intrigues qui a *abusé de mon nom* pour se faire allouer des sommes puisées à une source impure.

Je demande qu'on veuille bien interroger à ce sujet M. Gerin, payeur général des fonds secrets. *A qui a-t-il payé ces sommes notées à mon nom ?*

On m'engage à m'adresser pour cette réparation à M. de Lamartine, que j'ai autrefois connu. J'aime mieux, monsieur le ministre, m'adresser directement à vous, le chef de la justice, et de qui, en d'autres temps, j'ai reçu des marques d'attention et de bienveillance.

Veuillez me fournir les moyens d'arriver à expliquer

1. C'est la lettre reproduite ci-dessus et adressée à M. le commissaire du gouvernement, près le tribunal de la Seine. Elle fut aussi insérée dans *le Moniteur* par M. Jean Reynaud, dont elle « soulagea le cœur ». (Préface de *Chateaubriand et son groupe littéraire sous l'Empire*.)

complétement et à dévoiler l'infamie dont je me trouve atteint, — moi qui ai toujours vécu à l'écart, ne demandant rien au pouvoir, tout entier à l'étude et aux lettres que j'ose croire intéressées ici en ma personne.

Veuillez recevoir, monsieur le ministre, l'expression de mon respect.

CXII.

NOTE A M. CHARLES CLÉMENT[1].

Paris, ce 17 avril 1848.

Dans une liste de fonds secrets, intitulée *Ministère de l'intérieur, gestion de M. Duchâtel, du 1er janvier 1844 au 15 mai 1845*, liste trouvée par suite des événements du 24 février et à laquelle il va être donné de la publicité, le nom de M. Sainte-Beuve se trouve porté entre les noms d'Eugène Veuillot et de Charles Maurice.

Cette découverte a été annoncée comme *grave* à M. Sainte-Beuve par ses amis du ministère de l'instruction publique.

Quoiqu'en effet toutes les personnes qui le connaissent sachent bien à quoi s'en tenir à ce sujet, on a affaire en ce temps-ci à bien des gens qui ne vous connaissent pas et qui ne demandent pas mieux que de croire tout ce qui peut nuire.

1. M. Charles Clément a eu l'obligeance de nous communiquer cette note, qui lui fut adressée par Sainte-Beuve à Londres, où il voyait l'ancien ministre de l'intérieur M. Duchâtel.

M. Sainte-Beuve, n'ayant jamais donné, non-seulement la moindre occasion, mais le plus léger prétexte, à ce que son nom pût être porté sur une telle liste, — n'ayant jamais eu l'honneur de rencontrer M. Duchâtel durant ces huit années, qu'une ou deux fois chez madame de Bergue, — ose prier que la seule personne au fait de ce détail lui veuille venir en aide pour une explication.

Ces fonds, a-t-il été répondu quand il s'est adressé à quelques personnes de l'ancienne administration, ces fonds étaient à la disposition du *ministre seul.*

C'est à lui donc, c'est à son ancienne bienveillance, à sa justice et à sa délicatesse que M. Sainte-Beuve se permet de faire appel aujourd'hui, dans une affaire qui n'intéresse pas seulement sa propre position très-modeste et qu'il a déjà sacrifiée en idée[1], mais qui touche sa délicatesse même et jusqu'à un certain point son honneur.

Sous quel prétexte, par quelle *substitution mnémotechnique* le nom de M. Sainte-Beuve a-t-il pu se glisser là, et quelle a pu être la personne qui a trouvé plus commode d'être désignée sous ce nom?

En osant interroger M. Duchâtel sur ce point délicat, M. Sainte-Beuve promet de ne faire usage de la réponse qu'avec *discrétion*, n'ayant certainement envie de faire aucun éclat, mais désirant simplement être sur la voie d'une explication qui ne le mène à soupçonner injustement personne[2].

1. Sa place de conservateur à la Bibliothèque Mazarine.
2. Sainte-Beuve ne put jamais découvrir, quoi qu'il fît, l'origine de cette calomnie. Il s'en tint, à la fin, à l'explication qu'il a donnée dans la préface de *Chateaubriand et son groupe litté-*

CXIII.

A M. HACHETTE.

Liége, ce 11 février 1849.

Cher monsieur,

Je voudrais, avant de vous voir à Pâques, vous demander une première réponse sur quelques points qui m'intéressent fort. Je n'ai d'autre désir que de mettre la main à mon quatrième volume de *Port-Royal*, que je terminerai en une année de liberté; mais je ne puis m'en occuper tant que dureront mes cours.

Ces cours finiront vers le 15 juillet.

Je voudrais me ménager pour cette date quelques res-

---

raire sous l'Empire (1861). Les chiffres portés à son nom sur les listes de fonds secrets, quand elles parurent dans la *Revue rétrospective* de M. Taschereau, s'élevaient à la somme de *cent francs*. Sainte-Beuve se souvint alors qu'on avait dû, à un certain moment, dépenser cette somme pour le raccommodage d'une cheminée qui fumait dans son logement à la Bibliothèque Mazarine. « La note obligeante, dit-il, que M. Taschereau a cru devoir y joindre, et qui suppose une fraude commise en mon nom par un *officieux*, n'a plus même d'objet. Je n'en étais pas à demander cent francs à M. Duchâtel, pas plus, j'ose le dire, que lui à me les demander : l'impossibilité *morale* était la même. Et personne n'eût osé se permettre une telle demande auprès de lui en mon nom : il n'y aurait pas cru. En voyant ce chiffre de cent francs, un éclair a traversé ma mémoire; j'ai pensé à ma cheminée et au *tuyau* d'octobre 1847, qui avait dû coûter, somme ronde, à peu près cela. La dépense, ordonnancée par le ministère, s'était faite trop tard pour être portée au budget de 1847. Telle est mon explication. Qu'en disent mes anciens amis du ministère Carnot? »

sources, sans manger alors d'avance le prix de ce quatrième volume. Voici ce qui serait mon meilleur désir :

J'ai un volume presque fait (du travail de mon cours) qui serait le premier de l'*Histoire littéraire des cinquante premières années de ce siècle*, et qui contiendrait Chateaubriand, Fontanes, Joubert, Chênedollé, c'est-à-dire ce groupe d'écrivains traités par moi de nouveau. Pour en relever l'intérêt, j'ai à y insérer nombre de *lettres confidentielles* et *inédites* de Chateaubriand, provenant des papiers de Chênedollé. Si vous vouliez me prendre ce volume (qui fera un bon volume), je me mettrais dès à présent à en préparer la copie au net pour l'impression, qui pourrait se faire cet automne, dès mon retour à Paris.

Secondement, j'ai un volume tout prêt de *Portraits littéraires* à recueillir. Il existe déjà, de ces *Portraits*, six volumes publiés chez Didier, qui se sont très-bien vendus. Géruzez doit les avoir et pourrait vous édifier là-dessus. Le nouveau volume que j'ai tout prêt à imprimer serait en outre augmenté de pensées tout à fait inédites sur des auteurs ou sur des points de critique. (Didier n'est pas en mesure de s'en charger en ce moment.)

Ce volume d'une part, — de l'autre, celui sur Chateaubriand seraient donc tout prêts à mettre sous presse dès le *lendemain* de mon retour à Paris.

Avec ce qui m'en reviendrait, j'aurais moyen de couvrir mes dépenses et de me mettre immédiatement alors et sans plus de distraction à la confection de mon quatrième volume de *Port-Royal*.

Je puis vous assurer (sans me faire illusion, hélas! je ne m'en fais plus) que ces deux volumes seraient d'un intérêt littéraire réel. Vous régleriez vous-même d'ailleurs ce qu'il vous paraîtrait convenable de me payer. Aujourd'hui, je ne vous demande qu'une première réponse, sur quoi je puisse me mettre en mesure pour que tout soit prêt.

En un mot, mon plus grand désir serait que vous fussiez mon *libraire éditeur* en tout, comme vous l'êtes pour Géruzez. Je sens tout le prix d'être en bonnes mains et de ne plus changer.

A vous d'amitié.

P.-S. — Bien des compliments, s'il vous plaît, à M. Bréton.

CXIV.

A M. LE PASTEUR CHAVANNES [1].

Liége, le 19 mai 1849.

Monsieur,

Il y a longtemps que j'aurais écrit pour vous remercier de votre excellent et précieux souvenir que m'a transmis la *Revue suisse*, mais j'ai été en voyage; j'étais à Paris à Pâques, et ici j'ai trouvé à mon retour bien du travail: tout cela m'a retardé. Rien n'est plus doux pour moi, monsieur, au milieu de cet exil où je vis, que de sentir que, de loin, tous les liens ne sont pas rompus avec le passé; que j'ai des amis fidèles de ma pensée, et que je leur dois de ne pas

---

1. M. Chavannes était alors pasteur de l'Église wallonne à Amsterdam. Il venait de publier dans la *Revue suisse* un article sur le troisième volume de *Port-Royal*.

me laisser ralentir dans ce que je poursuis en silence et à travers les complications de la vie. Votre appréciation critique m'est également chère, monsieur, par les objections qu'elle soulève et dont je ne suis pas le dernier à sentir la justesse. Ce à quoi j'ai surtout tenu en avançant dans l'ouvrage, c'est à ne rien dire de plus que ce que je pensais, à rester plutôt en deçà de ce que je croyais à certains moments, afin que ma parole même, toujours respectueuse, eût plus d'autorité comme témoignage historique. Tant de gens affichent *littérairement* une certaine croyance, que cela m'a dégoûté et m'a fait me montrer plus dépouillé qu'il n'eût convenu peut-être même à la rigoureuse vérité. Je voudrais pouvoir vous dire que je vais bientôt vous soumettre le quatrième volume, mais les déplacements m'ont fort retardé. J'ai ici la paix, mais je n'ai pas le loisir. Je veux de plus profiter du voisinage de la Hollande pour aller à Utrecht étudier ce qui reste du jansénisme vivant : je ne pourrai faire ce petit voyage que dans deux ou trois mois. C'est alors seulement que je *compte me mettre sans désemparer à cette rédaction définitive du dernier volume*. Mon seul vœu d'ambition ici-bas est de le terminer dignement ; après quoi, j'aurai fini ce que je puis faire, et je n'aurai plus qu'à laisser tomber ma plume.

Agréez, monsieur, mes sentiments les plus reconnaissants et les plus unis aux vôtres dans cet ancien souvenir de Lausanne qui reste pour moi ineffaçable et qui est aussi comme une vraie patrie.

CXV.

AU MÊME.

Utrecht, le 23 juillet 1849.

Cher monsieur,

Permettez-moi d'employer cette expression qui répond mieux à mes sentiments, à *nos* sentiments. Me voici depuis hier à Utrecht. J'ai visité ce matin les archives jansénistes, qui me retiendront quelques jours; je vais demain à Amersfoort voir M. Karsten[1]. Je ne resterai d'ailleurs à Utrecht que le temps indispensable; je n'ai fait que traverser Amsterdam en venant dimanche. Quand j'y repasserai vendredi prochain, ou samedi, où pourrai-je vous saluer et vous serrer la main? Je ne voudrais guère y rester que vingt-quatre heures.

Veuillez, par un petit mot à *Utrecht, poste restante*, me dire votre adresse précise et les chances que j'aurais de vous rencontrer.

Tout à vous.

CXVI.

AU MÊME.

Utrecht, ce jeudi [26 juillet 1849].

Cher monsieur,

Je reçois à la fois vos deux aimables mots. Je ne saurais vous dire ma reconnaissance pour tant de bons soins et de

[1]. Professeur et directeur du séminaire catholique d'Amersfoort. (Voir ce nom dans la table de *Port-Royal*, publiée en 1871.)

prévenances d'ami. Voici ce que je voudrais que vous me permissiez de faire. Laissez-moi tout bonnement descendre à l'hôtel, où je vis depuis des années en tout pays. Je suis fatigué, avec mille petites infirmités que je cache de mon mieux. Cela ne m'empêchera pas d'être votre *hôte* dans le vrai sens : tous mes instants seront à vous, et je ne perdrai rien de votre aimable compagnie. Je compte arriver demain dans la journée ; si rien ne s'y oppose, après m'être un peu refait et reposé, ce dont j'ai besoin pour les plus petits voyages, j'irai vous chercher dans la soirée à l'heure où vous pourrez être rentré. Dans tous les cas, j'aurai l'honneur de saluer madame Chavannes; ainsi ne vous souciez de rien; et à bientôt.

Tout à vous.

CXVII.

A M. ÉDOUARD TURQUETY [1].

Ce 7 septembre 1850.

Mon cher ami,

Vous êtes mille fois bon de vous souvenir de moi avec tant de grâce et d'attention aimable. Vous me prenez par mon faible en me parlant du XVIe *siècle;* ce livre-là est

---

[1]. Édouard Turquety, ayant découvert, dans une bibliothèque mise en vente à Rennes, des éditions originales de l'*Illustration* et de l'*Olive* de Du Bellay, crut être agréable à Sainte-Beuve en lui faisant cadeau de ces deux plaquettes. La lettre ci-dessus est en remerciment de cette pensée. (*Note de M. Saulnier.*)

mon premier-né et le fruit de mes amours d'étudiant : il s'en ressent à bien des égards et pourtant je l'aime à cause même de ses espiègleries et de ses jeunes licences. Tout janséniste que je suis et critique à triple sourcil, je n'en puis vouloir aux folles gaietés de mon cher Olivier de Magny et de Tahureau.

Vous avez bien fait d'embrasser cette histoire de la poésie moderne : il y a là toute une floraison. Ce que j'ai écrit ne peut servir que de mémoires et d'impressions à consulter. Vous aurez été gêné par une seule chose dans cette histoire, c'est que, pour qu'elle fût complète, vous auriez dû vous y placer vous-même.

Je suis si occupé, mon cher ami, que je ne puis que vous remercier en courant et me dire

Tout à vous.

CXVIII.

AU MÊME [1].

Ce 11 novembre (1850).

Mon cher ami,

J'ai reçu le précieux volume, précieux et par le fond et par les circonstances, *aureus liber;* mais pourquoi cette

---

1. Cette lettre fait suite à celle du 7 septembre 1850. Turquety, qui avait trouvé parmi les livres de M. Baron du Taya, alors en vente, une édition de l'*Illustration de la langue française* de Du Bellay, 1550, eut l'idée de la faire relier élégamment et d'en faire hommage à Sainte-Beuve. En septembre, ce dernier remerciait de l'aimable intention ; en novembre, il accuse réception du livre qui lui est parvenu. (*Note de M. Saulnier.*)

dorure dont il pouvait si bien se passer? J'attends maintenant votre *Illustration de la poésie, 1850,* trois siècles juste après celui de Du Bellay, 1550. Voilà des anniversaires.

Je suis si occupé à ma tâche, que je n'ai que le temps de vous réitérer ma reconnaissance et de vous serrer la main.

Tout à vous

CXIX.

A M. FRÉDÉRIC SAULNIER, A RENNES [1].

16 novembre (1850).

Monsieur,

Je ne suis pas ingrat, mais je suis surchargé, obéré de travail. Votre touchante *Yvonne* m'est venue au cœur et je ne vous ai pas encore remercié. Vous aimez, monsieur, dans la poésie la réalité et le sentiment : je suis de cette même école. Avez-vous lu le grand Crabbe, notre maître un peu sévère?

Agréez, monsieur, mille sentiments reconnaissants et distingués.

---

1. M. Saulnier, étudiant en droit à Rennes, encouragé par son ami Turquety, avait adressé et dédié à Sainte-Beuve une pièce de vers, *Yvonne, essai de poésie lakiste.* Cette pièce se trouve dans un recueil non mis en vente, imprimé à Rennes en 1852, in-8°, sous le titre de : *les Branches de lilas.*

CXX.

A M. ÉDOUARD CHARTON.

Ce 24 décembre 1850.

Mon cher Charton,

On me dit que, dans un des derniers numéros du *Magasin pittoresque*, il y a eu un mot de vous et un jugement sur Florian, à propos d'une bibliothèque dont vous donniez le plan. J'écris sur Florian cette semaine, et j'aimerais à avoir devant moi ce jugement de vous sur lui. Seriez-vous assez bon pour me prêter ce numéro, si vous l'avez sous la main?

A vous d'amitié.

CXXI.

A M. TH. LACORDAIRE [1].

Paris, le 28 février [1851].

Mon cher ami,

Je reçois votre très-belle lettre doublée du billet. Je vais croire que Liége, au lieu de mines de charbon, a des mines d'or et que c'est ma Californie. Je suis comme vous dans mon coup de feu, qui d'ailleurs est perpétuel [2]. Enfin, je com-

---

1. Frère du père Lacordaire et savant naturaliste, professeur à l'Université de Liége.
2. Sainte-Beuve avait commencé ses *Causeries du Lundi* au *Constitutionnel* le 1er octobre 1849.

mence mon cinquième mois et je compte comme une femme enceinte : seulement, le terme que je m'assigne est de douze mois, l'année complète. Après quoi, je verrai à relâcher un peu le ressort, s'il y a moyen. J'ai été très-heureux d'avoir réussi dans ce délicat portrait de votre frère [1] : il a été plein de bonté et je l'ai vu arriver un matin à huit heures dans ma petite chambre. La robe blanche lui a ouvert tous les accès défendus. Je ne le crois pas à Paris en ce moment : sans quoi, je serais allé le visiter. — J'ai pris part à la mésaventure de ce pauvre M. W... Je suis payé pour lui croire quelque bon sens et je suis bien sûr d'ailleurs de sa bonté morale. Voilà donc la pâte dont on fait les martyrs. — Je reçois une lettre de faire part de M. Travinster. Faites-lui mes compliments sur son mariage. — Je tiens à rester un peu Liégeois. — Amitiés à M. Bosquet, à M. Spring, aux Van Hulst,... à tous ceux qui se souviennent de moi. J'embrasse les enfants et je salue respectueusement madame Lacordaire.

P.-S. — Il n'y a rien de nouveau ici. La rente monte intrépidement, grand symptôme! Je crois par moments que nous irons sans secousse bien plus loin qu'on ne suppose. Nous pourrions bien rester en république un bon bout de temps, malgré toutes les velléités et les désirs. Il n'y a plus trace de rien à la surface et Paris ressemble au Paris qu'il a toujours été, à très-peu près.

Ma mère et le docteur vont bien, et, sachant que je vous écris, vont me dire de les nommer à vous.

1. *Causeries du Lundi* t. I

CXXII.

A M. FRÉDÉRIC SAULNIER [1].

17 novembre 1851.

Monsieur,

Je suis au regret de n'avoir pu, dans mon surcroît de corvée, me donner l'honneur de vous voir.

C'est en causant que la question que vous voulez bien me faire pourrait surtout s'éclaircir. Il y a, en effet, beaucoup à dire sur Chapelain. Il a été un moment le centre et l'organe de la littérature officielle, le premier commis de la littérature sous Colbert. Mais, quoique ce fût après tout un homme d'esprit, comme dit le cardinal de Retz, je ne crois pas qu'il y ait moyen de le ressusciter. Il manquait essentiellement de génie, d'étincelle, et il n'était judicieux que dans les matières solides. L'histoire de son époque, rattachée à son nom, ne serait que celle de la littérature qu'a eu raison de chasser et de déblayer devant lui Boileau, le vrai romantique d'alors, par rapport à Chapelain et à toutes

---

1. En 1851, M. Saulnier, à l'occasion d'un travail sur les poëmes épiques inspirés par Jeanne d'Arc, avait cherché à appeler de nouveau l'attention sur *la Pucelle* de Chapelain et sur Chapelain lui-même. Il n'avait voulu rien tenter de sérieux, avant d'avoir eu l'avis de l'homme qu'il jugeait être le plus compétent, — de Sainte-Beuve, qui voulut bien, avec une grâce charmante, répondre à toutes les questions de son jeune correspondant. Le conseil de l'éminent critique a été suivi et la résurrection de Chapelain est restée en projet. (*Note de M. Saulnier.*)

ces perruques solennelles. Pour parler de Chapelain, avez-vous, monsieur, tous les documents? Et je parle des plus essentiels; par exemple, le recueil manuscrit de ses lettres, dont Camusat n'a donné qu'un infiniment petit extrait? Ces lettres ne formaient pas moins de six volumes in-quarto. Le hasard fait que j'en possède cinq volumes manuscrits sur six [1] : le plus intéressant ou le moins ennuyeux des volumes, celui qui se rapportait à l'époque de la publication de *la Pucelle* est perdu. Après avoir pris connaissance de ces volumes, dans l'intérêt de mon travail sur *Port-Royal,* je puis vous assurer qu'il n'y a rien de moins gai. Pourtant c'est très-curieux pour les gens du métier, car les lettres à Balzac y sont. Je crains qu'un travail, comme celui que vous voulez entreprendre, ne puisse se bien faire qu'à Paris, en usant des riches dépôts qu'on ne trouve pas ailleurs.

Quant à Chapelain lui-même, je vous le répète, c'est le moins intéressant des hommes, à mon gré, pédant, compassé, cérémonieux, judicieux jusqu'à un certain point dans les choses connues et établies de son temps et dans sa jeunesse, mais sans ombre de fraîcheur, de nouveauté ni d'invention. Voilà un bien long bavardage; excusez-moi, monsieur, puisque je ne fais que vous répondre. Agréez mes remercîments pour votre aimable bienveillance, pour vos gracieux vers, dont Chapelain dirait que c'est une belle de nuit et dont je dirai simplement que c'est un accent du cœur [2].

---

1. Cette Correspondance manuscrite de Chapelain a été donnée, après la mort de Sainte-Beuve, par son légataire universel, à la Bibliothèque nationale.

2. M. Saulnier avait adressé en même temps à Sainte-Beuve une bluette intitulée *une Fleur au bal.*

Offrez mes amitiés à Turquety et croyez-moi, monsieur,
Tout à vous.

P.-S. — Un de mes amis que je consulte au sujet de Chapelain me dit que tous les efforts de la critique et de l'érudition ne feront pas que Chapelain ressuscite avant le Jugement dernier.

CXXIII.

A M. DIDIER, ÉDITEUR.

Ce 25 novembre 1851.

Monsieur,

Le prix que j'attache à avoir toujours des éditions correctes fait que, malgré l'aide que je me suis donné, j'ai à relire moi-même une fois chaque épreuve; sans quoi, je me suis aperçu, par mes premières feuilles, qu'il pourrait s'y glisser quelque grosse inadvertance. Ayant donc, à l'heure qu'il est, deux ouvrages en train chez M. Gratiot (sans compter l'ouvrage en train pour M. Garnier), il m'est impossible de suffire à la demande un peu prompte d'épreuves qui me vient à la fois de chez M. Ducessois. Il m'importe que de ce côté on aille très-lentement. Vous-même m'avez dit que c'était sur le volume intitulé *Derniers Portraits*[1] que nous devions donner d'abord pour le mettre en état de paraître.

---

1. Ce volume est aujourd'hui le troisième des *Portraits littéraires* (chez Garnier frères).

Je vous supplie de faire en sorte que toutes les épreuves ne m'arrivent pas à la fois. Je vous le répète, j'ai reconnu qu'il est urgent, pour ne pas avoir des fautes de sens dans nos éditions, que, malgré tous les soins qu'y met mon auxiliaire, je relise une fois chaque épreuve. Or, je n'ai pas deux jours par semaine à y consacrer avec le travail que je fais au *Constitutionnel*. Je vous prie donc de régler raisonnablement ce train de choses avec l'obligeance que vous avez toujours mise dans nos relations.

Agréez, monsieur, mille compliments distingués.

CXXIV.

A M. ALCIATOR [1].

Monsieur,

Je tiens à ne pas laisser sans réponse votre lettre, dont le ton et le sentiment vous honorent. Si j'ai pu vous paraître un peu rude dans la mienne et si je me suis mépris sur quelques points, veuillez en agréer mes sincères excuses. — Ce que je vous ai dit des libraires et du peu d'influence que je puis avoir sur ceux que je connais (en bien petit nombre), n'est que trop réel. Cela étant, il m'était impossible de concevoir un moyen de vous servir en ce que vous désiriez. — Je ne me suis pas permis d'exprimer un jugement sur l'ouvrage [2] que vous m'avez fait remet-

---

1. Auteur de *l'Art dans la poésie* (un vol., chez Didier, 1852). Sainte-Beuve avait d'abord écrit à l'auteur une lettre un peu froide.
2. *Daïla*, poëme.

tre, non point par dédain ou par fin de non-recevoir, croyez-le bien, mais parce qu'il m'était impossible de le lire tout d'abord avec le soin qu'il réclamait. — Je tiens du moins, monsieur, à ce que vous sachiez que la manière dont vous avez bien voulu recevoir ma lettre et y répondre me touche infiniment, et je vous prie ici d'en agréer l'expression avec celle de ma considération la plus distinguée.

CXXV.

A M. CHARLES DEULIN.

Paris, 1ᵉʳ mars 1852.

Monsieur,

J'ai été bien sensible à l'attention aimable que vous avez donnée à mon article sur les poëtes. J'ai reçu votre *Ange tentateur*. C'est, en effet, une histoire naïve et touchante et je crois que de ce côté il y a une voie. M. de Lamartine l'a ouverte largement dans *Jocelyn*, trop largement même, car il ne s'y est pas assez tenu à cette réalité de laquelle jaillit la source la plus naturelle de poésie. Votre vieux prêtre s'y tient davantage; mais, si vous me permettez de le dire, il la suit un peu trop sur les traces de Jocelyn. Arrivez dans vos conceptions, monsieur, à cette particularité et à cette précision qui fait que les êtres de notre pensée deviennent tout à fait nôtres et sont reconnus de tous. Votre pays de Flandre, si fécond en peintres originaux de paysage et d'intérieur, y prête par ses couleurs distinctes. Tâchez aussi que votre vers dans le détail, tout en restant naturel, n'ait en rien un air de prose et qu'il acquière ce relief modéré qui est le style du genre. Vous voyez, monsieur, combien je prends au sérieux le rôle que votre indulgence veut bien me faire.

Agréez, je vous prie, mille sentiments obligés et distingués.

CXXVI.

A CHARLES BAUDELAIRE.

Ce 3 octobre 1852.

Mon cher ami,

J'arrivais chez M. Véron, comme vous veniez vous-même de lui remettre le manuscrit, et Roqueplan y était aussi. Nous avons dit ce qu'il fallait, et j'espère que l'affaire ne souffrira point de difficultés. Croyez bien que je désirerais sincèrement vous voir arrivé là où votre distinction d'esprit doit vous placer. Ne perdez pas courage; je crois que ce régime, en durant, permettra à la littérature d'être plus remarquée.

Tout à vous.

P.-S. — Je ne vois pas du tout Chasles.

CXXVII.

A M. SIMÉON PÉCONTAL.

Paris, 8 novembre 1852.

Mon cher ami,

J'ai reçu avec plaisir votre *Avénement* et j'y applaudis; mais, mes articles à part, je suis bien moins souvent au

Constitutionnel que vous ne le croyez. Je ne puis convenablement parler des choses que dans mes propres articles; car les journaux, vous devez le savoir, ne sont plus, comme autrefois, des réunions d'amis s'entendant plus ou moins en commun; ce sont de grandes entreprises industrielles où les lignes se comptent. Je reste donc dans les limites, déjà bien larges, de mes seuls articles, et il faudrait que je revinsse un jour sur la Poésie et les Poëtes pour dire sur votre compte ce que j'aimerai toujours à en dire et ce que j'en pense.

CXXVIII.

A M. PAUL CHÉRON [1].

2 janvier 1853.

Cher monsieur,

Bonjour et bon an. Je donne aujourd'hui sur *Grimm*. C'est

---

1. M. Paul Chéron, de la Bibliothèque nationale, possède un dossier très-considérable de lettres ou plutôt de billets de Sainte-Beuve, dans lesquels il a bien voulu nous permettre de puiser. La plupart consistent en des demandes de livres, pour lesquels Sainte-Beuve avait, comme on dit, le prêt à la Bibliothèque, c'est-à-dire qu'on lui laissait emporter tous les volumes qu'il désirait; il les rendait du reste très-exactement, ainsi que le constate le registre de M. Klein, préposé à ce service. Quand Sainte-Beuve avait besoin d'un ou de plusieurs ouvrages pour la préparation de ses articles, il s'adressait à M. Paul Chéron, qui mettait la plus parfaite obligeance à rassembler ce qu'il appelait le dossier de Sainte-Beuve. Ces demandes se renouvelaient toutes les semaines. Il en est résulté la quantité innombrable de billets dans lesquels on n'a prélevé, pour cette correspondance, que ceux qui ont paru offrir quelque intérêt biographique ou bibliographique en dehors de leur objet habituel. Ce qui les a fait surtout admettre ici, c'est qu'ils ajoutent à la physionomie de Sainte-Beuve un trait essentiel sur sa façon de travailler et de remonter aux sources.

un peu sec; mais après saint François de Sales[1], on a besoin de se reposer des roses. J'ai de Grimm l'édition de sa *Correspondance* par M. Taschereau. J'ai aussi les *Mémoires* de madame d'Épinay, où il y a beaucoup de lettres de lui. Mais il se peut qu'il y ait des *notices* sur lui qui soient indiquées dans le livre de bibliographie de cet Allemand dont j'ai oublié le nom. J'aimerais aussi à avoir, de sa Correspondance, les *premières éditions* qui ont été publiées par parties successives. Enfin, je m'en remets sur cela à vous comme sur tout le reste.

Agréez mes remercîments et amitiés.

CXXIX.

AU MÊME.

Dimanche, 16 janvier 1853.

Mon cher monsieur,

Je donne cette semaine sur M. *Necker*. J'ai ses œuvres publiées par sa famille, en quinze volumes. Voilà une avance. J'ai aussi ce qui est dit de lui dans les *Œuvres* de madame de Staël et dans les *Mélanges* de madame Necker. Pourtant il peut y avoir bien des choses sur lui, *réponses*, *brochures*, *notices*; vous seriez bien bon de ramasser ce qui s'offrirait sans trop de peine. Ayant dessein, à son occasion, de parler du style doctrinaire, je voudrais bien avoir

---

[1]. Sainte-Beuve venait d'achever un article sur saint François de Sales, recueilli depuis dans les *Causeries du Lundi*, t. VII.

un certain nombre des *Discours de M. Royer-Collard* qui n'ont jamais été recueillis, mais qui ont été imprimés à part. Je ne sais si la Bibliothèque en a fait collection. — Étant un peu malade de la jambe, je crois que je ne sortirai pas demain lundi ; ce ne serait donc que mardi matin que j'irais pour profiter de vos obligeances.

Tout à vous.

CXXX.

AU MÊME.

19 février 1853.

Mon cher monsieur,

Je suis un peu souffrant de la cuisse et ne pourrai sortir aujourd'hui. J'envoie mon ami M. Octave Lacroix vous demander si vous avez pour moi le volume de Musset que M. Richard [1] m'avait promis de faire rentrer.

---

1. Un des conservateurs de la Bibliothèque nationale, qu'estimait beaucoup Sainte-Beuve. M. Richard, l'homme *à la barbe blanche*, comme on le désignait dans le public, était un chercheur et un savant. Les gens de lettres le consultaient avec fruit : il avait fourni notamment à Eugène Sue la plupart des matériaux qui composent son *Histoire de la marine*, un travail de compilation, si l'on veut, mais dans lequel il entre beaucoup de documents essentiels et positifs. — M. Richard fut tué, à l'âge de quatre vingts ans, comme il sortait un matin de chez lui, en mai 1871, pour se rendre à la Bibliothèque. Il avait voulu demeurer à son poste, malgré les événements, et il est mort (on peut le dire) à son devoir. Il était chevalier de la Légion d'honneur. L'un de ses fils, M. Georges Richard, est connu à la fois comme artiste et comme auteur dramatique : on a de lui une comédie, *les Enfants*, qui a été très-remarquée, à son moment, au Théâtre-Français.

J'ai fait aussi demander à M. Ravenel un volume dont le voudrais bien tirer une anecdote sur Volney, les *Mémoires du baron ou du comte de Moré*, publiés il y a une dizaine ou une douzaine d'années. M. Maury, de l'Institut, m'a indiqué ce volume, que je n'ai pu trouver nulle part.

Je fais pour cette semaine *Marguerite de Navarre*, l'auteur de *l'Heptaméron* : je voudrais bien l'édition qu'en a donnée le bibliophile Jacob. — J'espère être en état lundi d'aller à la Bibliothèque : ce que vous pourriez réunir sur cette gracieuse femme me serait bien précieux.

Avec mille remercîments, mon cher monsieur, et tout à vous.

CXXXI.

A MADAME DESBORDES-VALMORE.

Ce 19 février 1853.

Vous dites bien vrai, chère dame et amie, et mère si éprouvée : j'ai ressenti toute votre douleur[1]. Depuis longtemps et de loin, je suivais l'affaiblissement de cette jeune santé déclinante, et je tremblais en silence d'une fin trop prévue. Vous êtes véritablement une mère de douleur ; ici du moins, il y a tout ce qui peut adoucir, élever et consoler le souvenir : cette pureté d'ange dont vous parlez, cette perfection morale dès l'âge le plus tendre, cette poésie discrète dont elle vous devait le parfum et dont elle animait modestement toute une vie de règle et de devoir, cette gra-

1. Madame Valmore venait de perdre, le 12 février 1853, sa fille Ondine, mariée depuis peu.

vité à la fois enfantine et céleste par laquelle elle avertissait tout ce qui l'entourait du but sérieux et supérieur de la vie. Dans les années heureuses où je la voyais assez souvent, et avant que toute mon existence fût retournée, en 1848, combien n'ai-je point passé auprès d'elle de doux et salutaires moments ! C'étaient mes bonnes journées que celles où je m'acheminais vers Chaillot à trois heures et où je la trouvais souriante, studieuse, prudente et gracieusement confiante. Nous prenions quelque livre latin, qu'elle devinait encore mieux qu'elle ne le comprenait, et elle arrivait comme l'abeille à saisir aussitôt le miel dans le buisson. Elle me rendait cela par quelque poésie anglaise, par quelque pièce légèrement puritaine de William Cowper qu'elle me traduisait, ou mieux par quelque pièce d'elle-même et de son pieux album qu'elle me permettait de lire :

Vous qui ne pleurez plus, vous souvient-il de nous [1] ?

C'est à vous, poëte et mère, qu'il appartient de recueillir et de rassembler toutes ces chères reliques, toutes ces reli-

---

1. L'impression du souvenir que lui avait laissé Ondine Valmore ne s'était jamais effacée de l'esprit de Sainte-Beuve. On la retrouve, avec plus de développement encore, mais en termes presque identiques, dans les articles qu'il écrivait, dans les derniers mois de sa vie, sur l'inconsolée poëte, mère d'Ondine : « Ondine, y est-il dit, étudiait beaucoup. Elle passa plusieurs années comme sous-maîtresse et plutôt encore comme amie dans le pensionnat de madame Bascans, à Chaillot. J'allais quelquefois l'y visiter. Elle s'était mise au latin et était arrivée à entendre les odes d'Horace ; elle lisait l'anglais et avait traduit en vers quelques pièces de William Cowper, notamment celle des *Olney Hymns*, qui commence ainsi : *God moves in...* ; une poésie qui rappelait les Cantiques de Racine et toute selon saint Paul. Elle lisait aussi Pascal... » (Articles sur *Madame Desbordes-Valmore*, *Nouveaux Lundis*, t. XII, p. 169.)

ques virginales, car je ne puis m'accoutumer à l'idée qu'elle ait cessé d'être ce qu'il semblait qu'un Dieu clément et sévère lui avait commandé de rester toujours. Rassemblez toutes ces traces de poésie, toutes ces gouttes de parfum qu'elle a laissé tomber dans son passage : un jour, quand le temps aura coulé sur cette plaie trop saignante et quand nos cheveux auront encore plus blanchi, nous les parcourrons ensemble avec une bienfaisante tristesse. — Ma vie, depuis quatre ans, est tellement une corvée continue et assujettie, une vie de prolétaire littéraire qui fait son temps, que je n'ai pas couru à vous et que je laisse cette lettre vous arriver sans moi. Mon cœur, croyez-le bien, reste fidèle au passé, et inviolable dans ses souvenirs. Serrez pour moi la main au brave et douloureux M. Valmore, à votre excellent Hippolyte, et croyez-moi, chère amie, tout à vous et présent à vos pensées.

CXXXII.

A M. RENÉ BIÉMONT.

Paris, 1er juin.

Monsieur,

L'extrême surcharge d'occupations où je suis m'a empêché de répondre plus tôt à votre aimable et honorable consultation. C'est en effet à votre ou plutôt à *notre* mairie[1]

---

1. M. René Biémont, auteur de deux volumes de vers et de prose, *le Petit-Fils d'Oberman* et *Flors de lys*, était sous-chef à la mairie du VIe arrondissement de Paris. Il y a laissé le souvenir d'un homme de bien et d'un très-délicat ami. Il vit aujourd'hui dans une studieuse et poétique retraite.

que j'ai vu plus d'une fois Fontaney. La poésie lui a été à la fois bonne et fatale. Si c'est elle qui lui a fait quitter son modeste emploi[1] pour les chances de la vie littéraire, elle l'a déçu, puisqu'il est mort à la peine, sans atteindre même à ce peu qu'on appelle la renommée. La poésie, telle que je la conçois dans certaines positions et dans une certaine mesure, c'est, monsieur, un accompagnement du travail, une consolatrice au logis, une récréation aux heures de relâche. C'est une musique de l'esprit qui en entretient la douceur et la délicatesse, et qu'on cultive en vue d'elle-même et de soi-même. Je ne conseillerais donc à personne de se priver de l'usage de cet aimable talent quand il est naturel, facile et qu'il se confond avec la sensibilité. De même je ne conseillerais à personne de s'y confier assez pour y mettre toutes ses espérances et pour vouloir faire par là son chemin...

CXXXIII.

A M. PAUL CHÉRON.

20 avril 1853 (mercredi).

Mon cher monsieur,

Vous m'avez bien manqué hier quand je suis allé pour compléter mon bagage sur Guy Patin. Mon ami M. Lacroix, porteur de ce billet, vous remettra l'édition du *Médecin charitable* que j'ai emportée l'autre jour, l'édition de 1634,

---

1. Le poëte Fontaney était employé au bureau des mariages de la même mairie.

et dans laquelle ne se trouve pas le traité composé par Guy Patin. Ce petit traité intitulé : *Traité de la Conservation de la Santé par un bon régime et le légitime usage des choses requises pour bien et sainement vivre,* a été joint au *Médecin charitable* de Guybert, mais seulement dans une édition subséquente qu'il s'agit de trouver. Si vous pouvez mettre la main dessus, vous m'obligerez. J'espère que vous êtes mieux.

Tout à vous

CXXXIV.

A M. RENÉ BIÉMONT.

Ce 15 mai 1853.

Mon cher monsieur,

Je vous remercie bien de votre aimable attention et de votre poétique cadeau. Je n'ai pas oublié vos douces romances; vous continuez d'aimer la poésie, celle des humbles et des âmes naturelles. Jeanne d'Arc, cette vierge héroïque, en était; elle vous a inspiré des accents après ceux de Casimir Delavigne. Continuez, mon cher monsieur, de respirer ainsi ce parfum des fleurs intérieures et d'en orner votre fenêtre les jours de fête et de dimanche. Si je n'étais pas si absorbé et obéré de travail, j'irais vous serrer la main.

Croyez-moi tout à vous.

CXXXV.

A MADAME LOUISE COLET.

Ce 7 juin 1853.

Madame,

Vous penserez de moi tout ce qu'il vous plaira de penser, et, qui plus est, vous direz et imprimerez tout ce que vous jugerez bon de dire et d'imprimer. Je n'ai qu'une remarque à vous soumettre. Depuis le premier jour, il y a déjà bien longtemps, où j'ai eu l'honneur de vous rencontrer chez le docteur Alibert, et où vous m'avez demandé une *Préface,* jusqu'à la dernière fois que j'ai eu l'honneur de vous rencontrer, où vous m'avez demandé un *article,* ces questions d'*article* et de *critique littéraire* ont toujours été les premières entre nous. Je ne vous demande qu'une seule chose, de vous admirer en silence, sans être obligé d'expliquer au public le point juste où je cesse de vous admirer. — Cette demande est modeste, madame, et je ne puis croire que vous insistiez pour m'en faire départir. Ce serait d'ailleurs inutilement, car je suis sans loisir, et déterminé à choisir de moi-même mes sujets d'étude. Quant à mon ami Lacroix[1], si vous persistiez à le mêler plus qu'il ne convient dans une affaire où il n'est intervenu qu'avec bon cœur et comme ami de tous deux, je serais obligé de l'avouer en tout; mais je vous supplie encore une fois, madame, de m'accorder la

---

1. M. Octave Lacroix, qui était alors secrétaire de Sainte-Beuve.

paix que je n'ai jamais violée à votre égard et de me permettre d'être un critique silencieux et un admirateur de société pour vos œuvres.

Agréez, je vous prie, l'expression de mes respects.

CXXXVI.

A M. JULES LEVALLOIS.

Paris, 18 juillet 1853.

Mon cher monsieur,

J'ai parlé pour vous à M. Turgan, directeur du *Moniteur*. Il est tout disposé à vous occuper. Je ne lui ai rien désigné de précis, mais je lui ai dit que vous étiez propre à bien des choses et que vous pourriez là vous étendre au fur et à mesure. Allez voir un jour M. Turgan *à midi*, avec le petit mot que je joins ici. S'il n'y était pas, attendez-le. Expliquez-lui bien ce que vous pourriez faire, non-seulement en articles, mais en notes, en extraits, pour les parties sérieuses, historiques encore plus que littéraires ; enfin, mettez-le à même de vous bien essayer. Arrangez-vous pourtant de manière à ne pas quitter le certain pour l'incertain, et ne levez un pied du radeau où vous êtes que quand vous en aurez un bien posé sur le vaisseau.

Tout à vous.

CXXXVII.

A M. PAUL CHÉRON.

Ce vendredi 29 juillet 1853.

Mon cher monsieur,

Je me jette décidément sur *la belle Gabrielle* sans trop savoir si je m'en tirerai à mon honneur; mais vous savez le précepte de Stendhal, aller d'abord à l'abordage. Il est vrai qu'il ne donne ce conseil qu'avant trente ans.

Tout à vous.

CXXXVIII.

AU MÊME.

Novembre 1853.

Cher monsieur,

Je crois, après bien des hésitations, que je me lance sur un petit portrait de société appelé *le marquis de Lassay*. Je voudrais avoir une édition de son *Recueil de différentes choses* par le marquis de Lassay. Sa grande aventure fut d'épouser en premières noces mademoiselle Marie-Anne Pajot, fille d'un apothicaire de cour, et qui avait été fiancée au duc de Lorraine. Le contrat de mariage de cette Marie-Anne et du duc de Lorraine existe imprimé dans plusieurs recueils. Il est daté du 18 avril 1662. Il serait curieux de le retrouver. C'est tout un petit roman. M. Paulin Paris a publié dans quelque Revue en 1848, du temps de Marrast, un article sur M. de Lassay dont l'hôtel était celui de la Présidence. La grande Mademoiselle dans ses Mémoires parle beaucoup de Marie-Anne Pajot. Je voudrais bien, des Mémoires de Mademoiselle, une bonne édition avec une table. Et puis j'irai aux Manuscrits consulter le recueil Maurepas, et puis aux Estampes si j'en ai le temps, les fêtes gravées de Chantilly. Mais je voudrais encore, outre ces Mémoires de Mademoiselle, une bonne petite édition complète de Chaulieu avec lettres en prose et en vers, etc., car il y est question de Lassay. Au reste, M. Lacroix ne me devance que de peu de temps.

Mille amitiés et tout à vous.

P.-S. — Si vous aviez à me proposer un meilleur sujet tout prêt pour cette semaine, je le prendrais *dare dare*.

CXXXIX.

A CHARLES BAUDELAIRE.

Paris, 20 mars 1854.

Mon cher ami,

Je ne vous ai pas répondu plus tôt par pure impossibilité. Votre lettre me rend une petite scène de comédie que plus d'un autre m'a déjà racontée, moins bien, il est vrai, que vous. Je vous dirai que je ne crois pas avoir vu une seule fois moi-même M. Turgan, depuis le jour où je vous ai rencontré. Je n'ai de relations au *Moniteur* que par l'imprimerie, et je ne connais pas du tout M. Dalloz, qu'on dit, en effet, gracieux et aimable, mais qui ne peut rien que dans une certaine mesure. Cet état de choses, qui était déjà un peu vrai lorsque je vous ai vu, n'a fait que se prononcer et se régulariser définitivement depuis. J'ai donc renoncé à toute action ou intervention autre que ce qui concerne directement mon travail. — Je compte y mettre un terme dans le courant de cette année, et alors seulement j'aurai quelques instants de liberté. Jusque-là, je suis un homme enterré et *écroué*, et qui a besoin de toute l'indulgence intelligente de ses amis.

Soyez-le toujours, et tout à vous.

CXL.

A M. PAUL CHÉRON.

Ce 13 avril 1854.

Mon cher monsieur,

Je suis bien dans l'embarras cette semaine. J'ai envie, ayant reçu de M. Feuillet de Conches les manuscrits et la Correspondance de Léopold Robert, de faire un article biographique qui s'en réfère à celui de Théophile Gautier pour la peinture. Je sais qu'il y a eu dans des revues suisses depuis deux ans, soit dans la *Revue suisse* proprement dite soit dans *la Bibliothèque universelle de Genève* des articles de M. Gaullieur sur la vie privée et intime de Léopold Robert. Ce sont ces seuls derniers documents qui me manqueraient. J'aimerais aussi avoir le volume de la Correspondance du Poussin. J'irai demain sans faute un moment vous voir vers deux heures.

Agréez, cher monsieur, mes remercîments et mes amitiés.

CXLI.

A M. SELLÈQUE.

Paris, 19 juillet 1854.

Mon cher Sellèque,

Je reçois avec peine la nouvelle de la mort de mon ancien condisciple Ledreux, que j'avais retrouvé ensuite premier clerc chez M. Bonnaire. Je prends part à la douleur qu'en doit éprouver toute sa famille et madame Sellèque en particulier. Quoique séparés depuis tant d'années par les circonstances et par la nature de mon travail, qui m'a toujours attaché si impérieusement, je n'ai rien oublié des bonnes journées du passé, où l'on avait la vie devant soi, et où l'esprit et l'amitié se donnaient carrière. Je me rappelle notamment une journée de Montmorency, une course à ânes bien joyeuse, où madame Sellèque et Ledreux, alors enfant, et Doussay et nous tous, nous nous en donnions à cœur joie. Tu étais le plus raisonnable. Garde-moi un bon souvenir et offre mes hommages à madame Sellèque.

CXLII.

A M. PAUL CHÉRON.

Ce 22 août 1854.

Mon cher monsieur,

Vous voyez que je séjourne et bivaque en plein *Léopold* [1]. Je crois bien qu'après cela j'aborderai Ramond, le physicien-peintre, romantique dans sa jeunesse, auteur des *Aventures du jeune d'Olban*, réimprimées, je crois, sous les auspices de Charles Nodier. Si vous étiez assez bon pour me préparer un petit tas et un *amas,* comme on disait au XVIe siècle, sur ce sujet plus fécond qu'il ne semble, vous seriez toujours le même. Il y a un éloge de Ramond dans les notices historiques de Cuvier. Je vais aujourd'hui chez son fils visiter les papiers.

Mille amitiés.

CXLIII.

A M. JUSTE OLIVIER.

Ce 19 novembre 1854.

Je vous remercie de votre lettre et de l'intention qui l'a dictée. Je n'entre dans aucune explication ; car, si détaillées

---

1. Léopold Robert, auquel Sainte-Beuve consacra deux articles, recueillis dans les *Causeries du Lundi,* t. X. — Le même tome X renferme trois articles sur le peintre Ramond, dont il est question dans cette lettre.

que soient celles que vous prenez la peine de me donner, je ne les crois pas encore complètes. Un seul point importe à mes yeux : lié comme je l'étais avec vous, et sans que je pusse avoir d'autre tort que celui d'être depuis cinq ou six ans sous le fardeau d'un travail incessant et qui n'est pas devenu plus facile en se continuant, travail qui m'a interdit tout entretien de relations mondaines ou amicales, et m'a forcé de laisser croître l'herbe dans le chemin de l'amitié, — je me suis un jour aperçu tout d'un coup, et sans m'y tromper, que les ronces avaient poussé entre nous et qu'il n'y avait plus de sentier. Je ne suis pas de ceux qui disent *tout ou rien* en fait d'amitié : aussi eussé-je accepté et agréé avec reconnaissance tout ce qui m'aurait prouvé que le passé tenait entre nous. Mais évidemment vous aviez accueilli cette idée que notre amitié pouvait entièrement cesser, et les choses, en tant qu'elles dépendaient de vous, se sont passées en conséquence. Là est pour moi la blessure. Car j'aurais admis tout le reste, diminution, ajournement, tristesse et voile à demi sombre sur le passé. Mais ce qui domine désormais mes souvenirs en ce qui vous concerne, c'est cette abdication et cette résignation volontaire et continue que vous avez faite de notre passé. Une lettre telle que celle que je reçois aujourd'hui, venue plus tôt et à temps, m'aurait certes suffi et m'aurait touché; mais, après des années révolues, comment renouer la chaîne? Est-ce ma faute si j'avais cru que, malgré tout et à travers les absences et les nécessités de la vie imposées à chacun de nous, il y avait quelque chose de sûr et d'essentiel, j'oserai dire d'insoluble dans notre amitié, et si je ne puis plus le croire? Au moins qu'il reste de vous à moi une disposition égale et tristement bienveillante; c'est celle que votre lettre me paraît assez bien exprimer et qu'elle a aussi produite en moi, une estime durable d'homme à homme.

Recevez-en ici l'assurance [1].

CXLIV.

A M. L'ABBÉ CONSTANTIN ROUSSEL [2].

Ce 18 décembre 1854.

Monsieur,

Je reçois déjà du même lieu [3] une lettre bien aimable et dans le même sens que la vôtre : je suis touché de tout ce

---

1. Cette lettre ne fut pas le dernier mot de Sainte-Beuve à M. Juste Olivier. Les deux anciens amis se revirent, dînèrent de nouveau ensemble, soit chez Sainte-Beuve, soit au fameux dîner Magny, où M. Olivier fut introduit par le docteur Veyne sur le désir même de Sainte-Beuve. Enfin le passage des *Nouveaux Lundis* qu'on a reproduit dans l'introduction des *Chroniques parisiennes*, et qui est de 1864, prouve bien qu'il y avait, de la part de Sainte-Beuve, oubli complet de quelques nuages passagers dans une longue amitié, à laquelle il devait en partie d'avoir autrefois professé son cours sur *Port-Royal* à Lausanne. Dans l'appendice du tome Ier de la dernière édition de cet ouvrage, publiée en 1866, Sainte-Beuve est revenu encore une fois sur ses relations avec cet *autre lui-même*, comme il l'avait appelé en 1864, et lui a rendu pleine justice et un parfait hommage. On peut même s'étonner que M. Olivier ait cru devoir rappeler de légères brouilles qui ne tinrent pas à la première rencontre, en donnant lui-même la lettre ci-dessus dans un écrit posthume sur Sainte-Beuve, publié par la *Revue suisse* (mai, juin, juillet, août 1876).

2. Auteur d'un volume de Poésies, intitulé *Fleurs des Vosges* (chez Didier, 1876).

3. M. l'abbé Roussel était alors élève au collège de Rambervillers.

que vous me dites d'honorablement flatteur et je n'en accepte que ce que je dois. Rien n'est plus doux que de penser qu'on se fait des amis par ses écrits. Je crains en effet de ne pouvoir concilier deux choses aussi éloignées et aussi remplies d'occupations qu'une chaire latine et un cours libre de littérature française [1] tel que j'ai essayé de le faire au *Moniteur.* Veuillez du moins, monsieur, me garder un bon souvenir et croire à l'expression sincère de ma reconnaissance et de mes sentiments distingués.

CXLV.

A M. GABRIEL DE CHÉNIER.

Ce 14 février 1855.

C'est à nous, monsieur, à vous remercier de rétablir et de maintenir devant le public ce point si essentiel et si contesté déjà de notre histoire littéraire. Les hommes les plus distingués ont leur faible. Béranger qui a dit :

> J'ai sur l'Hymette éveillé les abeilles,

était un peu piqué de voir que André Chénier les avait éveillées auparavant.

Agréez, monsieur, l'expression de mes sentiments de respect et de considération, et de dévouement.

---

1. Sainte-Beuve venait d'être nommé professeur au Collège de France. On verra tout à l'heure les raisons, déduites par lui-même, qui l'empêchèrent de faire son cours.

CXLVI.

A M. RE   BIÉMONT.

Ce 25 février 1855.

Je suis bien sensible, monsieur, à votre bon souvenir et à votre envoi poétique. Vous faites bien d'écouter au dedans de vous, et de noter ce que vous dicte dans les intervalles de vos travaux, votre talent pur comme vos sentiments; c'est une manière de charmer et d'orner l'ennui de la route. Pour moi qui ne chante plus, j'en suis souvent bien accablé, et je me dis que je suis arrivé (comme Tirésias le dit à Ulysse chez Homère) dans la contrée *qui ne connaît pas la joie.* Mais vous avez raison, monsieur, de penser que j'aime toujours la poésie chez les autres, et que le souvenir bienveillant des âmes vraies en appelle toujours un en moi, bien sincère et très-reconnaissant.

CXLVII.

A M. JEAN-BAPTISTE SOULAS [1].

Paris, le 27 février 1855.

Monsieur,

Je reçois et je lis avec beaucoup d'intérêt, comme vous devez bien le penser, et avec reconnaissance, les articles

---

[1]. Auteur d'articles sur Sainte-Beuve, dans le journal *le Furet* de Montpellier.

que vous m'avez fait l'honneur de me consacrer. Il ne m'appartient pas de les juger et d'avoir un avis sur moi-même ; mais ce que je sais bien, c'est que la bienveillance que vous m'y montrez est extrême et faite pour me toucher ; car, en étant de ceux qui la ressentent le plus vivement, je n'ai jamais été au-devant plus qu'il ne convenait, et je n'ai pas toujours été *gâté* sur ce point-là. Vous-même avez rappelé des jugements plus que sévères et que j'ai droit d'appeler injustes[1]. Il m'est donc doublement agréable de voir mes efforts appréciés et de recevoir ces marques de sympathie de la part de lecteurs éclairés et de bons juges. Veuillez agréer, monsieur, l'expression de mes sentiments très-distingués.

CXLVIII.

A M. DE SACY, RÉDACTEUR EN CHEF DU

JOURNAL DES DÉBATS[2].

Ce 13 mars 1855.

Mon cher monsieur de Sacy,

C'est à vous seul que je veux m'adresser pour vous dire mon sentiment. A M. Rigault je n'aurais que des remercîments à faire pour ses compliments tout littéraires.

1. Il s'agissait des articles de Balzac sur Sainte-Beuve.
2. Sainte-Beuve répond, dans cette lettre, à une appréciation d'Hippolyte Rigault, dans le *Journal des Débats*, sur les troubles qui avaient empêché, tout récemment (le 9 mars), la première leçon de poésie latine d'avoir lieu au Collége de France.

Mais il m'est bien évident que l'auteur de l'article n'assistait pas à cette leçon. J'avais espéré que les journaux se tairaient jusqu'à une leçon nouvelle ; puisque le *Journal des Débats* parlait, il le devait faire avec sérieux et sur un autre ton.

Quoi ! je suis personnellement insulté, apostrophé ; on jette des sous (comme dans les cours de Lerminier) ; — je me trompe, on lance un seul sou, il est vrai (peut-être n'est-ce pas assez ?), lequel est allé tomber sur une dame ! et l'on vient dire que je me suis mépris et regretter presque l'énergie que j'ai déployée ! — J'ai parodié le *Quos ego !* — Ces mêmes hommes qui veulent des cours à la Michelet, ce sont, dit-on, des *abeilles !* Le joli badinage en effet !

Mon cher monsieur, je vous dirais, si je me laissais aller, des choses qui pourraient vous déplaire. Il peut convenir à la tactique que suivent vos amis, et dont l'Académie me permet de suivre de plus près que je ne voudrais les ressorts et le jeu, de ne pas voir le danger de notre société là où il est toujours. Sous la Restauration (mais on avait alors pour excuse l'inexpérience), on ne faisait pas autrement. Comment, quand on est honnêtes gens, approuver le désordre flagrant ? comment ne pas le blâmer ? Mais il y avait un moyen plus commode, on le révoquait en doute, on ne le voyait pas. Je mets en fait que, si quelqu'un d'entre vous avait été dans l'auditoire et avait reçu l'impression vraie, il aurait vu ce qui a été, — ce qui n'a été en effet que dans les extrémités de la salle et sur quelques points ; mais est-ce qu'on fait la part au feu, aux interrupteurs ?

En un mot, j'avais espéré du *Journal des Débats*, non pas des éloges, je ne lui en ai jamais demandé, mais du silence,

— ou bien d'attendre, et d'avoir au moins sous les yeux le discours, pour en parler avec une entière précision.

Tout cela, mon cher monsieur, ne saurait altérer l'estime personnelle que j'ai pour vous et que je vous ai toujours témoignée ; j'ajouterai cependant que tout ceci me laisse de plus en plus libre de penser bien haut que qui dit un parti dit sacrifice, à quelque degré, de la vérité et de la justesse de jugement, comme aussi de la parfaite équité.

Dans ces termes, croyez-moi tout à vous.

P.-S. — J'oubliais, tant je deviens ingrat, de vous remercier d'une très-belle édition de saint François de Sales que je reçois de votre part : celui-là, tout doux qu'il était d'apparence, savait le mal et le voyait où il était.

CXLIX.

A M. FORTOUL, MINISTRE DE L'INSTRUCTION PUBLIQUE.

Ce 20 mars 1855.

Mon cher ministre,

Quoique j'eusse beaucoup réfléchi déjà (hier, quand je vous ai vu) à l'affaire en question, j'ai voulu, après vous avoir entendu et avoir recueilli vos paroles, qui étaient bien en effet celles d'un ministre et d'un ami, remettre tout dans la balance et me former derechef un jugement.

Le soir, j'ai vu deux de mes amis intimes, présents aux deux séances et assez jeunes pour être informés de l'esprit de la jeunesse et de celui des écoles. Je les ai interrogés dans tous les sens. Ils sont d'accord pour me dire que l'irritation en ce qui me concerne personnellement n'a pas diminué, et qu'elle s'est plutôt accrue par suite de l'attitude que j'ai prise dans la seconde leçon. Il paraît qu'il est d'usage, en pareil cas, quand on est en face de l'outrage, de répondre peu, avec mollesse ou avec gaieté si l'on peut. C'est là ce qui apaise quelquefois l'auditoire et qui le ramène quand il voit un acteur devant lui et non un professeur.

En résumé, il y a ici deux questions, deux inimitiés : l'inimitié contre la critique littéraire, et celle qui s'adresse à l'homme nommé par le gouvernement.

La première de ces inimitiés aggrave et envenime singulièrement l'autre.

Il n'y a pas de meilleure solution que de les diviser et de les dédoubler.

A vous, si lettré, je parlerai vivement, à la faveur de deux exemples et de deux noms connus : La Harpe et M. Étienne.

En 1778, après la mort de Voltaire son grand patron et son soutien, La Harpe, qui, par sa critique active et courageuse, avait irrité tous les amours-propres des petits poëtes et auteurs de son temps, fut l'objet, et, un moment, la victime d'une espèce de sédition littéraire ; il dut y céder. La calomnie s'en mêla ; on l'accusa d'être ingrat envers Voltaire depuis sa mort, et de bien d'autres choses. Bref, La Harpe fut forcé de se retirer du *Mercure*, où il était rédacteur en chef, et de se tenir à l'écart quelque temps, quelques années.

En 1811, M. Étienne connu par son attachement au gouvernement impérial et fonctionnaire lettré de ce gouvernement, fut en butte, à l'occasion de sa comédie les *Deux Gendres*, à une sédition qui est inimaginable quand on n'en a pas eu les preuves et les pièces sous les yeux [1], et qui se traduisit par des centaines de brochures, de caricatures, de parodies. Rien, pas même le pouvoir tout-puissant d'alors, ne put l'en garantir. Ce fut une fronde politique à son sujet, une revanche qu'on voulut prendre sur lui de ce que l'on ne pouvait se permettre ailleurs.

Il y aurait pour moi danger de cumuler et de réunir plus longtemps le double rôle de La Harpe et de M. Étienne. Ma constitution n'est pas assez forte pour tenir contre ce choc combiné. Encore une fois, dédoublons à temps les inimitiés; il n'y a pas de meilleure solution, de plus douce ni même de plus digne, les choses étant ce qu'elles sont.

Demain, tout autre professeur ou chargé de cours, nommé au Collège de France pour la poésie latine, sera accueilli sans qu'on y fasse attention, et rien ne s'opposera à son succès, s'il a du talent.

Mon cher ministre, agréez donc bien décidément ma démission : elle n'étonnera personne parmi ceux qui me connaissent. Veuillez seulement, dans votre amitié, faire en sorte, s'il se peut, qu'elle coïncide par la date avec la fin du présent mois. Je rentre dans ma chambre, dans ma vie d'études, avec le printemps. Ma santé, peu faite pour les luttes qui durent, a besoin de calme. Je ne réponds à rien du dehors, bien entendu; je laisse dire; je laisse passer

---

1. On peut lire à ce sujet l'article même de Sainte-Beuve, intitulé *M. Étienne ou une Emeute littéraire sous l'Empire* (*Causeries du Lundi*, t. VI).

cet orage encore plus ridicule qu'odieux, et mon prochain volume intitulé *Virgile*, paraissant le 1ᵉʳ octobre prochain, sera ma meilleure justification, j'espère, et aussi, permettez-moi de le dire, la vôtre pour avoir auguré favorablement de ce que j'aurais pu, si l'on m'avait accueilli.

Je vous prie d'offrir à l'empereur l'expression de mon respectueux regret et de ma reconnaissance pour l'attention qu'il a bien voulu donner à ce qui me concerne dans cette affaire. Symptôme toujours assez grave, elle est plus simple en elle-même désormais.

Et vous, mon cher ministre, recevez l'assurance de ma gratitude et de mon amitié redoublée pour tout ce que vous m'avez donné de bons et de solides témoignages à tous les degrés de cet essai infructueux et à tous les instants

CL.

AU MÊME.

Ce 23 mars 1855.

Mon cher ministre,

Le retard que j'ai mis à vous répondre vous est une preuve de l'effort que j'ai continué de faire sur moi-même et de tout ce qu'il y a de pénible pour moi à ne pouvoir entrer dans votre dernier sentiment.

Certes, une lettre comme la vôtre, avec des encouragements venus de si haut, eût été faite pour me décider à obéir, mais à une seule condition : c'est que je le pourrais.

Or, de quoi s'agit-il ici ? d'être encore, comme je l'ai été, de ma personne, directement exposé à l'injure, à la molestation, ce qui est le plus intolérable à certaines natures, — ou de n'en être protégé que par une force qui ne serait latente pour personne : — et cela pour un cours dont l'objet est tout de bonne grâce, de culture délicate et de goût.

Cette détermination à poursuivre dans de pareils termes réclamerait de moi des qualités que je n'ai jamais pensé à posséder et dont je suis incapable par nature; — je veux dire les ressources que trouve en elle-même une organisation trempée pour la vie militante.

Pour une organisation comme la mienne, au contraire, le charme que promettait cet enseignement et que l'on aurait pu en tirer est à l'avance flétri. Les gracieuses leçons de modération, de justice, de douceur, toutes ces sources, les seules faites pour fertiliser un sujet si vieux et le rajeunir [1] — en présence de tels êtres — sont stérilisées.

C'est donc devant ces conditions extraordinaires, toutes nouvelles et peu prévues, que je me sens obligé de décliner le fardeau et de m'effacer!

Je n'ignore pas ce qui va en résulter pour moi-même et pour mon propre rôle tout littéraire de moins simple et d'assez difficile à l'avenir : ce sera à moi, en me repliant sur moi-même, de retrouver des forces et des ressources là où, déjà dans les difficultés de la vie et les échecs, j'en ai su trouver.

Voilà, mon cher ministre, ce que j'abrége parce que, vous qui me connaissez, vous le comprenez très-bien; mais rien

---

1. Sainte-Beuve avait choisi Virgile pour sujet de cours.

n'égale l'impression pénible sous laquelle je suis en sentant que je puis différer ici avec vous sur ce qui est fondamental.

Encore une fois, daignez agréer et faire agréer ma démission.

Et aussi, recevez l'assurance de mes sentiments inviolables.

CLI.

AFFAIRE DU COLLÉGE DE FRANCE [1].

La meilleure appréciation des troubles que suscita mon cours au Collége de France se lit dans la *Revue suisse*, 18e année, numéro d'avril 1855; elle est due à mon ami Juste Olivier :

« M. Sainte-Beuve, qui a clos ses *Causeries du Lundi*, a été nommé professeur au Collége de France pour la chaire de poésie latine occupée autrefois par Delille et en dernier lieu par M. Tissot. Sa première leçon a été troublée par des cris, du tumulte et tout l'attirail de moyens d'interruption usités en pareille circonstance; sa seconde leçon, de même empêchée par le renouvellement et l'aggravation de ces scènes de désordre, où ceux qui s'y livrent se manquent surtout de respect à eux-mêmes. Le prétexte était d'abord l'insuffisance de l'amphithéâtre pour la foule

---

[1]. La note suivante, qu'on reproduit ici textuellement, et qui résume le mieux l'opinion de Sainte-Beuve sur toute cette affaire, a été trouvée dans ses manuscrits.

des auditeurs; mais, ne l'eût-on pas su d'ailleurs, c'était évidemment un coup monté, pour lequel on avait recruté les étudiants. « Je vais au Collége de France pour faire du tapage au cours de Sainte-Beuve, » disait tel d'entre eux qui, auparavant, n'y avait jamais mis les pieds. On avait fait accroire à ces jeunes gens qu'ils avaient affaire à une sorte de renégat politique, tandis que M. Sainte-Beuve, qui n'a rien voulu accepter de la monarchie de Juillet, pas même la croix, ni rien de la République, sous laquelle il a donné sa démission de la Bibliothèque Mazarine, n'est et n'a jamais été qu'un homme complétement et exclusivement littéraire, demandant seulement qu'on le laisse travailler et écrire en paix. Avec cette manière de sentir et de voir qui est dans sa nature et dans son caractère, il y a au fond, chez lui, plus d'indépendance que chez ceux qui n'ont fait étalage de la leur que depuis qu'ils sont tombés; mais, soit en se taisant sur les uns, soit en parlant trop librement sur d'autres, M. Sainte-Beuve s'est créé une foule d'ennemis dans les hautes et basses régions littéraires. Ils ne lui pardonnent pas, ces derniers sa franchise, ceux-là son silence, et ils ont saisi la première bonne occasion de le lui montrer. Parmi eux, il y en a d'un nom bien connu dans les Lettres, mais qui, dans cette circonstance, ne fût-ce qu'en s'en réjouissant, ont prouvé une fois de plus comme cela se voit trop souvent entre écrivains, savants ou artistes, qu'on pouvait avoir beaucoup d'esprit, un grand esprit même, et ne l'avoir cependant pas bien placé. »

CLII.

A M. RENÉ BIÉMONT.

Ce 12 juin 1855.

Monsieur,

Je reçois et lis avec plaisir votre Étude très-sensée, et touchante dans sa modestie. Ah! que je conçois bien vos sentiments! Ce n'est point seulement par la clarté que pèchent ces pièces que vous citez et celles que vous ne citez pas! Il y a bien d'autres choses à en dire. En France, nous avons encore une mesure de goût en prose; nous n'en avons pas pour les ouvrages en vers. Cette grave Revue, en se permettant cette incartade dont elle n'a pas senti la portée, l'a bien prouvé. — Quant à la pièce de Théophile Gautier, elle ne me paraît point absolument mauvaise; son défaut est plutôt de ressembler, avec manière, à quantité d'autres madrigaux du même genre. — Si j'avais un journal ou une Revue, monsieur, votre lettre ou une partie de votre lettre trouverait place dans la Correspondance imprimée, et vous auriez rendu une impression qui a été certainement celle de beaucoup d'esprits et de cœurs qui sentent juste.

Agréez, mon cher monsieur, l'expression de mes remercîments et de mes sentiments bien distingués.

CLIII.

A M. L'ABBÉ CONSTANTIN ROUSSEL.

Paris, 28 juillet 1855.

Combien, monsieur, j'ai à vous remercier du fond du cœur de votre gracieuse et mille fois trop indulgente lettre ! ceux qui sont capables de sentir si vivement ajoutent nécessairement du leur aux choses mêmes qu'ils accueillent et qu'ils aiment. En ne recevant donc ce que vous me dites d'aimable que comme un parfum et une fleur de votre âme, je vous dirai pourtant que ces sortes d'approbations expansives sont pour nous autres écrivains, pour moi en particulier, la meilleure des récompenses. Nous ne sommes pas toujours gâtés à Paris; il arrive bien souvent que ces pensées intimes (ce que vous appelez les papiers du *fond de la malle*, et qui n'est que la conversation du cœur avec des lecteurs supposés amis) tournent contre nous et deviennent des armes perfides dans des mains malveillantes. Il est très-doux d'être consolé et rassuré à cet égard par des amis inconnus, et de voir que plusieurs de ces choses, *plus que littéraires*, sont allées à leur véritable adresse et qu'elles nous concilient de jeunes et belles âmes.

Croyez-moi donc, mon cher monsieur, votre bien obligé et reconnaissant.

CLIV.

AU MÊME.

Paris, 17 décembre 1855.

Monsieur,

Je suis bien en retard pour vous répondre et pour satisfaire à vos gracieuses demandes. Je crois qu'en effet la Vie de Grosley par lui-même est fort rare et ne se rencontre que par hasard. Vous en trouverez certainement un exemplaire à la Bibliothèque de la ville à Troyes, si vous y passez quelque jour. Ce sera l'affaire d'une matinée de lecture : il n'a pas eu le temps d'achever cette Vie, et il ne faut pas trop vous en exagérer l'intérêt.

Ronsard n'a jamais été complétement réimprimé de nos jours. J'en ai donné un choix dans ma jeunesse. Depuis, d'autres ont fait de même, et le bibliophile Jacob a donné une petite édition *choisie* qui est très-suffisante. Si jamais vous venez à Paris, monsieur, veuillez, quand vous y serez, m'écrire un mot et je me ferai un plaisir de causer avec vous, quoique je doive vous dire que, dans votre aimable bienveillance de jeune homme, il entre à mon égard un peu d'illusion, mais je ne vous en suis pas moins reconnaissant.

Agréez, monsieur, l'expression de mes sentiments.

CLV.

A CHARLES BAUDELAIRE.

Ce 24 mars 1856.

Mon cher ami,

Je suis tout disposé : je dois bien cela à Poe et à vous, à votre vieille amitié pour moi. Je ferai, si on le veut, pour *l'Athenæum* quelque chose d'assez court, mais dont j'ai l'idée ; ce ne peut être une étude sur Poe, mais quelques considérations à propos de votre traduction. Vous êtes un fin traducteur, et votre style, dans certains passages que j'ai lus déjà, est d'une rare curiosité. Je voudrais bien lire de Poe la nouvelle où l'homme de la dernière heure raconte ses sensations aux *approches de la fin du monde ;* est-ce bien cela? on m'en a parlé. Il me semble que ce n'est pas dans votre volume. Indiquez-moi par un mot où je pourrais la lire...

Tout à vous.

P.-S. — Vous m'accorderez bien un peu de temps pour cet article, car j'ai d'autres choses à faire passer auparavant ; mais je l'ai dans la tête [1].

---

1. Cet article n'a jamais été fait.

CLVI.

A M. RENÉ BIÉMONT.

Ce 15 mai 1858.

Monsieur,

Ne croyez pas que votre aimable épitre m'ait laissé insensible. J'ai lu avec plaisir cet essai d'un ton tout à fait proportionné à l'écrivain ; la fable est jolie, et je suis moins sévère que vous pour les deux endroits que vous notez. Je ne connaissais Richer que de nom. Je voudrais pouvoir vous indiquer quelque source ; il doit y en avoir, mais il faut pour ces recherches un temps que je n'ai pas, — que je n'ai plus. Je voudrais au moins trouver celui de vous aller saluer un jour en passant à la place Saint-Sulpice[1] : je le ferai, dès que je serai quitte de mon article hebdomadaire. Il est bien doux de sentir qu'on a un ami que les années et les rares occasions de se voir laissent le même, et dont l'esprit fidèle veut bien nous suivre avec indulgence.

Agréez l'expression de mes sentiments reconnaissants et dévoués.

---

1. La mairie du VIe arrondissement, où était employé M. Biémont, est sur la place Saint-Sulpice.

CLVII.

RÉPONSE A QUELQU'UN QUI M'ÉCRIVAIT QU'ON ATTRIBUAIT A LA CRAINTE DE DÉPLAIRE AUX TUILERIES MON SILENCE SUR LES *Contemplations* DE VICTOR HUGO.

Ce 17 mai 1856.

Monsieur,

Puisque vous voulez bien prendre intérêt à ce qu'on dit de moi (ce que depuis déjà longtemps je ne fais guère pour mon compte), voici ce que vous pouvez répondre à ceux qui attribuent mon silence sur M. Victor Hugo à quelque motif plus digne d'eux que de moi.

J'ai été *aussi lié avec M. Victor Hugo qu'on peut l'être*, ainsi que l'attestent mes Poésies. Cette liaison a cessé il y a plus de vingt ans, par des raisons qui sont restées entre nous. Je n'ai donc pas à écrire sur lui depuis ce temps-là, et je ne saurais le faire comme il convient à un critique indépendant, sans paraître méconnaître et violer une ancienne amitié, ou sans avoir l'air d'y vouloir remonter et de m'y reprendre.

Depuis son exil, il est devenu encore un sujet d'examen *plus impossible* pour moi. Non pas que je sois embarrassé pour le fond même de la politique. J'ai connu M. Victor Hugo en 1827, encore royaliste d'un royalisme très-pur; puis libéral, comme il convenait à un homme de sa génération. En 1848, il est devenu républicain, mais modéré, ambitieux cependant. En 1849, il était bien avec le président Louis

Napoléon. A l'Assemblée seulement, il s'est fait *rouge*. Au 2 décembre et depuis, il a jugé à propos de se signaler de plus en plus de ce côté, mais avec une violence qui lui a rendu sa rentrée en France plus difficile qu'à un autre. Depuis ce temps-là, je le considère moins comme un exilé que comme un combattant, et je ne crois pas que cette attitude lui déplaise. Il fait la guerre dans son île, et à sa manière. Vous avec pu lire les poésies politiques qu'il a lancées à plus d'une reprise.

Maintenant, il lui plait de se présenter par un côté tout serein et contemplatif, comme un pur poëte ; mais ce sont là des divisions qu'on ne peut accepter dans un examen véritable où l'on embrasserait tout le talent. Il faudrait donc en revenir aux parties où la critique ne doit pas toucher. C'est là un inconvénient.

Si on veut le louer, sans doute on le peut faire, et beaucoup de gens le font et le feront. Je me garderai de rien dire qui y soit contraire. Pour moi, je ne le ferai pas, parce que ma louange serait accompagnée de trop de restrictions qui paraîtraient des offenses à un homme de grand talent dans le malheur, — ou parce que, en supprimant toutes les critiques sérieuses, je serais réduit à faire, ce que vous paraissez désirer, acte de générosité.

Or, je n'ai pas à prendre ce rôle, — je ne tiens qu'à être équitable ; — quant à l'idée des Tuileries et autres pareilles, veuillez savoir, monsieur, ce qui vous étonnera peut-être, que je n'y suis jamais allé sous aucun régime, et pas plus sous celui-ci que sous un autre ; qu'à l'heure qu'il est je n'ai jamais vu le chef de l'État et n'ai *jamais eu l'honneur de lui parler.*

Cela répond à tout. Ce qui ne m'empêche pas de penser (et j'en ai le droit à cause même de mon indépendance) qu'il est peu convenable à un homme qui, comme moi, approuve fort l'ordre actuel, le régime actuel, et qui estime que la société en a grandement besoin, de venir exalter sans nécessité un poëte de grand talent sans doute, mais qui a fait en sorte que son nom fût désormais un nom de guerre. — Vous voyez que j'ai plus d'une raison à l'appui de mon silence.

Agréez, monsieur, l'expression de mes sentiments distingués.

CLVIII.

A MADAME BLANCHECOTTE.

Ce 21 mai 1856.

Chère madame,

Ce qui m'ennuie, c'est qu'on ne puisse savoir contents ceux qu'on aime, qu'on ne puisse les avoir près de soi ou être près d'eux; c'est que la vie, à partir d'un certain moment, ne soit qu'une déroute ou un refroidissement graduel, comme on nous le raconte des astres que la vie abandonne et qui vont se modifiant. Je suis un peu effrayé de vous savoir à Lyon sans personne; je croyais qu'en vous attachant au caprice, vous le fixeriez; mais le mariage, je le vois, n'est pas encore fait, et il se pourrait qu'on vous fît attendre plus qu'il ne faut.

Il y a là, à Lyon, un poëte bien distingué, M. Victor de Laprade, professeur à la Faculté des Lettres; c'est un ami tout naturel que vous avez là; vous devriez profiter du temps de loisir et d'intérim où vous êtes pour le voir, pour le connaître. Son père est médecin, tout le monde vous donnerait son adresse.

Lyon est une ville où je suis allé souvent : les deux dernières fois que j'y suis allé, à peu de mois de distance, c'était pour y voir madame ***, malade de la maladie dont elle devait mourir, et ma meilleure amie alors, mais une amie qui n'a pas su l'être, hélas! comme il le faut au cœur pour qu'il soit entièrement rempli et satisfait, — heureux d'un plein bonheur, — puis uniquement désolé. J'avais déjà passé l'âge de ces bonheurs qu'on ne mérite jamais, mais qu'on obtient sous le rayon de la jeunesse. Que sera-ce depuis?

Soignez-vous, c'est mon refrain; revenez-nous saine et sauve, et avec une force de plus; enfin, ayez votre avenir tout entier, — trop heureux si nous en recueillons de loin une parcelle. — Vous savez tous mes vœux et mes sentiments dévoués.

P.-S. — J'ai la goutte au doigt avec lequel on écrit, et mon bras prend vite la crampe.

Tenez-moi bien au courant de vos vicissitudes.

CLIX.

A LA MÊME

Ce mercredi 28 mai 1856.

Chère madame,

Vous m'écrivez une fort jolie lettre; je la reçois seulement ce matin, ce qui m'indique la distance. Je vois que le voyage, au milieu des inévitables ennuis, aura pour vous ample récolte de sensations, d'images, de vie enfin. J'y prends part de loin, mais un peu comme un impotent dans son fauteuil qui voit des jeux d'enfants sur le rivage. Ne cherchez pas à travailler avec vos bouquins latins et les choses qui se font dans le cabinet, les persiennes baissées ; buvez l'air et la lumière et vivez par tous les pores. Profitez de cette veine active qui vous est offerte; faites comme si vous étiez née dans ce monde-là, trouvez-vous-y à l'aise comme cela vous est si naturel, devenez (car l'esprit peut tout, et il peut surtout quand il désennuie les autres) ; devenez aussi amie qu'on peut l'être des personnes qui, après tout, apprécient l'esprit, en ayant elles-mêmes: prenez votre rang, prenez votre essor, revenez-nous avec des provisions inépuisables et avec un *teint* acquis que vous ne perdiez plus. — Nous sommes toujours assez sûrs de retrouver votre bon cœur, et il ne faut pas être d'ailleurs trop égoïste avec les gens qu'on aime.

Il fut un temps où, pour les suivre, je me serais fait servant à la suite, où j'aurais ambitionné d'être moi-même du cortége, et où un quart d'heure d'émotion divine en redescendant des Charmettes m'aurait payé de tout. Mais il faut subir la loi des choses, et faire de la prose en dévorant tout seul son ennui. — Rompons là-dessus.

Vous savez que M. Amédée Renée est devenu directeur du *Constitutionnel* et du *Pays*. Un de ses premiers actes de gracieuse souveraineté a été de faire parler des *Rêves et Réalités*[1] par M. Paulin Limayrac, et de faire répéter, dans les journaux de province, la lettre, à vous adressée, de M. Mocquard.

Il est arrivé à M. Villemain un accident qui aurait pu être des plus graves : il a été renversé près du Palais-Royal par un cabriolet qui lui a passé sur l'épaule. Il n'a rien de cassé, mais il est sur son canapé, fort souffrant depuis ce jour-là, vous pouvez l'imaginer; mais on espère qu'il n'y aura aucune suite.

Bonsoir, chère madame; tenez-moi au courant de ce que vous sentez de nouveau et d'agréable.

Agréez mes sentiments d'attachement respectueux.

CLX.

A M. L'ABBÉ LÉONCE COUTURE [2].

Paris 27 octobre 1856.

Monsieur,

Que je suis confus d'avoir tant tardé à répondre à votre aimable et docte communication[3] ! Mille affaires me sont

1. Un recueil de Poésies, par madame Blanchecotte.
2. Professeur à l'institution libre de Lectoure (Gers).
3. Il s'agissait de documents relatifs au cardinal d'Ossat, l'une des gloires de la Gascogne.

survenues, et j'ai dû vous paraître bien ingrat ou bien impoli. Le cardinal d'Ossat est un bien beau sujet ; mais, si je m'enhardissais jamais à l'aborder, ce seraient vos indications utiles qui m'y encourageraient surtout. Je crois qu'un de nos critiques les plus distingués, M. Nisard, s'en occupe pour le moment ; je lui parlerai des notions que je vous dois. Je dois surtout bien de la reconnaissance, monsieur, à ceux de mes lecteurs qui veulent bien avoir pour moi de ces sentiments d'amitié et s'intéresser à la suite de mes travaux.

Agréez, je vous prie, l'assurance de ma considération distinguée.

CLXI.

A M. RENÉ BIÉMONT.

Ce 3 novembre 1856.

Mon cher monsieur,

J'ai lu avec intérêt votre écrit. Vous avez bien raison de penser que je ne devais point trop épouser une cause que vous avez faite tellement mienne. Permettez-moi, en vous remerciant cordialement, de vous prier avec instance de modifier quelques endroits au moins. Je ne saurais admettre qu'on dise que je suis le *premier* en quoi que ce soit, et à titre d'écrivain surtout : ce n'est pas une chose qui puisse s'admettre, et ces façons de classer les gens choquent. Vous ne faites pas à M. Villemain la part qui lui est due : il a des facultés personnelles merveilleuses, phénoménales. Plume en main, il vaut un peu moins que par la parole ; mais l'ensemble est le plus riche et le plus brillant qu'on puisse imaginer dans un écrivain critique. Modifiez en ce sens, — je crois que c'est justice.

Merci encore une fois, cher monsieur, de votre confiance et de votre amitié ; gardez-moi ces bons sentiments, et comptez sur les miens.

CLXII.

A M. CHARLES BAUDELAIRE.

Ce 20.

Mon cher ami,

J'ai reçu votre beau volume, et j'ai à vous remercier d'abord des mots aimables dont vous l'avez accompagné ; vous m'avez depuis longtemps accoutumé à vos bons et fidèles sentiments à mon égard. — Je connaissais quelques-uns de vos vers pour les avoir lus dans divers recueils ; réunis, ils font un tout autre effet. Vous dire que cet effet général est triste ne saurait vous étonner ; c'est ce que vous avez voulu. Vous dire que vous n'avez reculé, en rassemblant vos *Fleurs*, devant aucune sorte d'image et de couleur, si effrayante et affligeante qu'elle fût, vous le savez mieux que moi ; c'est ce que vous avez voulu encore. Vous êtes bien un poëte de l'école de l'*art*, et il y aurait, à l'occasion de ce livre, si l'on parlait entre soi, beaucoup de remarques à faire. Vous êtes, vous aussi, de ceux qui cherchent de la poésie partout ; et, comme, avant vous, d'autres l'avaient cherchée dans des régions tout ouvertes et toutes différentes ; comme on vous avait laissé peu d'espace ; comme les champs terrestres et célestes étaient à peu près tous moissonnés, et que, depuis trente ans et plus, les lyriques, sous toutes les formes, sont à l'œuvre, — venu si tard et le dernier, vous vous êtes dit, j'imagine : *Eh bien, j'en trouverai encore, de la poésie, et j'en trouverai là où nul ne s'était avisé de la cueillir et de l'exprimer.* Et vous avez pris l'enfer, vous vous êtes fait diable. Vous avez voulu arracher leurs secrets aux démons de la nuit. En faisant cela avec subtilité, avec raffinement, avec un talent curieux et un abandon quasi *précieux* d'expression, en *perlant* le détail, en *pétrarquisant* sur l'horrible, vous avez l'air de vous être joué ; vous avez pourtant souffert, vous vous êtes rongé à promener et à caresser vos ennuis, vos cauchemars, vos tortures morales ; vous avez dû beaucoup souffrir, mon cher enfant. Cette tristesse particulière qui ressort de vos pages et où je reconnais le dernier symptôme d'une génération malade, dont les aînés nous sont très-connus, est aussi ce qui vous sera compté.

Vous dites quelque part, en marquant le réveil spirituel qui se fait le matin après les nuits mal passées, que, lorsque *l'aube blanche et vermeille*, se montrant tout à coup, apparaît en compagnie de *l'Idéal rongeur*, à ce moment, par une sorte d'expiation vengeresse,

Dans la brute assoupie un ange se réveille !

C'est cet ange que j'invoque en vous et qu'il faut cultiver. Que si vous l'eussiez fait intervenir un peu plus souvent, en deux ou trois endroits bien distincts, cela eût suffi pour que votre pensée se dégageât, pour que tous ces rêves du mal, toutes ces formes obscures et tous ces bizarres entrelacements où s'est lassée votre fantaisie, parussent dans leur vrai jour, c'est-à-dire à demi dispersés déjà et prêts à s'enfuir devant la lumière. Votre livre alors eût offert comme une *Tentation de saint Antoine*, au moment où l'aube approche et où l'on sent qu'elle va cesser.

C'est ainsi que je me le figure et que je le comprends. Il faut, le moins qu'on peut, se citer en exemple. Mais nous aussi, il y a trente ans, nous avons cherché de la poésie là où nous avons pu. Bien des champs aussi étaient déjà moissonnés, et les plus beaux lauriers étaient coupés. Je me rappelle dans quelle situation douloureuse d'esprit et d'âme, j'ai fait *Joseph Delorme*; et, quand il m'arrive (ce qui m'arrive rarement!) de rouvrir ce petit volume, je suis tout étonné de ce que j'ai osé y dire, y exprimer. Mais, en obéissant à l'impulsion et au progrès naturel de mes sentiments, j'ai écrit, l'année suivante, un recueil bien imparfait encore, mais animé d'une inspiration douce et plus pure, *les Consolations*, et, grâce à ce simple développement en mieux, on m'a à peu près pardonné. Laissez-moi vous donner un conseil qui surprendrait ceux qui ne vous connaissent pas. Vous vous défiez trop de la passion, c'est chez vous une théorie, vous accordez trop à l'esprit, à la combinaison. Laissez-vous faire, ne craignez pas tant de sentir comme les autres, n'ayez jamais peur d'être trop commun; vous aurez toujours assez, dans votre finesse d'expression, de quoi vous distinguer.

Je ne veux pas non plus paraître plus prude à vos

yeux que je ne suis. J'aime plus d'une pièce de votre volume, ces *Tristesses de la lune*, par exemple, délicieux sonnet qui semble de quelque poëte anglais contemporain de la jeunesse de Shakspeare. Il n'est pas jusqu'à ces stances, *A celle qui est trop gaie*, qui ne me semblent exquises d'exécution. Pourquoi cette pièce n'est-elle pas en latin, ou plutôt en grec, et comprise dans la section des *Erotica* de l'*Anthologie?* Le savant Brunck l'aurait recueillie dans les *Analecta veterum poetarum*; le président Bouhier et La Monnoye, c'est-à-dire des hommes d'autorité et de mœurs graves, *castissimæ vitæ morumque integerrimorum*, l'auraient commentée sans honte, et nous y mettrions le signet pour les amateurs. *Tange Chloen semel arrogantem...*

Mais, encore une fois, il ne s'agit pas de cela ni de compliments. J'ai plutôt envie de gronder, et, si je me promenais avec vous au bord de la mer, le long d'une falaise, sans prétendre à faire le mentor, je tâcherais de vous donner un croc-en-jambe, mon cher ami, et de vous jeter brusquement à l'eau, pour que, vous qui savez nager, vous alliez désormais sous le soleil et en plein courant.

Tout à vous.

CLXIII.

AU MÊME.

Ce 11 mars 1857.

Mon cher ami,

Je me souviens!... J'ai lu déjà du nouveau volume *le Chat noir* et *le Charmion*. Voici ce que je voudrais : c'est

qu'on parlât toujours de votre volume et que Édouard Thierry
en dît ce qu'il doit dire. Ce que je voudrais dire moi-même,
à propos d'Edgar Poe, est un point de vue, une idée ou
aperçu que je vous ai en partie exposé et que j'ai besoin
de m'éclaircir et de me composer à moi-même. Cela ne
vient que lentement et goutte à goutte, surtout avec mes
saignées hebdomadaires fréquentes dont j'ai encore une
couple de palettes commandées. Ainsi pas de retard dans
l'annonce de votre nouveau volume, et ma petite idée viendra toujours à temps quand elle sera mûre et cuite.

Tout à vous.

CLXIV.

A M. ÉDOUARD TURQUETY [1].

Ce 15 mars 1857.

Mon cher ami,

J'ai bien à vous remercier et des précieux volumes et
de votre lettre si confiante, si indulgente. J'ai fort regretté
de ne pas vous voir quand vous avez pris la peine de venir

---

1. En 1857, Turquety était marié et fixé à Passy depuis cinq
ans. A cette époque, il souffrait de maux d'yeux provenant d'un
état d'anémie et peut-être de l'abus de la morphine. Les deux
volumes dont parle cette lettre sont la cinquième édition des
Poésies d'Édouard Turquety, Paris, Bray, 1857, in-18 anglais, et
un livre ayant appartenu à l'abbé Carron. J'ignore quel est ce
livre. L'abbé Carron a été le maître et l'ami de l'abbé Félicité de
Lamennais : Sainte-Beuve fait allusion aux premiers articles
qu'il a écrits sur ce dernier. *(Note de M. Saulnier.)*

de si loin. Quand je ne suis pas prévenu, c'est un malheur qui m'arrive souvent avec mes meilleurs amis, car je suis envahi par les occupations et les engagements de travail à échéance fixe. Vous-même, vous ne m'indiquez pas d'adresse précise et je ne sais si cette lettre (à Passy, tout court) vous parviendra. Vous me dites de votre santé des choses qui m'affligent; à votre âge, avec du régime et cet air pur, cette vie morale, saine, il me paraît difficile que vous ne vous rétablissiez pas. J'ai eu autrefois de grands maux d'yeux et je m'en suis tiré avec moins de soins que vous ne pouvez vous en accorder. Je relirai vos beaux vers dans le sentiment qu'ils inspirent : vous avez peu à retrancher, ayant toujours obéi en chantant à une inspiration sincère, élevée. Vous me rappelez des temps qui sont bien loin de nous. Je tâche de les tenir ensevelis et que le souvenir ne s'en remue pas trop au dedans de moi. Merci du livre qui a appartenu au digne abbé Carron : il me semble que, dans ces années où je m'occupais de lui, je vivais dans l'âge d'or des Catacombes. Le couvent des Feuillantines était mon doux idéal. C'était le temps où Lamennais était encore chrétien.

Mais, mon cher ami, je griffonne, je vous fatigue les yeux, et je ne veux que vous assurer de ma reconnaissance et vous présenter mes amitiés en même temps que mes respects auprès de vous.

CLXV.

A MADAME BLANCHECOTTE.

Ce dimanche soir, 1er mai 1857.

Chère madame,

Comment êtes-vous? En quel état je vous ai laissée! par pitié, ayez un peu pitié de vous, ne donnez pas à ceux qui vous aiment l'idée qu'on ne peut rien pour vous et que vous défaites, par un dévouement obstiné à des choses qui n'existent si fort que parce que vous le voulez, tous les arrangements que l'amitié ferait mieux que rêver et qu'elle finirait par rendre possibles, si vous vous y prêtiez un peu plus.

Votre santé, votre organisation, c'est l'espérance, c'est l'avenir, ne le brisez pas. N'ajoutez pas aux fatigues nécessaires d'autres fatigues de surcroît et par scrupule. Voilà ce dont je vous conjure.

Je suis, demain lundi, pris dès dix heures du matin par l'enterrement de ce pauvre et toujours cher poëte Alfred de Musset. J'ai, à trois heures, au ministère, une commission où je suis tenu d'aller. J'ai le soir, peut-être, ou encore avant le dîner, un livre à porter chez madame ***, qui ne part que mardi. Je ne sais donc si je pourrai vous atteindre et si vous serez vous-même à atteindre à aucun moment. Mais j'ai besoin de savoir comment vous êtes : jetez un mot, un simple mot à la poste; ce qui ne m'empêchera pas de tenter de vous trouver à un moment quelconque.

A vous, chère madame, de cœur et de respect.

CLXVI.

A M. ROULAND, MINISTRE DE L'INSTRUCTION PUBLIQUE.

Ce 16 juillet 1857.

Monsieur le ministre,

J'ai l'honneur de vous prier de vouloir bien agréer ma démission de professeur de poésie latine au Collége de France, et de faire que mon nom disparaisse de l'affiche au prochain renouvellement des cours.

J'avais laissé mon nom par un simple sentiment de convenance et sans aucune arrière-pensée pour l'avenir. Je crois qu'il est temps pour moi-même que cette légère attache soit dénouée.

Dans un sentiment d'entière franchise et que l'honorable confiance que vous m'avez témoignée en un ou deux cas autorise peut-être, je joins ici le *duplicata* d'une note que j'ai fait remettre il y a six semaines environ à M. Fould.

L'attaque de M. Caro, que votre journal officiel de l'instruction publique enregistre ce matin, le silence systématique qui a été observé dans ce journal sur mon livre sur Virgile, qui était tellement de son ressort, tout m'avertit du faux de ma situation de ce côté, et je n'aime pas les situations fausses.

Je crois qu'on se trompe, monsieur le ministre; mais je n'ai nulle envie de le dire ni de le montrer, ayant toujours peu aimé à me mettre en avant et sentant que je ne suis jamais plus à l'aise que dans ma chambre et devant mon papier.

Veuillez m'excuser, monsieur le ministre ; agréez mes remercîments pour l'obligeant procédé que j'ai trouvé en vous quand j'ai eu l'honneur de vous voir, et recevez l'expression de mes sentiments très-respectueux.

CLXVII.

A M. PAUL CHÉRON.

Ce 23 avril 1858.

Certainement, mon cher ami, mon caprice subsiste pour cette vénérable donzelle[1] qui a vécu quatre-vingt-quatorze ans : elle est dure et coriace et ne vaut pas Ninon ; mais elle a du bon, et, puisque vous l'avez su repêcher dans cet océan de la Bibliothèque où elle s'était perdue, je tiens à la toucher de mes mains et à lui faire la politesse.

CLXVIII.

A M. REINHOLD DEZEIMERIS.

Ce 30 septembre 1858.

Monsieur,

Je n'ai qu'à vous remercier de votre aimable confiance[2]. Je trouve votre idée d'un *Choix de Du Bellay* avec commen-

1. Mademoiselle de Scudéry.
2. M. Reinhold Dezeimeris avait envoyé à Sainte-Beuve un plan d'édition des œuvres choisies de Du Bellay, avec un spécimen du

taires et notes fort heureuse et très-appropriée au goût du moment. On refait une liquidation générale du passé. Les *OEuvres choisies de Joachim Du Bellay*, publiées par M. Victor Pavie, ont paru à Angers en 1841 ; mais elles n'ont été tirées qu'à un assez petit nombre, et n'ont eu qu'une publicité très-restreinte. Il n'y a d'ailleurs aucune note. En vous adressant directement à M. Victor Pavie, aujourd'hui rentier, amateur et excellent homme, qui vit à Angers, vous sauriez s'il reste encore quelque chose de cette édition, et où. Mais, je vous le répète, le choix est peu considérable et ne contient qu'un texte sans notes. On y a joint ma notice et un portrait du poëte par David (d'Angers). Vous obtiendriez, je n'en doute pas, l'autorisation de joindre la *Vie de Colletet* à votre travail.

Vous avez la tradition et le goût de l'érudition ; vous avez, d'héritage, le culte des muses grecques, et je vois que vous savez ces sentiers de l'*Anthologie*, si connus de nos vieux *poetæ minores*, et si peu explorés depuis. Il y a là bien des

Commentaire sur la pièce du *Poëte courtisan*. — Et puisque l'occasion se présente, signalons et réparons un oubli, que l'éditeur posthume de Sainte-Beuve a commis dans le tome XIII des *Nouveaux Lundis*, en réimprimant une étude sur *Joachim Du Bellay*, qui avait paru dans le *Journal des savants* en 1867. Sainte-Beuve n'eût pas manqué d'indiquer dans son volume, comme il l'a fait dans son article sur l'*Anthologie grecque* (*Nouveaux Lundis*, tome VII, page 7), la part précieuse qui revenait pour certains renseignements à l'un de ses correspondants les plus lettrés, M. Reinhold Dezeimeris, de Bordeaux. Il lui devait les comparaisons de Joachim Du Bellay avec Lamartine, Horace et André Chénier, qui remplissent, dans la réimpression des articles *Du Bellay*, les deux pages 326 et 327 du tome XIII des *Nouveaux Lundis*. Elles sont contenues presque textuellement dans une lettre de M. Reinhold Dezeimeris que nous avons retrouvée depuis et qui ne nous a point étonné, car Sainte-Beuve avait coutume de le consulter pour toutes ces questions d'érudition et de poésie.

douceurs et des gouttes de miel. Les poëtes du xvie siècle sont tout propres à vous donner occasion et prétexte de nous en distiller quelques-unes.

Les poésies latines de Du Bellay ont été recueillies dans la collection *Barbou*.

Suivez donc, monsieur, vos bonnes et doctes inspirations, et continuez, en le variant, l'honneur du nom paternel.

Agréez, je vous prie, l'expression de mes sentiments tout acquis et les plus distingués.

CLXIX.

A M. L'ABBÉ LÉON D'AUREVILLY.

Ce 30 septembre 1858.

Monsieur l'abbé,

Si je vous disais que rien ne m'a été plus flatteur que le billet qui m'est venu sous l'aile de vos *Hirondelles*, je rendrais mal l'impression que j'ai reçue [1]. Je connaissais cette charmante pièce, je savais que la poésie est chez vous un don de famille et que vous êtes deux à qui l'Harmonie a souri à leur naissance; mais je n'eusse osé croire, malgré le mot de mademoiselle de Guérin, et ce que m'avait dit en passant monsieur votre frère, à la part que vous faites à cet

---

1. Pour bien comprendre cette lettre, il faut lire la dédicace manuscrite que portait en tête *le Livre des Hirondelles*, envoyé à Sainte-Beuve :

A MONSIEUR SAINTE-BEUVE.

« Le poëte reconnaissant à l'auteur des *Consolations* et de

ancien livre et à ce que vous daignez me répéter. J'en suis bien touché et, croyez-le, monsieur l'abbé, bien plus confus que fier. Que dire, en effet, si l'on a, dans la route, indiqué vaguement du doigt le chemin des terres heureuses à qui a su bientôt trouver et tenir jusqu'au bout, tandis qu'on est allé de plus en plus soi-même à travers champs, à travers sables ? Il m'est très-doux pourtant, dans cette sécheresse habituelle où l'on vit et qui est le lot de plus en plus certain et amer de ceux qui s'en tiennent à la seule expérience humaine positive, d'entendre un de ces aveux, de recevoir une de ces paroles et, comme vous le dites, de ces bénédictions qui viennent du cœur et qui révèlent une source plus profonde encore que celle de la poésie, puisque trop souvent l'une s'appauvrit et tarit avec les années et que l'autre, au contraire, s'augmente.

Veuillez agréer, monsieur l'abbé, l'expression de ma gratitude et de mon respect.

Volupté, à qui son âme doit les premiers rayons de son christianisme et de son bonheur.

> A vous Penseur, à vous Poëte,
> A vous auteur de *Volupté*,
> Cet opuscule où se reflète
> Un ciel d'une tendre clarté !
> Mon horizon était de glace,
> Dieu ne m'avait point fait la grâce
> De me montrer encor sa face,
> Mes jours étaient sombres et lourds :
> Vous fûtes la bleue hirondelle,
> *Seul être aux ruines fidèle*,
> Qui vint m'apporter sur son aile
> L'espérance des plus beaux jours !

» (Écrit par G. S. Trébutien pour son excellent frère l'abbé d'Aurevilly). » — M. Trébutien était, comme on sait, le savant bibliothécaire de Caen, éditeur des œuvres de Maurice et Eugénie de Guérin.

CLXX.

A M. G. S. TRÉBUTIEN.

Ce 12 octobre 1858.

Je ne me suis acquitté qu'à demi, monsieur, en remerciant M. l'abbé d'Aurevilly de son gracieux envoi. Je vous dois, à vous, l'aimable *clerc* et secrétaire, des remercîments pour des attentions si délicates et qui, en s'adressant au cœur de l'ancien poëte, que je croyais mort en moi, l'ont chatouillé si agréablement et réveillé à demi. Je vous envie d'avoir su, en ce siècle si agité et si tourbillonnant, vous créer et vous conserver un coin si inviolable d'amitié, d'étude, de poésie, et où toutes les bonnes religions ont leur chapelle et leur oratoire. Vous êtes là quelques-uns qui vivez de la vraie vie et laissez s'agiter au loin les hommes du torrent. — Pour moi qui cherche depuis des années à sauver par-ci par-là du naufrage quelques lambeaux de ma vie, j'ai longtemps aspiré à la cellule, j'ai fini par désespérer. Je vais comme je puis, arrachant des heures, mais n'y trouvant pas le charme qu'elles tirent du calme parfait et de la première innocence. Me voilà depuis quelques mois occupé de faire un cours à l'École normale et obligé de m'appliquer aux origines de notre langue et de notre littérature; je vous y retrouve. Vous avez été un des vaillants déchiffreurs de notre moyen âge. Dans les publications que vous avez faites chez l'estimable M. Silvestre, il en est une qui m'a paru particulièrement piquante, parce qu'on y voit poindre un esprit qui se développera plus tard et s'épanouira chez l'Arioste et chez Cervantes: c'est le *Dit d'Aventures*. Y aurait-il moyen de s'en procurer un exemplaire? Celui que j'ai entre les mains ne m'appartient pas et c'est une de ces pièces qui ont leur prix parce qu'elles donnent l'aperçu d'un genre, *la parodie*. C'en est un des premiers signes dans notre littérature. Dites-moi si je me trompe. — Mais, même en m'occupant de ces vieux âges, je n'y puis élire domicile; je ne puis, comme vous, y choisir mon coin et dire : « Je suis là chez moi. » Il me faut passer outre, ne pas séjourner, mais traverser et *brûler* le pays. *Ailleurs! toujours ailleurs!* Oh! mon Dieu! quand donc nous reposerons-nous?

Je me surprends, monsieur, à causer comme si j'étais à côté de votre fauteuil de bibliothécaire.

Agréez, vous et vos amis (Alphonse Le Flaguais), l'expression sincère de mes amitiés.

CLXXI.

A MADAME DEZEIMERIS.

13 octobre 1858.

Madame,

La lettre que vous me faites l'honneur de m'écrire est une douce récompense plus que proportionnée au peu que j'ai pu faire pour votre aimable fils; mais le cœur des mères est riche et généreux : il ne compte pas et est accoutumé à rendre plus qu'on ne lui donne.

Je n'ai eu qu'à me souvenir de la juste réputation dont jouissait M. Dezeimeris, de l'amitié qu'avait pour lui notre excellent ami commun Paulin; je n'ai eu qu'à jeter les yeux sur ce premier travail de monsieur votre fils, et qu'à l'entendre lui-même, pour éprouver cet intérêt naturel qu'inspire une jeunesse déjà touchée par le malheur, vouée aux affections pures et tournée aux études sérieuses.

Il me serait bien doux, madame, d'avoir à vous visiter un jour, au sein de votre genre d'existence si salubre et si maternel dont vous daignez me parler. Je suis, par malheur, bien casanier, par goût, par paresse et découragement. Je suis aussi retenu par des devoirs et par un cours à faire — qui ne me laisse que des vacances d'écolier. L'idée pourtant d'avoir l'honneur de vous connaître un jour sera une de mes souriantes et rares perspectives.

Veuillez agréer, madame, l'expression de mon dévouement respectueux.

CLXXII.

A M. ERNEST FEYDEAU.

Ce 19.

Mon cher ami,

Une grande incertitude sur ce que je devenais les soirs, une grande déroute où m'ont mis les vacances (en franc écolier) m'a fait tarder à répondre à votre aimable lettre. J'ai vécu tout à fait au hasard depuis bien des jours. Malgré cela, ce n'est pas de calmant que j'ai besoin, c'est bien d'excitant. Vous me remonterez. Voulez-vous que j'y sois lundi soir, comme à tant d'autres bons lundis dont je me souviens? Vous vous fâcherez, nous enragerons, nous rirons. Hélas! je suis arrivé à cette période finale où l'on n'a plus le droit de se fâcher, ni d'en vouloir, ni d'avoir de ces belles colères, de ces splendides mélancolies. Daniel! Daniel! où est le bon temps où j'étais si malheureux... ingrat! vous y êtes encore. Bénissez le sort d'en être encore à le maudire.

A vous de cœur.

CLXXIII.

AU MÊME.

Ce 20 octobre.

Mon cher ami,

Lorsque, lundi dernier, dans la soirée, je vous espérais pour une de ces bonnes causeries que vous m'accordez quelquefois, je ne pensais pas que vous étiez à assister à une cruelle agonie. Dans de pareils malheurs, on n'a à offrir qu'un serrement de main muet. C'est le temps, c'est le travail pour ceux qui en ont la faculté (et vous l'avez à un plus haut degré que personne) qui peuvent seuls arracher l'âme à une obsédante pensée. L'amitié vient elle-même à son tour : vous qui savez virilement la sentir, vous m'avez donné rang parmi ceux que vous estimez à ce titre. Ne l'oubliez pas dès que vous pourrez y songer.

A vous de tout cœur.

CLXXIV.

AU MÊME.

Ce 2 novembre 1858.

Mon cher ami,

Voilà que j'ai aussi mon incident : je suis engagé à un dîner de *Revue contemporaine* qui, remis et retardé, tombe juste mercredi. Je viens vous demander de nous accorder un autre jour. Lequel? Jeudi, si vous le vouliez. J'ai la sœur de madame E..., il est vrai, à dîner; mais, en ne commençant qu'à sept heures et demie, nous serions en mesure, et bien avides d'écouter. Je ne suis pas libre vendredi. Voilà bien des détroits. A partir de vendredi, tout autre jour, à votre choix.

Votre œuvre marche et marche bien. Vous aurez un succès si cela se soutient aussi bien jusqu'à la fin. J'en serai heureux autant que vous; courage et en avant! La *Revue des Deux Mondes* vient de vous canonner avec tous les honneurs du plus gros calibre. Avez-vous senti quelque avarie dans la voilure? J'en doute. *Fanny* est un fin *brick* qui se rit d'eux, — et vous et moi aussi.

CLXXV.

AU MÊME.

Ce lundi 19 décembre.

Mon cher ami,

Je suis depuis deux jours si atteint par cet hiver et si travaillé surtout par cette neige, que je désespère de moi pour ce soir. Mon cours [1], qui est déjà un effort, va me coucher par terre. Ainsi, je vous prie de remettre mon plaisir à huitaine, j'en serai plus digne.

J'ai beaucoup ruminé la dernière lecture [2] : votre enlèvement, la scène de transplantation soudaine dans ce château luxueux, etc., tout cela est de main de maître. Continuez, mais ce n'est pas à vous qu'il faut le dire. — Il ne suffit pas que la petite ait appris à monter à cheval. Pour la vraisemblance de l'enlèvement, il faut que le comte sache qu'elle sait galoper; mais, cette précaution, vous l'aurez peut-être déjà prise : marquez quelque part qu'il sait qu'elle peut supporter ce mode d'évasion et se tenir en selle.

A lundi prochain, n'est-ce pas? Et tout à vous, mon cher ami.

CLXXVI.

A MADEMOISELLE EUPHÉMIE VAUTHIER (DEPUIS MADAME EUGÈNE GARCIN).

Ce 29 janvier 1859.

Mademoiselle,

Il est bien vrai que j'ai toujours pris plaisir à étudier dans la littérature, souvent involontaire, des femmes, les qualités qu'elles ont plus que nous. Mais combien ne dois-je pas apprécier davantage l'élévation et la générosité de sentiments qui ont inspiré des pages telles que celles que

---

1. Le cours à l'École normale (1857-1861).
2. *Catherine d'Overmeire.*

je vous dois d'avoir lues, mademoiselle ! Les qualités les plus délicates de la femme, ainsi réunies en faisceau, deviennent une force et sont l'instrument d'une mission. C'est comme une suite de prônes charmants que je viens de lire : un accent bien ferme sans doute les anime; mais on y sent, sous la fermeté du ton, ces autres dons du sexe, grâce et bonté. Il n'est donné qu'à une rare élite de rassembler des mérites si différents.

Veuillez agréer, mademoiselle, avec mes remercîments les mieux sentis, mes respectueux hommages.

CLXXVII.

A M. ERNEST FEYDEAU.

Ce 4 février.

Mon cher ami,

Je suis pour la suppression de la phrase, surtout dans une Revue. Trois points après : *C'était moi-même... Pour en finir*, etc. — Le lecteur ne s'apercevra d'aucune suppression, et les malveillants n'auront pas à mordre.

J'ai peu entendu parler de *Daniel*, vivant loin du monde littéraire actif. M. Levallois, qui me servait un peu d'éclaireur, m'a quitté[1]. Je ne vais qu'à l'Académie, où l'on habite le passé et où les vivants ne sont pas cités au Dictionnaire.

Vous ne pouvez vous étonner d'être balancé et discuté. Chacun vous attendait au défilé et tient à tirer son coup de

---

1. En 1859.

feu. Beaucoup de bien et beaucoup de mal, un combat acharné, c'est là le succès, et je vous le souhaite. A lundi, j'espère.

CLXXVIII.

A M. LE VICOMTE JULES DE GÈRES.

Ce 12 février 1859.

Oui, monsieur et cher poëte, je me souviens de ces relations déjà si anciennes. Un charmant volume de vous, *Rose des Alpes*, les avait rafraîchies en ma mémoire, et je m'étais reproché de ne vous en avoir pas écrit. Vous étiez, me disais-je, de ceux qui avaient reçu l'initiation à ce bel art des vers dans le bon temps, et qui étaient faits pour y porter une distinction et une sensibilité toutes particulières.

Je parlais au passé, et non sans quelque sentiment de regret. Maintenant, je n'ai plus de regret; je retrouve, en vous lisant, non le *vieil* homme, mais le jeune homme dans sa fraîcheur et sa délicatesse, et je vous remercie en vous félicitant.

CLXXIX.

A M. SIBIRE, PRÉSIDENT DE L'ASSOCIATION DES ANCIENS ÉLÈVES DU COLLÉGE BONAPARTE.

27 février 1859.

Monsieur,

J'ai à vous offrir avant tous mes remercîments bien sincères pour une prévenance qui m'honore infiniment au-dessus de mes mérites et qui me prouve, de votre part et de celle de vos amis, un si grand fonds de bienveillance. Je crois, en effet, que, dans une société où il y a si peu de liens, des réunions du genre de celle que vous venez de former peuvent être utiles, qu'elles sont surtout agréables, et j'envie ceux qui savent en partager la joie et les douceurs.

Maintenant, en ce qui me concerne personnellement, daignez entrer, monsieur, dans les raisons et les motifs d'excuse que j'ai à vous présenter.

Des cinq années d'études que j'ai faites à Paris, de 1818 à 1823, j'en ai passé trois à Charlemagne et deux au collége Bourbon. Depuis, je n'ai jamais cultivé des liens de camaraderie et de collége. Ayant dû, dans ma carrière littéraire déjà bien ancienne, me livrer de bonne heure à la critique, j'ai senti que l'indépendance ne s'obtenait qu'au prix de relations restreintes, et, avec les années, ces relations de plus en plus bornées et presque exclusives sont devenues une espèce de retraite et de solitude dont il m'est toujours difficile de m'arracher.

S'il faut vous l'avouer, je crains les nouveaux visages, je ne cherche même pas tous ceux que j'ai connus. Je n'ai pas toujours rencontré dans le monde et dans le public l'indulgence pour mes opinions et pour ma personne; — cette indulgence qui vous paraît si naturelle et qui devrait subsister, malgré tout, entre honnêtes gens, entre tous ceux qui ont lu et goûté Horace.

Enfin (car il faut abréger), j'ai éprouvé par mon expérience que le plus sûr moyen pour moi de conserver l'équilibre intérieur et les sentiments bienveillants qu'il est doux de porter aux autres, c'était de ne pas trop me mêler à eux.

Voilà le vrai, monsieur; ce sont ces motifs qui depuis longtemps m'ont engagé à restreindre ma vie, à fuir les assemblées nombreuses, à craindre d'y figurer surtout. Je ne me permets de toucher ici à ces détails que pour vous montrer que je puis, en étant vivement touché de l'honneur qui m'est fait, me sentir en même temps incapable de prendre sur moi de m'y soumettre. Veuillez donc, monsieur et cher camarade, m'excuser, et soyez de plus assez bon pour garder pour vous seul, ou pour un petit nombre, le secret de ces excuses, que comprendraient d'ailleurs tous ceux qui me connaissent un peu.

Agréez, je vous prie, tous mes sentiments de gratitude et de respectueuse considération.

CLXXX.

A M. PAUL CHÉRON.

Ce 1er avril 1859.

Mon cher ami,

Il me semble que nos communications sont bien interrompues : je ne m'en accommode qu'à regret. — Vous aurez peut-être su que M. Levallois m'a quitté. La personne qui vous remettra ce billet est M. Pons, qui l'a remplacé auprès de moi. M. Pons est un jeune professeur d'histoire, fort instruit, ami de votre ami M. Zeller. Si j'ai quelque chose à vous demander, ce sera par lui dorénavant. Veuillez lui transmettre votre bienveillance. — Je suis absorbé par mon cours et par l'impression de *Port-Royal* : je ne suis plus guère bon à autre chose.

Tout à vous.

P.-S. — Ceci n'est pourtant pas un poisson d'avril. (*La lettre est datée du 1ᵉʳ de ce mois.*)

CLXXXI.

A M. REINHOLD DEZEIMERIS, A PARIS.

Ce 10 avril 1859.

J'ai à vous rendre, monsieur, ce curieux manuscrit et ce texte si doctement et ingénieusement annoté [1]. Voulez-vous que je vous l'envoie, que je vous le reporte moi-même (mais alors je ne le pourrai avant mercredi prochain vers cinq heures)? Il doit vous faire faute. J'ai bien des remercîments et des compliments à vous faire. Je vous envie de pouvoir vous livrer à ce dilettantisme de l'érudition, et de le faire, en ce siècle, comme La Monnoie et ces friands d'un autre âge. Les dieux vous ont donné le loisir, *artemque fruendi*.

Croyez-moi, monsieur, bien à vous.

P.-S. — J'offre mes respectueux hommages à madame votre mère.

1. Il s'agissait des œuvres inédites de Pierre de Brach.

CLXXXII.

A M. PAUL CHÉRON.

Ce 20 juin 1859.

Mon cher ami,

. . . . . Vous m'avez fourni sur Turenne de quoi féconder et rafraîchir le Fléchier : j'ai pu, grâce à vous, faire merveille sur cela ; mais nous ne faisons plus merveille qu'à huis clos. C'est prudent... passé cinquante-cinq ans.

Aujourd'hui, pourriez-vous me déterrer un volume d'un neveu de Fontenelle : *Essai sur les Principes du Droit et de la Morale*, Paris, 1743, in-4°, par M. Richer d'Aube ?

Je vous serais bien obligé.

Mille amitiés.

CLXXXIII.

A THÉOPHILE GAUTIER [1].

Ce 20 juillet 1859.

Je découpe un paragraphe de mon *Moniteur* ; je le mets en tête de mon *Joseph Delorme* ; il s'y adapte juste. Voilà

---

1. En remercîment du passage suivant, dans le feuilleton du 20 juillet 1859 (*Moniteur*), à propos de l'Exposition de peinture :

« Sous certains aspects, M. Amand Gautier se rattache aux réalistes, mais il s'en éloigne par un sentiment tout particulier : sentiment mélancolique, austère, presque janséniste, si un pareil

le portrait du pauvre défunt tout fait, et la description de sa manière, tracée d'une plume définitive.

Bien des fois j'avais cherché parmi nos peintres de ce temps-là un pendant, un parent de ce pauvre Joseph ; je ne parvenais point à trouver un nom qui s'appareillât au sien. J'essayais de me nommer Potterley mort jeune ; mais il avait un éclair de la flamme de Bonington. Cela n'allait pas au pauvre paysagiste qui aimait le léger nuage et fuyait le rayon, qui longeait de préférence le sentier le plus voilé :

> Limes erat tenuis, longa sub nubibus umbra.

Enfin voilà le nom trouvé, c'est un *Gautier :* et ce nom-là m'est indiqué par le Gautier ami du soleil, à la palette

---

mot peut s'appliquer à la peinture. Sa *Promenade des Frères ignorantins,* ses *Folles de la Salpêtrière,* exposées aux Salons précédents, et à celui-ci, *les Sœurs de Charité,* témoignent d'un goût instinctif pour les sujets tristes, pauvres, grisâtres, où la pensée domine. *Les Sœurs de Charité,* qui forment sans doute pendant à la *Promenade des Frères ignorantins,* sortent de leur couvent, maussade bâtisse signée d'une croix noire au-dessus de la porte ; de longs murs gris, un pavé entre les joints duquel pousse l'herbe, quelques arbres aux rameaux grêles, un ciel plombé, tel est le site ; le pieux troupeau, les mains dans les manches, la tête penchée sous la coiffe rabattue, s'est mis en marche de ce pas monastique qui semble toujours glisser sur une dalle funèbre. Les sœurs s'en vont deux à deux par la ruelle étroite, et la supérieure se retourne pour quelque recommandation vers la sœur tourière restée sur le seuil. Malgré l'uniformité que donnent le costume, la discipline et le renoncement au monde, dans ces figures toutes pareilles en apparence, M. Amand Gautier a su exprimer d'une façon visible le caractère particulier de chaque sœur ; on devine la résignée et la fervente, l'ascétique et la pratique ; on pourrait presque dire les motifs qui ont déterminé leur vocation. Mais ce que l'artiste rend surtout d'une manière admirable, c'est l'ennui froid du cloître, tel qu'il est aujourd'hui, au fond de quelque impasse déserte, dans un quar-

rayonnante, mais qui sait comprendre, pénétrer et montrer toute manière. — Je remercie son amitié de s'être souvenue de l'un des morts de notre jeunesse, et de l'avoir encadré dans une de ses pages vivantes.

CLXXXIV.

A M. PIERRE LAFFITTE.

Ce 7 août 1859.

J'ai l'honneur de vous remercier, monsieur, de m'avoir donné l'occasion de lire ce discours d'ouverture dans lequel vous résumez les doctrines d'une École [1] qu'on doit respecter et connaître, qui possède assurément bien des vérités, et qui peut-être en effet (c'est dans ce *peut-être* qu'est ma plus forte réserve) a plus que tout autre la clef de l'avenir. *Peut-être*, et *qui sait?* J'en suis là encore.

Agréez, monsieur, l'expression de ma considération la plus distinguée.

P.-S. — Doctrine et non religion. Ayons l'opinion des sages : laissons au peuple le calendrier.

---

tier perdu, avec la plate monotonie moderne, sans la beauté et le grandiose des couvents d'Italie ou d'Espagne. M. Amand Gautier peint comme Joseph Delorme versifiait. »

1. L'École positiviste d'Auguste Comte, dont M. Pierre Laffitte est l'un des maîtres.

CLXXXV.

A M. REINHOLD DEZEIMERIS.

Ce 20 août 1859.

Vous êtes mille fois aimable, cher monsieur, et vos vers latins sont fort jolis. Je les agrée avec joie, et il me semble que, si je puis être quelque part commandeur en toute convenance, c'est dans l'ordre de la Pléiade[1] : voilà mon grade et mon rang. Travaillez-vous? avancez-vous? — Aurez-vous une belle vendange? Je sais combien vos coteaux sont faits pour sourire; je serais heureux si, un jour, il m'était donné de les visiter. — Offrez à madame votre mère mes remercîments et mes respects, et croyez-moi, cher monsieur, votre tout dévoué.

CLXXXVI.

A M. PAUL CHÉRON.

Ce 1er décembre 1859.

Mon cher ami,

Il n'y a qu'un moyen de me dédommager et de déguignonner le sort.

---

1. Sainte-Beuve venait d'être fait commandeur de la Légion d'honneur.

Donnez-moi un jour pour dîner, un jour de la semaine prochaine — ou mardi ou mercredi ; — ma petite table est devenue bien bourgeoise, mais vous serez indulgent.

Faites cela, je vous en prie ; je n'avais pas prévu cette soirée, en vous écrivant, et j'étais préoccupé de l'idée que vous viendriez au sortir de la Bibliothèque.

A vous de tout cœur.

CLXXXVII.

A M. JULES LEVALLOIS.

Ce 7 décembre 1859.

J'ai été à la fois reconnaissant et désolé de recevoir votre carte; Marie a été grondée de ne vous avoir pas fait entrer, même un peu malgré vous : *coge intrare.*

Permettez-moi de croire que ceci équivaut à un serrement de main cordial. Laissons du passé ce qui est pénible; j'apprécie votre esprit comme je le dois : je m'étais cru évidemment sur vous par le passé plus de droits que je n'en avais : l'intention du moins n'était pas mauvaise. Que ce qui s'est mêlé d'étranger entre nous n'empêche point le sentiment durable d'estime de persister sans aigreur et même avec un degré d'affection qui, de ma part, n'a nul effort à faire pour renaître et continuer.

CLXXXVIII.

A M. PAUL CHÉRON.

Ce 23 décembre 1859.

Mon cher ami,

. . . .
. . . . Le Falloux anobli est piquant : j'ai si bien mis de côté la lettre où vous me donnez le passage du *Moniteur* que je ne puis remettre la main dessus. Vous serez bien bon de me donner de nouveau l'indication du *Moniteur*. Cela peut servir; c'est à joindre au *baron* Jérôme *Pichon*, fils du *dernier* des *barons* de la *Restauration*, de *par* Polignac peu de jours avant la *chute* : faites-la rechercher, je vous prie; c'est drôle, à voir la prétention du fils !

Vous êtes un paresseux; je m'en plains. Une bonne conversation comme celle de l'autre soirée, me redonne du ton et je me replonge dans la *vie vivante*. Ne me la refusez pas.

Mille amitiés.

CLXXXIX.

A M. JULES LEVALLOIS.

Ce 10 janvier 1860.

Mon cher ami,

. . . .

. . . . . L'article est excellent [1]; le titre met tout d'abord en lumière le vrai point de la question; il élève le débat, ce qui est justice avec Renan, qui élève tous les sujets qu'il traite. Tout le passage où vous le montrez fils trop dédaigneux de ces pères et aïeux auxquels il ne veut pas ressembler, mais qui ont servi à le former, à le préparer, et qui l'ont nourri même avant qu'il fût né, est excellent et digne de l'adversaire. L'apologue final, emprunté au plus charmant poëte du cru gaulois, est du plus heureux à-propos. En tout, cet article sur une question brûlante doit, ce me semble, vous faire bien de l'honneur et vous poser.

Tout à vous.

P.-S. — Pour la critique, — il y a un peu d'obscurité dans les *Éliacin* de la critique, — les *Néarque* et les *Polyeucte*, etc., ne craignez pas de simplifier et d'ouvrir davantage votre expression.

---

1. M. Jules Levallois avait publié, dans *l'Opinion nationale*, un article intitulé : *M. Renan et le Génie gaulois*, en réponse à un article de M. Ernest Renan, dans *le Journal des Débats*, intitulé *le Béranger des familles*.

CXC.

A M. CHAMPFLEURY.

Ce 28 février 1860.

Mon cher monsieur,

Je me trouve très-honoré de me voir inscrit par vous sur la liste de nos romanciers, moi qui ne l'ai été qu'une seule fois, et comme par accident.

J'ai été d'autant plus sensible aux témoignages déjà anciens que vous m'avez donnés de votre approbation. Vous avez bien voulu reconnaître dans cet unique roman de ma façon un caractère de réalité et de vérité. C'est un suffrage que j'ai apprécié, surtout venant d'un observateur exact et consciencieux comme vous.

Aujourd'hui, vous désirez savoir mon avis sur votre entreprise[1]; j'ai peu d'idées à ce sujet, et vous me prenez au dépourvu.

Le roman, en effet, a eu jusqu'ici cet inconvénient, qui est aussi un avantage, de n'être point compté et rangé régulièrement dans les genres consacrés : il est resté libre, en dehors des classifications de rhétorique et de poétique. Aristote n'en a pas connu, ni Horace, ni Boileau, ni aucun des *législateurs du Parnasse*.

---

1. M. Champfleury avait envoyé à Sainte-Beuve le prospectus d'un *Bulletin du romancier*, qu'il voulait faire paraître périodiquement.

Tant mieux pour lui! les chefs-d'œuvre, certes, ne lui ont pas fait défaut pour cela, ni ne lui manqueront, mais des chefs-d'œuvre toujours imprévus. Le roman est un vaste champ d'essai qui s'ouvre à toutes les formes de génie, à toutes les manières. C'est l'épopée future, la seule probablement que les mœurs modernes comporteront désormais.

Ne le resserrons pas; n'en faisons pas trop la théorie; ne l'organisons pas. Que chaque romancier expose à l'occasion ses idées, à la bonne heure! Mais que les expositions et les apologies ne nous coûtent pas un seul bon roman que l'auteur pourrait composer pendant ce temps-là. La meilleure explication à donner pour l'artiste, c'est de produire toujours, d'aller en avant et de marcher.

A cela près, et cette réserve posée, je ne puis qu'applaudir, mon cher monsieur, à vos efforts pour servir et étendre ce genre si moderne auquel vous vous êtes consacré.

Agréez, je vous prie, l'expression de mes sentiments dévoués.

CXCI.

A M. JOSEPH DELAROA.

Ce 10 avril 1860.

Monsieur,

Je vous remercie du précieux envoi de vos *Patenôtres d'un surnuméraire*. Vous êtes de ceux, je le vois, qui savent renfermer des essences et, au besoin, des poisons dans un chaton de bague. Il y a de l'un et de l'autre dans votre volume si mince et si plein. Si votre jeunesse se décèle en un point, c'est dans une âpreté d'idées que l'âge devra adoucir un peu. C'est espérer encore, c'est du moins être voisin de l'espérance que de désespérer ainsi. Ce qui est certain, c'est la distinction et le talent qui sont le cachet de vos *Pensées.*

Agréez, monsieur, avec mon bien sincère compliment, l'expression de mes meilleurs sentiments.

CXCII.

A M. JULES LEVALLOIS.

Ce 5 mai 1860.

Cher ami,

J'ai à vous faire un double compliment.

Dans l'un, je suis trop intéressé pour avoir le droit d'y insister; mais, en vous lisant, j'ai été frappé des parties fortes et de cette profonde concentration, par endroits éloquente, le plus digne hommage à ces *stoïques* chrétiens[1] !

La *lettre de Béranger* est du meilleur esprit et du meilleur *sens.* Je ne serais même pas étonné qu'elle n'avertît les badauds de ne pas se laisser aller au torrent des violents et de revenir à penser et à juger par eux-mêmes. Ce serait un beau triomphe. Mais, même quand vous ne cor-

---

1. M. Jules Levallois venait de publier, dans la *Revue contemporaine,* une étude sur *Port-Royal.*

rigeriez personne, cette charmante lettre, qui rejoint l'article sur Renan, vous fait le plus grand honneur, et il me semble que, si on la met en regard de votre *Essai* sur Port-Royal, si différent de manière, on vous reconnaîtra cet *entre-deux* de Pascal qui est la base des vrais talents et des esprits solides.

Continuez, mon cher ami, et ménagez-vous; c'est le seul conseil à vous donner. Croyez à mes sentiments de reconnaissance et de haute estime.

CXCIII.

A M. PELLETIER [1].

Ce 9 mai 1860.

Cher monsieur,

Je voudrais pouvoir répondre oui; mais j'ai une difficulté insurmontable sur cet auteur : il me paraît compromettre tout ce qu'il touche; il est violent et n'a pas la tradition des choses dont il parle. Ainsi l'article sur Condorcet, que *le Moniteur* a inséré, est odieux et faux; on peut être sévère pour Condorcet, mais ce n'est pas sur ce ton ni dans cette gamme. Je n'ai pas lu le reste de l'ouvrage, mais ce ne peut être bon, bien qu'il y ait des recherches. L'esprit n'en saurait être plus juste que celui de tous ses autres écrits. Car lui, il n'est pas un esprit *éclairé* : ce qui n'em-

---

[1]. Qui demandait à Sainte-Beuve s'il ne voudrait pas écrire un article au *Moniteur* sur *les Girondins* de Granier de Cassagnac.

pêche pas qu'il n'ait une plume avec laquelle, à un moment donné, il joue merveilleusement du bâton. Je l'ai vu, comme journaliste, dirigé sur une position à enlever, et faire prouesse, s'en tirer à merveille. Mais, de lui-même, c'est un gladiateur et un casse-cou. Enfin, cher monsieur, vous saurez que de l'avoir nommé une fois dans je ne sais quel article et avec assez de politesse est un des petits remords de ma vie littéraire. — Je n'ai, d'ailleurs, jamais eu à me plaindre de lui, mais c'est répulsion de nature, et que je vois très-partagée. — Il a compromis le romantisme de Hugo, il a compromis le doctrinarisme de Guizot; il compromettrait ce qu'il sert aujourd'hui, si ce régime n'était pas en dehors et au-dessus des coups de plume pour ou contre.

Voilà une confession : vous voyez comme je me livre.
Tout à vous.

CXCIV.

A M. ERNEST FEYDEAU.

Ce 13 mai.

Cher ami,

Fatigue, besogne, lenteur invincible, *démon de la procrastination*, comme disait Benjamin Constant, tout m'a empêché (moi, me le promettant toujours) et de vous aller voir, et de vous remercier plus tôt du joli volume des *Saisons*. Je suis mort tant de fois déjà avec l'hiver, que j'ai une peine infinie à renaître tant soit peu avec le printemps. Je lirai et me rendrai compte de l'impression nouvelle que je recevrai de cette version, qui, à livre ouvert, me paraît en effet allégée et plus courante. Je voulais aussi remercier de sa visite l'aimable dame qui a daigné éclairer de sa douce lumière mon obscur salon. Quoique je sois bien sûr de garder toujours un tel souvenir, je serais bien heureux qu'il se renouvelât. Vous serez vous-même bien gentil de me dire quand *Sylvie* sera digne à vos yeux de faire ses débuts dans mon faubourg; elle y sera reçue tout yeux, tout oreilles.

Je ne vous dis aujourd'hui que ce petit bonjour chargé d'excuses.

CXCV.

A MADAME BLANCHECOTTE.

Ce 13 juin 1860.

Chère madame et amie,

Je suis si souffrant du bras droit, qu'il faut que vous me permettiez de dicter pour ne pas être illisible. Je vous remercie de votre bonne et cordiale lettre et des beaux vers qu'elle renferme. Je connais votre *note*, celle du cœur, et rien ne saurait me la faire oublier. Je la retrouve dans tout ce que vous chantez et *pleurez*. — J'ai été profondément touché de cette lettre de M. de Lamartine et de ce réveil d'anciens et si chers souvenirs. Il me met une couronne sur la tête et je ne me considère sacré comme poëte que depuis ce moment-là. C'était la plus ancienne et la plus douce de mes chimères, et, puisque M. de Lamartine ne trouve pas que c'est une chimère, ce sera désormais ma gloire. Je suis allé l'autre jour pour le remercier, mais il était au lit et ne recevait pas.

Agréez, chère madame, l'expression de mes tendres amitiés.

CXCVI.

A M. CHARLES BAUDELAIRE.

Ce 3 juillet, mardi, 1860.

Mon cher ami,

Vous dire que, depuis que j'ai reçu votre aimable petit mot, je n'ai pas eu un moment pour vous répondre que de ce matin, c'est vous exposer mon triste état d'écrivain : je n'écris plus en effet, je professe. J'avais une leçon samedi, une autre lundi : votre billet est venu entre les deux. — M. Dalloz sait bien qu'il y a au moins quatre ou cinq articles promis, projetés, médités, dont je n'ai pas trouvé depuis des mois le moment d'écrire un seul. — J'ai encore tout un mois de cette charge, mais je me relèverai pour m'acquitter d'un arriéré accumulé depuis longtemps. — Si vous êtes alors à Paris, j'aimerai à causer avec vous, une bonne fois, — comme autrefois : je vous parlerai de ce livre très-spirituel, très-ingénieux, très-raffiné. Je vous dirai aussi que si, dans une autre circonstance, je vous ai nommé trop brièvement, trop incomplétement, je réparerai cela dans une note à la réimpression. — J'ai goûté le pain d'épice à l'angélique : — j'y ai reconnu votre bonne grâce et votre *gâterie* habituelle ; vous êtes un friand, et vous m'avez traité comme tel : hélas ! je suis peut-être un peu plus glouton que vous ne me croyez.

Enfin, je ne puis causer par lettre ; mais je vous ajourne à un mois, et je penserai certes à vous le rappeler.

Tout à vous.

CXCVII.

A M. ERNEST FEYDEAU.

Ce 31 juillet 1860.

Mon cher ami,

J'attendais avec impatience de vos nouvelles, et j'ai bien du plaisir à les savoir bonnes et telles qu'elles doivent être pour la santé et pour le moral. Je voudrais vous en dire quelques-unes d'ici ; mais, autant que je le peux soupçonner du fond de mon faubourg, tout est d'un calme plat, excepté le ciel qui tonne, grêle et pleut à torrents. Turgan est dans son mois de congé ; j'irai dire vos amitiés à Pelletier, dès qu'une sciatique qui m'a pris et retenu dans la chambre se sera adoucie. — Ayant pensé beaucoup à vous depuis votre départ, je veux vous faire part ici de quelques réflexions et sermons, selon mon usage et mon droit de professeur paterne.

Mais, pour commencer par l'Algérie, ne voyez-vous pas

d'inconvénient à éclater si brusquement par des impressions publiées *pendant* votre voyage même et avant votre retour? Je n'ai encore causé avec personne, mais j'aimerais mieux que vous attendissiez un peu. Amassez, voyez, faites vos cartons : le tableau viendra après ; mais ne vous pressez pas. Quelques mois sont bientôt passés. Ainsi votre livre sera mieux concerté.

Autre *point* du sermon. J'ai beaucoup pensé à *Sylvie*. Votre esprit en est bien loin pour le moment. Aussi ne lisez ce paragraphe que lorsque vous serez en parfait loisir. Je n'ai jamais d'idée que le lendemain ; et, sous le coup d'une lecture, je reste songeur et coi. Voici donc mes idées du lendemain.

N'achevez *Sylvie* qu'après que le torrent algérien se sera écoulé; ne vous en embarrassez pas. Puisqu'elle n'a pas été achevée tout entière à son heure, c'est-à-dire *avant*, remettez-la pour *après*. Ne compliquez pas; que votre esprit soit tout entier à la chose qui l'occupe. Je m'aperçois que cela prend insensiblement la forme de *paradoxes* ou d'*apophthegmes*; c'est égal, je continuerai. — *Sylvie* donc m'a suggéré des réflexions; il ne vous est pas permis de traiter légèrement ce livre. Si court qu'il soit, il est d'une grande importance pour vous; après ces combats, on vous y attend; il convient donc qu'il soit tout ce qu'il doit être. Dans votre première idée, c'était une légère critique de certains travers que bien nous connaissons. Excellente idée! mais que l'idée soit claire pour le lecteur; qu'il ne puisse s'y méprendre; qu'il n'aille pas croire que, dans votre pensée, c'est tout autre chose. Ainsi, tout le chapitre qui tend à faire croire que l'original *Chinois* est vous en partie, va dérouter le lecteur;

car, du moment qu'on fait en partie son portrait, on ne raille guère. — J'abrége; je voudrais absolument que votre héros n'eût rien de vous, rien qui pût faire dire : « C'est encore *son portrait.* » Tant pis pour ceux de vos amis qui se reconnaîtront et qui auraient désiré que vous partageassiez leurs légers travers; que la générosité ne vous touche pas! Vous faites une légère satire, une critique; — et ce n'est pas la vôtre, c'est la leur. Qu'il n'y ait rien qui déroute dès l'entrée le lecteur et qui lui fasse croire à une autre intention. Je voudrais que, pour quelqu'un qui ne saurait pas que le livre est de vous, il n'y eût pas un mot qui vous décelât, hors le talent total.

C'est là le résumé de ma poétique au sujet de *Sylvie*, et le reste ne serait que de menu détail. — Mais ne vous pressez nullement, et n'achevez le joli volume, pour le parfaire, qu'après que votre esprit aura recouvré sa liberté, sa netteté de coup d'œil du côté de la rue de l'*Ouest*.

Il est difficile à un homme qui fait deux leçons par semaine et qui ne s'en repose que pour écrire des articles de critique, mon cher ami, de ne pas tourner aux préceptes. Excusez-moi donc et secouez-moi tout cela dans une bonne cavalcade avec le général Iousouf. Je vous envie de *savoir voir* tant de choses, de les dévorer, d'en désirer d'autres encore, et, avec cela, de vivre de la vie complète qui fait que l'artiste et l'homme de lettres est un homme par-dessus le marché. Sachez apprécier ces bienfaits de la nature, ces dons d'une organisation forte et bien munie de tous ces instruments; si vous n'en louez pas la Providence, vous y gagnerez du moins un sentiment intérieur de satisfaction qui aide à mieux comprendre cette harmonie du monde, harmonie *relative*, que nous traversons, que nous manquons souvent, mais qu'il est bon de rencontrer et avec laquelle on ne saurait trop tâcher de correspondre. Le point de vue de l'artiste y gagne en élévation. — Mais, pour le coup, cher ami, nous ne sortirons pas du sermon. Je vais en vacance, et, si vous n'y prenez garde, vous allez devenir mon *objectif* unique, en fait d'enseignement. Sachez-moi du moins votre bien dévoué et vous souhaitant honneur et bonheur.

P.-S. — Je ne saurais trop approuver votre dessein d'un travail complet et approfondi sur l'Algérie, montrée et vue comme il vous est donné de la voir et de l'exprimer.

CXCVIII.

AU MÊME.

Ce 25 août 1860.

Mon cher ami,

J'aurais voulu ne vous répondre qu'après avoir moi-même des réponses précises sur les divers points qui vous intéressent, mais ce n'est pas si aisé qu'il semble.

Je ne doute pas que Dentu ne consente de grand cœur à attendre votre convenance, qui tournera à l'avantage du livre et de l'éditeur; mais il est absent. J'ai prié un de mes amis qui le voit quelquefois de lui dire, quand il sera ici, que je voudrais bien causer avec lui. J'attends encore.

Ce n'est pas L... que j'ai chargé de ce message; il a été assez gravement malade, et, dans une quinzaine d'absence, a passé un article (qu'il n'eût pu, je le crois, empêcher, mais qu'il n'a pas du moins inséré lui-même), article tel que l'a pu faire contre vous un *spiritualiste* ennemi et qui a voulu se signaler [1].

Il n'est pas à croire que *le Moniteur* ait son voyageur et rédacteur africain. A en juger par ce qui se passe pour le voyage de Suisse [2], les nouvelles arriveront par le canal d'un ministère. Il reste la réponse pour l'insertion du voyage, — du vôtre, pendant son cours même et séance tenante. Turgan ne rentre en règne que le mois prochain. Voyez, réfléchissez encore; ne livrez pas vos paysages en carton; donnez-vous le loisir de les regarder à distance et dans la perspective. Veuillez penser que la réputation des artistes, poëtes, dépend en grande partie d'une dizaine de gens d'esprit (quelques-uns assez bêtes, et plusieurs de francs drôles) qui occupent les postes, les positions importantes de la critique et brident le pays. S'ils s'entendent une fois pour faire à un artiste, à un poëte, une certaine réputation, il est très-difficile que le public n'en passe pas par là (car il est de sa nature badaud et inattentif), et les plus généreux, les plus vigoureux efforts, s'ils ne sont accompagnés de quelque politique et de quelque précaution, restent vains. Si Hugo n'avait mis tant d'adresse au service de sa force, où en serait-il? — Ma conclusion, c'est qu'il ne s'agit pas

---

1. Il s'agissait probablement d'un article dans la *Revue européenne*, et M. L... doit être M. Auguste Lacaussade, directeur de cette *Revue*, et auteur de Poésies, qui avaient paru chez Dentu.
2. Le voyage de Napoléon III en Suisse.

d'*étonner* le public, mais de gagner en partie, de concilier ceux des critiques qui ont quelque valeur, quelque conscience et de les forcer à nous rendre, sinon justice entière, au moins justice partielle.

Je me permettrai un exemple personnel. Je n'ai pas à me plaindre de la critique en général, mais je n'ai pas non plus à espérer beaucoup de bienveillance de ces messieurs. Eh bien, j'ai pu, il y a *douze ans*, publier de mon *Port-Royal* un troisième volume important, et, depuis *plus d'un an*, deux volumes énormes qui terminent l'ouvrage [1], sans qu'il en ait encore été dit *un mot* dans aucun recueil ou journal en crédit. Et cela, parce que MM. les critiques en exercice m'aiment peu. Que serait-ce s'ils étaient ligués et piqués au jeu?

Encore une fois, rappelez-vous l'exemple de Hugo et sa conduite. Soyez au moins de retour ici pour diriger avec précision vos batteries et vos impressions.

Flaubert est ici; je l'ai vu une fois; il n'y est que pour quelques jours. Il y a d'ailleurs calme plat, silence, morte saison, excepté pour Garibaldi, la Syrie, la Savoie, la politique.

J'espère que vous êtes bien, — bien portant d'abord, — étincelant et fécond sous le soleil. — Ménagez-vous dans vos fatigues et revenez-nous avec des richesses de palette et un monde de faits.

Je suis las et ne vous en dis pas plus.

Tout à vous.

---

1. Les tomes IV et V de la première édition de *Port-Royal* parurent, en effet, en 1859.

CXCIX.

AU MÊME.

Ce 21 septembre.

Mon cher ami,

Voilà ce que je craignais : trop d'ardeur, trop de fatigue, un besoin de tout voir et en peu de temps et en méprisant bien des précautions. Soignez-vous bien, ne laissez pas cette fièvre s'habituer, ne compliquez point votre convalescence de trop de travail. Tout arrivera à temps. Je n'ai pas vu Dentu, qui est insaisissable ; ce qui prouve qu'il n'est pas pressé. Vous aurez pu savoir par Turgan même (s'il vous a écrit comme il se le proposait) ce que je vous avais dit déjà : il n'y a pas d'historiographe du voyage. C'est mieux, et vous-même vous avez mieux à faire. Recueillez-vous ; repassez à la réflexion et dans une vue d'ensemble, avec un peu de recul, ce que vous savez, avec un admirable organe, arracher de vive force du premier coup ; n'éteignez pas, mais fondez un peu. Que vos tableaux, en restant francs, perdent un peu de ce qui heurte. L'idéal varie selon les organisations ; je m'imagine que le vôtre peut être tel que je le dis là.

Nous aurons tout le temps de causer de la situation littéraire ; je n'ai en ce moment qu'un vœu et qu'un cri : guérissez-vous, ménagez-vous et revenez-nous maigri, bronzé mais non pâli.

Tout à vous.

CC.

A MADAME LA COMTESSE CHRISTINE DE FONTANES.

Ce 19 novembre 1860.

Madame,

Je commencerai moi-même par vous remercier de votre lettre, dans laquelle j'aime à retrouver les sentiments bienveillants et le cœur de la personne que j'ai eu l'honneur de connaître autrefois.

Vous me permettrez maintenant, madame, de rétablir ma situation personnelle à votre égard, telle du moins que j'avais lieu de croire que vous l'aviez faite.

Lorsque, dans le cours rapide de ces articles du *lundi*, je me trouvai amené, vers un jour de Pâques, s'il m'en souvient, à parler du *Génie du Christianisme* et à citer la lettre qui me paraissait nécessaire à la justification de M. de Chateaubriand, vous n'étiez pas à Paris; je m'informai à ce sujet auprès d'un de vos amis, M. Viennet, qui me dit que vous n'étiez pas en France. Je ne pouvais donc vous demander une autorisation que je me flatte que vous ne m'auriez pas refusée.

Quelques jours après la publication de l'article, je reçus de madame Lenormant, qui se disait votre fondée de pouvoirs, une lettre qui était dans des termes que je m'abstiendrai de qualifier; madame Lenormant est aujourd'hui dans une situation trop digne d'intérêt et de respect pour que je revienne là-dessus et pour que je vous envoie copie de sa lettre blessante, et copie de celle, de bonne encre, je vous assure, que je lui ai répondue.

Quant aux lettres mêmes que vous avez pu écrire, soit au *Moniteur*, soit à d'autres journaux, je ne les ai *jamais vues ni lues;* on m'en a parlé seulement; mais il m'a semblé que, si vous aviez à écrire à quelqu'un à ce sujet, même pour vous plaindre, ce devait être à moi tout le premier.

J'en étais donc resté, madame, sur ce que j'avais le droit d'appeler un mauvais procédé, et je ne croyais l'avoir en rien mérité. Si j'ai cessé de vous voir habituellement, après que nos rapports *littéraires* ont pris fin, c'est que je vis fort occupé, fort retiré; mais je ne suis pas de ceux dont les sentiments s'altèrent dans l'absence et le silence, et j'estime volontiers qu'il en est des autres comme de moi. Je conserve d'excellents amis que je ne vois jamais.

J'ai mis, je vous l'avoue, sur le compte de l'esprit de parti cette altération à mon égard; j'ai cru que la fille de M. de Fontanes s'était indignée de voir son nom écrit par moi dans *le Moniteur;* et permettez-moi de le dire, malgré tous les royalismes du monde, ce scrupule m'avait paru singulier et piquant. Je suis si peu homme de parti, que j'aime avant tout ce qui est raisonnable. Or, le serait-il que la fille du comte de Fontanes, grand'maître de l'Université impériale, eût rougi de voir son nom poliment cité dans le journal actuel de l'Empire?

En ce qui est des paroles un peu lestes de M. de Fontanes que je me suis permis de rappeler, j'en aurais pu citer de plus vives encore. Les femmes ne savent pas ces choses-là, encore moins les filles des hommes distingués. Tout ce qui

se dit, sans doute, n'est pas bon à écrire et à imprimer;
mais encore faut-il que la note réelle, la note vraie soit
indiquée. Tranquillisez-vous, madame; ces notes-là ne compromettent pas le goût de M. de Fontanes, et bien des gens
que je connais, qui ont l'esprit viril et naturel, l'en estimeront mieux après.

Maintenant que j'ai tout dit, et avec une entière franchise,
laissez-moi, madame, finir comme j'ai commencé, en vous
remerciant de votre indulgence, et en vous assurant des
sentiments obligés et respectueux avec lesquels je demeure
votre obéissant serviteur.

CCI.

A M. JULES LEVALLOIS.

25 novembre 1860.

Cher ami,

Je suis bien sensible à l'approbation de l'École de Sèvres
sur le *Béranger*. Elle compte beaucoup pour moi. Cœur et
esprit, l'École de Sèvres !

J'ai lu le *Montausier* [1]. C'est bien là ce rabroueur de gens,
ce duc et pair qui avait du Scaliger. Vous avez rassemblé à merveille tous ces traits qui n'en feront jamais un
de ces misanthropes qu'on aime. Il a décidément perdu son

1. Un article de M. Jules Levallois sur Montausier.

procès. Je ne lui connais de bon que l'amitié de Fléchier : c'est sa circonstance *atténuante.*

Je fais comme vous, cher ami, je pioche.

Tout à vous et à Chesneau.

CCII.

AU MÊME.

Ce 16 décembre 1860.

Enfin, cher ami, je l'ai, cet article tant désiré[1], moins encore comme faveur que comme expression d'une pensée à laquelle j'attache tant de prix et j'accorde tant de valeur. J'espère, avant tout, que votre santé n'aura pas trop souffert de cette reprise de travail ; car, quand vous vous y mettez, c'est d'une façon si sincère et si intense, que la machine physique doit s'en ressentir, et que la lame fait trembler le fourreau. Je vous remercie d'avoir *maintenu* Chateaubriand, que je n'ai jamais voulu diminuer, encore moins dégrader. Le vrai est que ce cours était devenu un peu vieux ; j'ai tâché de le rajeunir et de le fortifier, de le *radouber* par toute sorte de documents et de curiosités authentiques. Mais les conséquences que j'en ai vu tirer, je ne les tire pas, et même en vingt endroits je dis le contraire. Vous dites des choses excellentes sur la statue qui, en définitive, continuera de montrer le front inspiré, le reste

---

1. Un article de M. Jules Levallois sur l'ouvrage de Sainte-Beuve : *Chateaubriand et son groupe littéraire sous l'Empire.*

se dérobant sous le nuage. Mais, nous qui sommes dans les coulisses, nous étions derrière le nuage, qui continuera de se reformer pour d'autres. Il n'y a que ceux qui le voudront qui viendront nous y chercher. — Je vous trouve seulement trop sévère pour les pages de la fin, qui n'ont point paru manquer si fort à la convenance, l'homme étant ce qu'il était; et le monde, si sévère d'ordinaire pour les confidences de ce genre, a paru goûter et accepter celles-là. Mais vous êtes, me direz-vous, plus sérieux que ce monde frivole; sur ce point, j'ai retrouvé un *croyant!* C'est un privilége de la jeunesse et de la vie austère que vous menez. — L'âge vous en ôtera assez. Cet âge (le vôtre) est *sans pitié!*

Je vous serre bien cordialement la main, en attendant que j'aie le plaisir de vous voir.

Merci encore et tout à vous.

CCIII.

A M. LE COMTE A. DE CIRCOURT.

Ce 24 décembre 1860.

Je suis bien touché, monsieur, de vos attentions, ainsi que de celles de madame de Circourt, et je ne vous en remercie plus. Votre jugement m'est précieux : en en rabattant ce qui tient à votre extrême indulgence, je vois que je ne vous parais pas avoir dépassé la mesure. J'ai voulu plusieurs choses dans ce livre sur Chateaubriand, ou plutôt je n'en ai voulu qu'une : *être vrai* et rendre le vrai. Les lecteurs français sont si pressés et si inattentifs, qu'ils n'admettent guère qu'une idée à la fois : l'un suppose que j'ai voulu, à toute force, montrer Chateaubriand antichrétien ; et que je me suis réjoui de le trouver tel par moments ; l'autre suppose que j'ai voulu rabaisser son génie littéraire ; un troisième fait une autre supposition également exclusive. Au fond, j'ai tenu à mesurer exactement l'écrivain et à le maintenir plus grand qu'aucun de notre âge. Quant à l'homme, je lui ai tiré le masque avec quelque plaisir, je l'avoue, et j'ai déjoué ses poses solennelles, mais pour le montrer d'autant plus aimable et séduisant quand il consentait ou qu'il s'oubliait à être naturel. — Mais j'abuse, monsieur, en vous renvoyant ainsi vos propres paroles si flatteuses pour moi. — Soignez-vous, soignez madame de Circourt ; offrez-lui mes respectueux hommages et agréez pour vous l'expression de ma gratitude et de mon dévouement, en retour de tant de bontés *intellectuelles* que vous me prodiguez et que j'estime à leur prix.

CCIV.

A M. LÉO JOUBERT.

Ce 15 février 1861.

Je lis avec bien de l'intérêt et de la reconnaissance, monsieur, le beau travail que vous avez fait à l'occasion de mon livre sur Chateaubriand[1]. Je suis sensible au delà de tout à vos éloges, et je ne reconnais pas moins la justesse des critiques que vous avez eu l'indulgence de ne pas trop

---

1. Dans la *Revue européenne* du 15 février 1861.

pousser et enfoncer. Je vous remercie surtout de ne m'avoir pas fait (ce que je ne suis pas) un ennemi de la mémoire de Chateaubriand. Les lecteurs français ne savent pas comprendre une pensée double ou, pour mieux dire, deux pensées à la fois ; ils sont si faits pour la partialité, qu'ils ne prennent dans un livre complexe que ce qui leur convient, ce qui les arrange ou ce qui les choque (selon la veine du moment), et qu'ils vous en louent ou vous en blâment à tue-tête, suivant leur parti pris. Il n'y en a pas eu chez moi, monsieur, et vous avez bien voulu le marquer et le reconnaître. Il y a si longtemps que je vous lis et que je vous goûte sur toute sorte de sujets de littérature ancienne ou étrangère, qu'il m'est particulièrement doux et agréable de vous avoir une obligation toute personnelle dans une occasion où je suis si fort controversé.

Agréez, monsieur, l'expression de mes sentiments de gratitude et de haute estime.

CCV.

A M. ALEXANDRE PIEDAGNEL.

20 février 1861.

Ils sont heureusement nés, ces vers [1], et bien naturels ; ils sont dignes de celui que vous regrettez, monsieur, — que

1. M. Alexandre Piedagnel avait composé au lendemain de la mort d'Henry Murger la jolie pièce de vers qui suit :

HENRY MURGER.

Laissant pour la douce paresse
Sa porte ouverte à deux battants,

nous regrettons tous; et, quoique je ne l'eusse jamais connu personnellement ni rencontré, j'aimais à me le représenter comme vous le faites; je me suis fait bien souvent chanter son joli chant de *la Tonnelle*. — Hélas! de loin, nous ne voyons que le riant de cette vie, et des amis qui l'ont partagée m'en ont dit souvent aussi les côtés tristes et amers.

> Il aimait surtout la jeunesse,
> Et les effluves du printemps.
> Sa gaîté rêveuse, attendrie,
> Nous racontait bien des douleurs...
> Car il égrena de la vie
> Non les sourires, mais les pleurs!
>
> Il gardait mainte épave chère :
> Reliques disant du passé
> L'illusion trop éphémère,
> L'amour — éternel — effacé.
> Puis, quand ces débris pleins de charme
> Évoquaient un songe enivrant,
> Sur sa main tombait une larme
> Qu'il essuyait en soupirant.
>
> Le soir, dans l'ombre vaporeuse,
> Il croyait entendre la voix
> D'une belle et folle amoureuse
> L'appelant, tout comme autrefois.
> Son cœur alors battait plus vite :
> Musette écoutait sa chanson
> Que commentaient la marguerite
> Et le rossignol du buisson.
>
> Mimi penchait sur son épaule
> Son doux visage rose et blond;
> Ou bien, assise au pied d'un saule,
> Sur ses genoux posait son front.
> Oubliant les longs jours d'orage,
> Les froids hivers — où l'on eut faim!
> Il retrouvait dans un mirage
> Ses vingt ans, perdus en chemin.
>
> Vingt ans! — Jusqu'à la dernière heure,
> Son cœur eut cet âge béni!
> Sous l'humble toit de sa demeure
> L'hirondelle avait fait son nid...
> Mais pourquoi pleurer le poëte,
> Puisque son nom toujours vivra?
> Dès avril, à Rose, à Ninette,
> L'écho des bois le redira.

Mais le souvenir arrange tout cela ; on regrette Musette quand on ne l'a plus :

L'amour — éternel — effacé !

est un charmant vers.

Agréez, monsieur, l'expression de mes sentiments très-reconnaissants et très-distingués.

CCVI.

A M. LE DOCTEUR GABRIEL TOURDES, DE STRASBOURG[1].

Ce 18 mars 1861.

Mon cher Gabriel,

Si j'étais en veine critique, comme autrefois, je pourrais m'occuper du livre de M. Dubois ; mais je n'écris que rarement au *Moniteur*, et je ne puis engager une polémique que je n'aurais pas le temps de soutenir. Je dis une *polémique*, car le livre de M. Dubois en a déjà soulevé une. Dans tous les cas, j'y regarderais à deux fois ; car remarquez que cet estimable et savant ouvrage plaide pour une cause, pour un régime qu'il y a huit ou neuf ans on pouvait croire *nôtre*, et qu'il est évident, aujourd'hui, que ce n'était qu'un régime *provisoire* et une *transition* à un retour parlementaire. Je ne juge pas, je ne blâme pas, mais il serait ridicule, à nous qui sommes en dehors, de venir plaider

1. Au sujet du livre sur Tacite de M. Dubois-Guchan.

avec vivacité pour un ordre de choses que César lui-même paraît abandonner. Il ne faut pas être plus impérialiste que César. Je conçois la plaidoirie de M. Dubois ; le régime des empereurs a été trop dénigré, par les chrétiens d'abord et aussi par les pompéiens de collége : et nous sommes tous, si nous n'y prenons garde, plus ou moins chrétiens ou pompéiens : c'est l'effet de l'éducation. Pour réagir contre, il faudrait puissance, habileté, accord, suite, et il n'y en a pas eu. L'Empire n'a pas eu son théoricien, son doctrinaire, ou il n'a eu que M. Troplong, homme de mérite et de savoir, mais de *peu de tact,* et trop *orfévre* pour ne pas être suspect. L'*Ère des Césars* me paraît donc assez entamée. Ce qui serait à dire là-dessus de juste, de piquant, d'impartial, ne saurait se dire dans *le Moniteur*, c'est-à-dire dans le vestibule du palais de César. On n'y est pas à l'aise pour jouer avec ces grosses questions. La France est un pays ou un salon, où les Prevost-Paradol auront toujours raison, par l'ironie et un mélange adroit de générosité, des thèses un peu tardives en faveur du pouvoir, où il n'y a pas le plus petit mot pour rire. Le mérite de l'ouvrage de M. Dubois est incontestable ; il soulève quantité de questions ; j'en dirais bien mon avis dans quelque page de mes livres ; mais dans un journal, mais entre deux piliers du *Moniteur*, mais en plein vent, — non. Voilà, cher Gabriel, mon excuse. Son heure est passée ; et, comme on dit vulgairement, c'est *de la moutarde après dîner.*

CCVII.

A M. L'ABBÉ CONSTANTIN ROUSSEL.

Ce 26 mars 1861.

J'ai reçu, monsieur l'abbé, votre aimable et poétique confidence, ce petit cahier où vous avez exprimé la fleur de votre âme et de vos sentiments. Je ne saurais vous dire combien j'en ai été charmé, touché, et, aussi, heureux d'avoir servi à faire jaillir cette étincelle. Vous avez bien le ton et l'esprit du sonnet, de cette forme, hélas! qui se rapporte à une époque littéraire très-ancienne; nous autres, rénovateurs, nous n'avons réussi et pu réussir qu'auprès de quelques-uns, du bien petit nombre. Le siècle est ailleurs. Je conçois que, dans la paix de votre vie pastorale, vous ayez bien des loisirs et un superflu de sensibilité que vous cherchez à placer délicatement dans l'étude, dans le rêve poétique. Si vous saviez l'anglais, vous auriez des trésors où vous pourriez puiser. Ils ont une littérature poétique bien supérieure à la nôtre, et surtout plus saine, plus pleine. Wordsworth n'est pas traduit; on ne traduit pas ces choses; on va les respirer à la source. Laissez-moi vous donner ce conseil : apprenez l'anglais, vous le pouvez presque seul; il suffirait, au début, de quelque assistance. La syntaxe n'est rien, la lecture et la pratique sont tout. En un an ou deux, vous en seriez maître, et vous auriez un trésor poétique, intime, à votre usage. Je n'ai été, poëte, qu'un ruisselet de ces beaux lacs poétiques, mélancoliques et doux.

Merci encore de vos touchantes inspirations qui me rappellent les sonnets de Bowles.

Agréez, monsieur, l'expression de mes respects et de mon dévouement.

CCVIII.

A M***.

Ce 1er mai 1861.

Monsieur,

J'ai à vous remercier de votre honorable confiance, si flatteuse pour moi. Je vous parlerai avec franchise : ces Essais que vous voulez bien m'envoyer et qui prouvent un emploi si élevé de vos loisirs, ne se rencontrent pas, ce me semble, avec le courant d'idées et de préoccupations qui entraîne aujourd'hui les esprits, — et même le petit nombre d'esprits qui cultivent encore la poésie. La question du *merveilleux divin* n'est plus à l'ordre du jour; elle y était du temps de Boileau, elle y était à peine du temps où M. de Chateaubriand écrivait *les Martyrs*, lesquels (ne l'oubliez pas) n'eurent presque aucun succès. Que dirais-je aujourd'hui des tentatives telles que celles que vous combinez dans votre solitude? Excusez cette franchise; j'aurais besoin d'appuyer sur bien des raisons, le temps me manque. Agréez, monsieur, avec mes remercîments, l'expression de ma considération la plus distinguée.

P.-S. — Vous pouvez faire prendre chez moi le manuscrit à votre adresse.

CCIX.

A M. JULES LEVALLOIS.

Ce 29 mai 1861.

Cher ami,

J'ai reçu de vous les articles sur les critiques et celui sur madame Sand[1], très-remarquables, et ce dernier de la plus pressante et victorieuse polémique. Michel Lévy vous parlera sans doute d'un travail à faire sur une édition qu'il projette de lettres, en grande partie inédites, des *amis de Rousseau*; c'est le dépôt des *papiers Moultou*. D'Alembert, Duclos, Diderot, madame d'Épinay, etc., y défilent et y figurent[2]. J'ai cela chez moi jusqu'à samedi. Michel Lévy y viendra vers une heure. On me dit que vous avez la bonne pensée de venir ce jour-là. Je dois dîner en ville et sortir vers cinq heures. J'aurais trop de regret de vous manquer encore! Vous avez dû avoir bien de l'écho sur l'article George Sand, même des beaux arbres de Saint-Cloud.

Tout à vous.

---

1. Il s'agissait du grand prix que devait décerner l'Académie française et qui fut accordé à M. Thiers. M. Jules Levallois avait pris en main et chaudement la cause de madame Sand.

2. M. Jules Levallois avait été en effet chargé de préparer ce travail, qui, retardé pour diverses causes, ne parut qu'en 1865 sous ce titre : *Jean-Jacques Rousseau, ses Amis et ses Ennemis.*

CCX.

A M. CHARLES ASSELINEAU[1].

Ce 9 juin 1861.

Cher monsieur, ou tout simplement ami, car il faut l'être beaucoup pour avoir ainsi parlé de moi et de toutes ces œuvres si diverses; pour avoir bien voulu vous en occuper si attentivement, si profondément; pour en avoir recherché, avec cette persistance ingénieuse et si flatteuse, l'unité qui, à moi-même, m'échappe par moments; pour me l'avoir apprise ou rappelée, et m'avoir ainsi réconforté dans mes défaillances et mes dégoûts, plus fréquents que vous ne le supposez. Votre article est désormais un de mes titres; je m'en appuierais auprès des générations survenantes si je vivais assez pour cela; comme je l'ai fait, après des années, de ceux de Magnin et de mes amis de ce temps-là. Il y a une grande confusion dans les jugements que l'on fait des poëtes, et il me semble que cette confusion augmente depuis quelques années; ce peuple-ci ne procède que par engouements et entraînements; je vous avoue donc que, même quand j'aurai beaucoup rabattu des éloges que vous me donnez dans cet article, j'en accepte avec reconnaissance et une sorte de confiance la partie principale, qui porte sur l'intimité et le caractère vivace du poëte, et qui atteint,

---

1. Pour le remercier d'un article sur l'édition de *Joseph Delorme* de 1861.

pour ainsi dire, la molécule intégrante au fond de l'homme littéraire. Vous avez touché là à ma fibre la plus secrète et j'ose dire la plus chère. J'ai cru si souvent m'être trompé ou avoir échoué (dans cette ambition secrète), depuis les vingt dernières années, qu'il est doux et réconfortant de sentir l'appui et d'entendre le témoignage d'un critique de conscience et de talent qui me vient en aide, et me remet sur pied aux yeux des autres et de moi-même. Merci donc, et mille fois merci. J'irai vous le dire en vous serrant la main, mais je n'ai pas voulu retarder d'un jour à vous l'écrire.

Tout à vous.

CCXI.

A M. SAULNIER, A PONT-L'ÉVÊQUE.

Ce 20 août 1861.

Je vous remercie, monsieur, de vos bienveillantes attentions; j'aurais dû déjà y répondre. J'ai fait ce livre sur *Chateaubriand* en conscience et sans parti pris; chaque jour, durant des années, y a apporté son tribut, sa note, sa remarque. Je laisse le lecteur tirer ses conclusions. — Quant aux pages de la fin, elles sont vraies : l'auteur (madame Allart) n'est point coupable de les avoir publiées, c'est moi seul qui l'ai pris sur moi. Ce sont des choses très-vraies, auxquelles j'en pourrais ajouter beaucoup d'autres : il est bon de connaître un peu les hommes comme ils sont, comme ils étaient, surtout quand ils se sont faits les champions et les apologistes officiels des grandes causes. Je conçois, au reste, toutes les différences d'impression à ce sujet.

Agréez, monsieur, l'expression de ma gratitude et de ma considération respectueuse.

CCXII.

A M. PIERRE LAFFITTE.

Ce 4 novembre 1861.

Je suis un ingrat, mon cher monsieur, de ne vous avoir pas encore remercié de votre intéressant travail sur la Chine. Je voudrais être plus compétent sur ce sujet pour avoir le droit de vous dire combien votre théorie m'a paru ingénieuse et en même temps probable. — Aujourd'hui, j'ai à vous prier de remercier l'homme remarquable dont vous m'aviez parlé, M. Magnin, pour la Lettre[1] si élevée de sentiments et de vues par lui adressée à M. Congreve, que je viens de recevoir et de lire avec une vraie *édification*. Croyez, mon cher monsieur, à mon admiration pour vos efforts, à mes vœux pour votre réussite, au moins partielle : je voudrais avoir plus d'autorité pour vous le dire.

Bien à vous.

1. *Lettre sur la grève des ouvriers du bâtiment à Londres*, adressée au docteur Richard Congreve, par M. Fabien Magnin, ouvrier menuisier. Brochure in-8°, Paris, 1861.

CCXIII.

A M. JULES LEVALLOIS.

Ce 14 décembre 1861.

Cher ami,

Vous aurez compris que, si je n'ai pas répondu, ç'a été à cause de ma surcharge de travail.

J'ai tout reçu de *l'Opinion* et tout lu avec intérêt, depuis la *Sœur Philomène* jusqu'à l'article Meissonier [1].

Je voudrais pouvoir faire ce que vous désirez. Voici mes difficultés : je hais de *solliciter*. Si l'on sollicite vaguement, mollement, on n'obtient pas : il n'y a qu'une manière, c'est de demander *comme pour soi*. Or, cela engage beaucoup. Je prends ces personnages par leurs surfaces polies, je *réserve* mon indépendance ; n'ayant jamais rien à leur rendre, je m'abstiens d'être leur obligé ! Combien il faut estimer l'intérieur des gens pour supporter d'être leur obligé !

Cela ne veut pas dire que je ne tenterai rien ; mais ce m'est une difficulté morale...

Excusez-moi de n'en pas dire plus en écrivant : je rebute sur l'écriture, tant j'ai à en faire.

Mille bonnes amitiés à vous et à Chesneau.

1. Par M. Ernest Chesneau.

CCXIV.

AU MÊME.

Ce 8 janvier 1862.

Eh bien, non, cher ami, le mal est irréparable : il n'y en a plus, Chesneau a eu le dernier.

Il n'y en a plus, et pourtant il y en a encore.

Si ce n'est qu'impossible, cela se fera.

Voici l'histoire : je n'ai eu primitivement qu'un seul de ces marmousets, fait en Savoie par M. de Solms [1]; mais Mathieu-Meusnier [2], le voyant un jour chez moi, a demandé à faire photographier l'unique exemplaire, et cette photographie de seconde main que ces dames ont accaparée et distribuée, il n'en restait plus qu'une épreuve l'autre jour.

Oui, mais on a la plaque, et on en fera faire une pour

---

1. Il s'agissait d'une photographie de Sainte-Beuve, faite au chalet de Solms à Aix-les-Bains, et dont M. Jules Levallois a dit très-justement : « Je n'en connais pas qui rende plus exactement la physionomie de Sainte-Beuve... Lorsque je la regarde, il me semble que je vois revivre mon vieux maître. C'est bien lui, saisi dans un de ses meilleurs moments, dans une de ses heures trop rares de douce sérénité; quand, par exemple, il descendait au jardin, vers quatre heures de l'après-midi, après avoir lu un chant d'Homère... etc. » — Cette photographie, justement, a été prise dans un jardin. — Le jugement de M. Jules Levallois, qu'on vient de lire, est extrait de son livre sur *Sainte-Beuve*, page 189 et 190.

2. Le statuaire Mathieu-Meusnier, auteur d'un buste en marbre de Sainte-Beuve, œuvre très-distinguée, qui fait pendant au buste de Daunou, à la Bibliothèque de Boulogne-sur-Mer, et dont il existe des réductions, distribuées par l'auteur aux amis de Sainte-Beuve.

vous, tout exprès. N'est-ce pas mieux ? Je n'ai attaché à cela aucune importance et n'y en ai donné aucune.

Ainsi me voilà excusé, n'est-ce pas ? — Je n'ai à vous souhaiter, cher ami, que de mener votre campagne aussi vaillamment que vous faites dès l'entrée: votre *Proudhon* est des plus fermes et, ce me semble, des plus sensés : je ne possède pas à fond sa théorie ; je lui accorderais seulement un peu plus d'éloges littéraires: *Solatia victo.*

De la santé, cher ami, c'est la seule chose que vos amis doivent vous souhaiter, puisque, avec elle, vous avez d'ailleurs en vous toutes les vertus intérieures qui font, soutiennent, animent et passionnent le talent.

Tout à vous.

P.-S. — Et amitiés à Chesneau.

CCXV.

A M. ALPHONSE FEILLET.

Ce 25 janvier 1862.

Monsieur,

Je viens de lire avec grand intérêt votre savant, édifiant et effrayant ouvrage [1] sur toutes ces misères et ces charités. Je vous remercie du bienveillant appel qui me concerne [2], j'y songerai.

1. *La Misère au temps de la Fronde.*
2. M. Feillet engageait Sainte-Beuve dans son ouvrage, à la page 244, à traiter la charité de Port-Royal pendant la Fronde.

Nous rencontrerons, je crois, votre livre dans nos concours à l'Académie, il y trouvera des défenseurs [1].

CCXVI.

A CHARLES BAUDELAIRE.

Ce 26 janvier [1862].

Mon cher enfant,

Je suis charmé de votre remercîment ; j'en étais même un peu inquiet, je vous l'avoue, car, en chatouillant, on n'est jamais sûr de ne pas trop gratter. — Je ne vous conseille pas de poser par une lettre cette *antithèse Lacordaire*. Je crois qu'il vaudrait mieux laisser les choses comme elles sont, sans plus écrire. Mais ce choix exprès du Lacordaire, le *catholique-romantique*, paraîtrait excessif et choquant, ce que votre bon goût de candidat [2] ne veut pas faire.

Mais pourquoi en voudrais-je donc à cet aimable et bon M. Poulet-Malassis? il ne m'a fait que du bien, et je crains de ne le lui avoir pas assez rendu.

CCXVII.

AU MÊME.

Ce 9 février 1862.

Cher ami,

Je suis bien muet avec vous, c'est que je suis bien bavard avec le public.

1. L'ouvrage de M. Feillet a été en effet couronné par l'Institut.
2. Baudelaire posait sa candidature à l'Académie française.

Je vous ai dit, raisonnablement, qu'il n'y avait rien à faire selon moi. Votre candidature n'a pas été mal prise par le public; on a été assez bien — et même fort bien — dans la presse.

Laissez l'Académie pour ce qu'elle est, plus surprise que choquée, et ne la choquez pas en revenant à la charge au sujet d'un mort comme Lacordaire. Vous êtes un homme de mesure, et vous devez sentir cela.

Je n'ai jamais de jour de *congé*. Le lundi vers midi, je relève la tête et respire pendant une heure environ; après quoi, le guichet se referme, et je suis en cellule pour sept jours.

Vous êtes sévère pour Pontmartin et indulgent pour sa cause. Si les causes sont *nobles*, il ne fait pas mal de les défendre, et il s'en tire avec assez d'élégance; mais, si les causes sont *fausses*, il faut établir sa batterie autrement. — Et puis on ne fait pas un article dans un bon mot, comme un homme d'esprit fait en causant.

Tout à vous.

CCXVIII.

A M. NEFFTZER.

Ce 12 février 1862.

Monsieur,

J'ai à vous remercier de l'attention que vous avez accordée à cet article sur l'Académie [1]. Un de mes buts est déjà

---

1. L'article intitulé *Des prochaines élections de l'Académie* (20 janvier 1862), et recueilli depuis dans les *Nouveaux Lundis*, t. 1er.

atteint, puisque j'ai provoqué dans la presse les réflexions sérieuses et les conseils désintéressés d'écrivains tels que vous. J'aurais bien des choses de détail à dire en réponse à quelques-unes de vos observations. Je n'ai jamais songé à présenter dans cet article un plan de réforme complet pour l'Académie. J'ai désiré et je désire encore la discussion intérieure des titres des candidats. Mais, quand on parle de cela à quelques académiciens et qu'on leur propose l'exemple des autres classes de l'Institut, ils vous objectent que ces autres classes ont des sections et que l'Académie française n'en a pas. De là la presque nécessité de leur montrer qu'on peut, à la rigueur, concevoir des sections à l'Académie française. C'est ainsi que j'ai été amené à présenter cette division en sections, laquelle, je le crois, pourrait se défendre contre vos objections à vous-même. M. Biot, par exemple, n'est entré à l'Académie française que parce qu'il savait pratiquer *l'art d'écrire* dans son application aux sciences; ce qui le rangerait dans la sixième section. — En proposant cette idée, est-il besoin de vous déclarer que je n'ai été inspiré ni soufflé par personne, et que je n'ai prétendu non plus inspirer personne? J'ai voulu *saisir* le public et l'opinion de la question ; voilà tout. — Mon désir serait qu'au sein de l'Académie, et sans qu'il y ait division officielle par sections, on observât une certaine convenance et analogie dans la plupart des choix, et qu'on fît, en un mot, comme à l'Académie des inscriptions, où il y a discussion de titres sans qu'il y ait sections. Mais cette dernière Académie suppose mentalement qu'elle pourrait en avoir, et elle agit et procède en conséquence.

 Croyez bien, monsieur, que, depuis dix-huit ans déjà que

je fais partie de l'Académie, je n'en suis pas à me dire que l'Académie est ou doit être un salon, et le *salon français* (comme vous le dites très-bien) par excellence. Mais ce n'est pas ma faute si, depuis dix ans à peu près, elle a cessé d'être un salon et si elle l'est moins que jamais aujourd'hui. Un vrai salon n'a pas besoin de règlement; il a pour sauvegarde suffisante la politesse et le tact. J'aurais trop de choses précises à alléguer sur ces deux points pour pouvoir les énumérer par lettre. Ce qui est certain, c'est que l'Académie est en voie plus que jamais de ne procéder dans ses choix ni comme une compagnie ni comme une assemblée délibérante, mais comme un conclave, c'est-à-dire avec des tours de main et des dessous de cartes perpétuels; et elle n'a pas comme le conclave l'inspiration assurée du Saint-Esprit.

Agréez, monsieur, avec mes remercîments, l'expression de ma considération la plus distinguée.

P.-S. — Il va sans dire que cette lettre n'est que pour vous, pour M. Nefftzer *seul,* et non pour le rédacteur en chef du *Temps.* Veuillez la faire lire seulement à notre ami, M. Scherer, si vous y pensez.

CCXIX.

A CHARLES BAUDELAIRE.

Ce 15 février 1862.

Mon cher ami,

Votre lettre a été lue avant-hier; votre désistement n'a pas déplu; mais, quand on a lu votre dernière phrase de remercîment, conçue en termes si modestes et si polis, on a dit tout haut : *Très-bien!* Ainsi vous avez laissé de vous une bonne impression : n'est-ce donc rien?

Tout à vous.

CCXX.

A MADAME MILLIÈRE[1].

Ce 15 mars 1862.

Madame,

Je regrette de vous avoir causé une impression pénible. Je n'ai songé dans ces articles[2] qu'à être exact et fidèle. Je n'ai pas cru manquer à la convenance, et personne ici ne paraît croire que j'y ai manqué. La convenance, en effet, est chose relative, et tout va très-vite de nos jours.

J'ai fait en sorte de me renseigner auprès des personnes qui, à l'Institut, avaient le mieux connu monsieur votre père et avaient le plus causé avec lui. J'avais moi-même mes impressions personnelles, et nullement amères, je vous assure. J'ai reçu, depuis la publication des articles, quantité de témoignages et de suffrages, qui me confirment dans l'idée que je ne me suis guère trompé.

Mais pourquoi voir dans ces articles, madame, ce qui n'y est pas? Je n'y ai cherché, encore une fois, que la ressemblance. Des amis de M. Biot eux-mêmes m'en ont

---

1. Fille de M. Biot.
2. Articles de 1862 sur M. Biot (*Nouveaux Lundis*, t. II).

fait des remercîments. Je conçois, d'ailleurs, qu'une fille puisse être plus difficile et veuille *indulgence* au lieu d'impartialité.

Vous me permettrez, madame, de ne pas toucher au point délicat que vous soulevez. Je n'ai fait que constater un certain changement dans la manière de voir de M. Biot sur ces questions spéculatives. Je ne l'aurais même pas fait si je n'avais trouvé la trace de cette influence dans ses écrits. Ce que j'ai retiré d'ailleurs d'éloges à sa vieillesse, je l'ai rendu amplement à sa jeunesse.

Vous m'avez signifié, madame, votre mécontentement d'une manière très-sèche et où il ne tient qu'à moi de reconnaître l'Église.

J'ai l'honneur de vous assurer, madame, de mon profond respect.

CCXXI.

A M. L'ABBÉ CONSTANTIN ROUSSEL[1].

12 avril 1862.

Agréez mille remercîments, cher monsieur, et mes compliments bien sincères. Si *le Constitutionnel* arrive à Dom-

---

1. M. l'abbé Roussel, un poëte très-délicat, de l'école anglaise des lakistes, avait adressé à Sainte-Beuve trois sonnets, traduits de Wordsworth. Le critique des *Lundis* répond qu'il va les faire entrer dans un prochain *convoi de poëtes*, selon une de ses expressions familières : on peut voir, en effet, dans les *Nouveaux Lundis*, t. II, la place importante qu'occupe M. l'abbé Roussel dans un de ces articles, consacrés à la poésie contemporaine, et qui ont pour titre *le Poëme des Champs*, par M. Calemard de Lafayette.

paire[1], veuillez parcourir le numéro de *lundi* ou de *mardi* prochain, vous y verrez une petite indiscrétion, mais vous n'êtes pas nommé et ne le serez que plus tard dans le volume quand je réimprimerai ces choses.

Croyez-moi bien, monsieur et cher poëte,

Tout à vous.

CCXXII.

A M. EDMOND SCHERER.

Ce 22 avril 1862[2].

Cher monsieur,

Je ne veux pourtant pas attendre votre second article pour vous dire combien je me trouve déjà comblé et récompensé par le premier. Il m'était impossible de désirer quelque chose de plus agréable et de plus consolant pour l'ancien poëte qui vit, à demi enseveli, tout au fond de moi. Vous avez su toucher tous les points les plus délicats et les plus décisifs, ceux que bien peu de critiques avaient daigné discerner jusqu'ici. En désignant ces points et ces endroits à l'attention, tant dans mes poésies que dans mon roman et dans *Port-Royal*, vous m'aurez élevé d'un degré dans

---

1. M. l'abbé Roussel était alors vicaire de Dompaire-Laviéville, dans les Vosges, auxquelles il a emprunté plus tard le titre de son recueil de poésies, *Fleurs des Vosges*.

2. Sainte-Beuve répond, dans cette lettre et dans celle du 6 mai 1862, à deux articles sur lui qui venaient de paraître dans *le Temps*; M. Edmond Scherer les a reproduits depuis dans ses *Études sur la littérature contemporaine*, t. Ier, 1863.

l'opinion de plusieurs, et j'aurai du moins le mérite désormais de m'être posé les grandes questions et d'en avoir senti le poids. Le plus noble de mon ambition est satisfait. Je fais la part de toutes les indulgences. Mais vous êtes un critique sévère, et votre indulgence même est un honneur qui compte à jamais pour moi.

Croyez-moi bien, cher monsieur, tout à vous.

CCXXIII.

A M. CHARLES DUVEYRIER.

Ce 27 avril 1862.

Cher ami,

Je vous remercie de l'envoi, et je ferai utilement la distribution. Comme je ne suis bon pour longtemps qu'à vous informer et à être un indicateur, voici une indication que vous prendrez pour ce qu'elle vaut. Je causais l'autre jour avec Courbet; ce peintre vigoureux et solide a de plus des idées, et il me semble qu'il en a une grande : c'est d'inaugurer une peinture monumentale qui soit en accord avec la société nouvelle. La peinture des églises est à bout de voie; des peintres incrédules ressassent avec plus ou moins de talent de vieux sujets. Hors de là, il n'y a guère que de la peinture de chevalet et de genre pour des salons et des galeries d'amateurs; le grand effet de la peinture sur place et appropriée aux monuments est à retrouver. Courbet a l'idée de faire, des vastes gares des chemins de fer, des églises nouvelles pour la peinture, de couvrir ces grandes parois de mille sujets d'une parfaite convenance, — les vues mêmes anticipées des grands sites qu'on va parcourir ; les portraits des grands hommes dont le nom se rattache aux cités du parcours ; des sujets pittoresques, moraux, industriels, métallurgiques ; en un mot, les saints et les miracles de la société moderne.

N'est-ce pas là une idée encyclopédique et qui mérite faveur ? A Courbet, cependant, il faut des gares plus que des mains de papier. Mais MM. Pereire ont, ce me semble, des unes autant que des autres, et il serait digne de vous de voir ce qu'on pourrait faire de tout cela, quant à la pratique. Vous qui êtes un accoucheur d'hommes et d'esprits, voyez donc Courbet, si le cœur vous en dit, et forcez sa timidité fine et son orgueil naïf et puissant de s'expliquer, de se développer. Aidez-le en un mot et qu'il vous aide.

Tout à vous.

P.-S. — Courbet demeure rue Hautefeuille, au coin de la rue de l'École-de-Médecine.

CCXXIV.

A M. L'ABBÉ CONSTANTIN ROUSSEL.

Co 30 avril [1862].

Mon cher monsieur,

Vous n'avez à avoir aucune inquiétude ; je ne mettrai que les initiales et ne dirai pas le nom du modeste poëte[1]. Je

---

1. M. l'abbé Roussel se défendait d'être nommé en toutes lettres, même dans le volume où serait recueilli l'article du *Constitutionnel.*

dois pourtant vous dire que l'échantillon que j'ai donné a fait généralement plaisir et a provoqué plus d'une question. C'est donc moi qui reste votre obligé, mon cher monsieur, par votre aimable présent.

Agréez l'expression de mes sentiments de respect et de dévouement.

CCXXV.

A M. EDMOND SCHERER.

Ce 6 mai 1862.

Cher monsieur,

Je serais bien difficile et bien déraisonnable si je n'étais encore plus content et flatté de ce second article que du premier. Il ne m'appartient pas d'exprimer une louange à cause du sujet ; mais le sujet a tressailli en se sentant touché à tous les endroits essentiels et qui, pour les médecins qui l'avaient traité jusqu'ici, étaient restés à peu près cachés. C'est vous qui m'aurez *philosophisé;* j'ai maintenant mon brevet, et mieux qu'en poche; je puis passer tête levée devant ceux qui me jugeraient simplement léger. Vous avez dit de bien belles choses sur la sincérité critique ; vous en avez dit de justes sur d'autres points, un surtout où j'ai cédé au plaisir de l'ironie: je n'ai pas su résister à la démangeaison de tirer mon coup de fusil, un jour que j'étais en sentinelle et que les gens qui passaient sous le rempart me paraissaient trop bruyants et ridicules : de là un acte plus sérieux en fait qu'il ne l'était dans ma pensée [1]. Mon changement d'idée sur l'humanité, et particulièrement sur l'humanité *française*, date de bien avant 1848 ; je crois l'avoir consigné dans certain article *La Rochefoucauld*, antérieur. Je comptais que vous m'auriez tancé plus rudement sur mon illusion finale et infinie : je vous ai trouvé bien indulgent, et je rêve sur cette fin de votre article, en y cherchant la direction de vos propres pensées dont je suis très-curieux.

Parler de nos mœurs littéraires me paraît bien difficile ; si l'on espérait d'y corriger quelque chose, à la bonne heure! mais la probité est rare, et c'est ce vice capital qu'il est interdit de dénoncer : cela touche de trop près à la peau.

Vivons donc en ce monde mêlé, en choisissant de notre mieux nos amis : il me sera à jamais précieux et honorable, cher monsieur, d'avoir rencontré en vous un critique à qui je ne puis, sans ingratitude, donner d'autre nom dorénavant que celui d'ami.

Tout à vous.

CCXXVI.

A M. ULRIC GUTTINGUER.

Ce 14 mai 1862.

Cher Ulric,

Vous êtes donc incurable ! vous êtes resté l'homme de nos belles et jeunes années, de nos ardeurs qui ne vivent

---

[1] Sainte-Beuve répond ici à une critique assez sévère que M. Edmond Scherer avait faite de son fameux article des *Regrets*, qui lui a été si souvent reproché par tous les partis, bien qu'il s'adressât surtout aux doctrinaires.

plus qu'en vous et en un autre ami que peut-être vous avez oublié, Victor Pavie, d'Angers; celui-là encore un fidèle, un chapelain resté pieux de notre chapelle ardente! Nous, nous avons trop vécu de la vie assujettie et productive, de la vie prosaïque et mercenaire, et la Poésie, cette maîtresse jalouse, s'en est enfuie. Vous nous avez vu dans ces deux ou trois années de véritable ivresse, vous m'avez vu dans ces six mois célestes de ma vie qui m'ont fait faire les *Consolations;* vous avez contribué à m'y inspirer par ce mélange de sentiments tendres, fragiles et chrétiens que vous agitez en vous et qui sont un charme. Merci donc pour ce cri d'autrefois, dussé-je vous trouver injuste pour le critique trois fois indulgent, dont la sévérité habituelle a fléchi à mon égard [1]. Mais vous, vous n'êtes pas un critique, vous êtes le *frère* aîné de cette *jeune école* à laquelle vous survivez...

Nos cœurs du moins s'entendent toujours, et le mien vous remercie.

CCXXVII.

A M. AIMÉ CAMP, INSPECTEUR DE L'ACADÉMIE DE MONTPELLIER.

Paris, 2 juin 1862.

Monsieur,

J'aurais déjà dû depuis longtemps répondre à la consultation si honorable et si flatteuse qui m'est arrivée par

---

1. Il s'agissait de M. Edmond Scherer qui avait écrit dans le journal *le Temps* deux articles auxquels Sainte-Beuve avait ré-

M. Flourens. Je vous ferai ma confession sur Pindare : il m'a toujours dépassé par la difficulté de le bien entendre et d'en jouir. Pendant les longues et heureuses années que j'ai pu m'occuper de lectures grecques en compagnie d'un grec savant et passionné de mes amis[1], combien de fois n'a-t-il pas voulu m'entraîner vers Pindare! Je le suivais tant qu'il parlait, tant qu'il me traduisait; je me rendais compte de la beauté et de l'élévation particulière, de l'éclat merveilleux de ce génie; mais, de moi-même, je ne me sentais pas de force à recommencer le voyage, et je revins vite me reposer avec le grand et bon Homère dans les plaines d'Ionie. Votre appréciation de Pindare me paraît la plus vraie que j'aie lue, et, quand votre effort sur ce Pindare, plus admiré que fréquenté, et le commerce étroit que vous avez entretenu avec lui ne vous auraient conduit qu'à cette justesse et à cette supériorité de critique, vous n'auriez pas perdu votre peine. Après cela, est-il possible de faire passer la poésie de Pindare dans la nôtre avec intérêt et charme, ce que doit toujours chercher la poésie? est-il possible, en le traduisant avec fidélité et élégance, ce qui est un tour de force et ce que pourtant vous avez fait, d'y conserver cet agrément, cette lumière qui brille partout, cette grâce qui *fleurit la vie?* Je ne le pense pas. Ce qui était clair pour les Grecs est pour nous tout rempli d'énigmes; il faudrait une note et un éclaircissement presque à chaque mot. De plus, le tissu même de

---

pondu comme on vient de le voir. Ulric Guttinguer en avait pris occasion, pour faire à son tour un article, dans le recueil intitulé *la Mode nouvelle* (n° du 12 mai 1862).

1. M. Pantasidès.

notre langue poétique n'est pas assez ferme dans les tons élevés pour le revêtir tout entier... Ne luttez pas contre l'impossible, monsieur ; mais qu'il sorte de vos veilles une étude sur Pindare où vos essais de traduction viendraient comme échantillons et à l'appui de vos vues, de vos admirations de critique qui sent si bien son modèle.

Pour Synésius, c'est autre chose ; vous me paraissez y avoir fort bien réussi. Les tons de Lamartine, les accents nouveaux que ce poëte néo-platonicien et à demi chrétien nous a appris, suffisent à interpréter le vieil évêque et je crois qu'il ne perd pas à passer par les cordes de cette harpe éolienne que vous savez très-bien toucher.

CCXXVIII.

AU MÊME.

J'ai été un peu confus de me voir cité par vous comme poëte [1]. Ce m'est toujours un étonnement et une confusion de voir mes vers détachés et cités en public et au grand jour. Ils ne sont pas faits pour cela, ce me semble. Ils sont boiteux, pressés, enfermant moins de mots que de sens. Ce sont des vers de chambre faits pour l'ombre et non pour le soleil. Oh ! que Pindare est différent ! Achevez de nous le donner... Vous avez là, pour le fond de votre vie, une occupation immortelle.

1. M. Camp avait cité des vers des *Pensées d'août* dans un discours de distribution de prix.

CCXXIX.

A M. ÉTIENNE-JEAN DELÉCLUZE.

Ce 15 juin 1862.

Monsieur,

J'ai l'honneur de vous remercier d'avoir pensé à moi pour le volume de vos *Souvenirs*[1]. Ces souvenirs, en effet, dans une bonne partie, sont aussi les nôtres; vous avez rendu à merveille le mouvement d'idées de 1819 à 1825, par des récits et par des tableaux ou des portraits familiers et fidèles. Je dirais volontiers mon avis au public, si je me sentais libre sur tous les points. Ma prétention, en effet, est que cet *Étienne* qui fait le sévère sur ce qu'il appelle la *bourrasque* romantique, y a lui-même aidé à son point de vue et du fond de ce qu'il appelle sa modeste *encoignure*. Oui, *Étienne* qui a fait *Mademoiselle de Liron* et qui a osé nous la montrer *un peu grasse*, quoique sensible; Étienne qui nous a rendu certain conteur italien dans sa bonhomie naïve et fine; celui même qui a montré au naturel, dans deux dessins fort curieux, les costumes de 1814; qui a toujours préféré sous sa plume le naturel direct et le vrai à la noblesse et à la fausse élégance, ou même à l'élégance telle que les derniers classiques l'entendaient; qui, dans ses portraits d'hommes qu'il a connus, ne craint pas de

---

[1]. Les *Nouveaux Lundis*, t. III, renferment deux articles piquants sur ces *Souvenirs de soixante années*, par Étienne-Jean Delécluze.

nous faire voir le visage de Ballanche, non par le beau côté du profil, mais par le côté *concassé*, celui-là n'est pas un classique, — en pratique du moins ; et, si j'osais, je le revendiquerais comme nôtre, fût-ce malgré lui.

Agréez, mon cher monsieur, et avec moins de cérémonie que vous n'en mettez envers une ancienne connaissance, l'expression de mes sentiments respectueux et très-distingués.

CCXXX.

A M. JULES TROUBAT.

Ce 23 juin 1862.

Cher ami,

Nous attendions de vos nouvelles. Je vois avec plaisir que le voyage s'est passé à souhait. Vous avez fait et vu bien des choses, tandis qu'ici nous avons été monotones et stagnants. Je ne vous rendrai donc aucunes nouvelles en retour des vôtres. Le mariage de ... s'est célébré assez tristement, m'a dit l'un des assistants et témoins : on craignait un esclandre de la *défunte* maîtresse jusqu'au pied de l'autel : de là l'heure de minuit choisie, car, à cette heure, n'entre pas à l'église qui veut. — J'ai eu tout le détail du procédé de madame de S... envers madame A... ; il est bon que le *baron*[1] sache cela, car c'est un de ses torts. Je dois dîner un jour avec cette dame A...

1. En ce temps-là paraissait au *Constitutionnel* un courrier de Paris hebdomadaire et fort cancanier, signé « baron Stock », qui souleva bien des réclamations auxquelles était chargé de répondre

Je travaille à bâtons rompus et ne ferai rien qui vaille jusqu'à votre retour. J'aurais bien voulu être assez alerte et fringant pour vous accompagner et jouir de l'hospitalité aimable de votre famille. Je vous prie de présenter à vos parents mes remercîments et mes respects : c'est eux qu'il faudra décider à faire le *petit* voyage de Paris. Jouissez, cher ami, de ces bonnes journées, et croyez à tous mes sentiments d'amitié et de dévouement.

CCXXXI.

A M. DE FRARIÈRE [1].

Ce 25 juin 1862.

Monsieur,

Il n'est pas besoin de tant de recommandations auprès de moi ; je ne suis pas si grand seigneur, je ne suis que très-occupé et, par conséquent, de nul loisir. — Je viens pourtant de prendre connaissance de vos idées. L'idée essentielle me paraît juste, incontestable, l'influence de la mère et de ses dispositions sur l'enfant pendant la gestation. Mais, monsieur, vous compliquez cette idée de quan-

---

M. Jules Troubat. C'était convenu entre M. Boniface et Sainte-Beuve, pour cacher le véritable nom de l'auteur ; mais ce fut bientôt le secret de Polichinelle. On peut livrer aujourd'hui à la postérité, sans indiscrétion, les noms des principaux écrivains et gens d'esprit qui collaborèrent à cette œuvre du baron Stock : c'étaient madame de Solms, le comte Alexis de Pomereu, le prince de Polignac, M. Tony Révillon, etc.

1. Auteur du livre intitulé : *Éducation antérieure.* — *Influences maternelles pendant la gestation*, etc.

tité d'hypothèses, de questions, selon moi, superflues et des plus obscures, l'âme, le moment où comme un oiseau elle vient se loger dans le corps, le libre arbitre, etc. J'aurais aimé vous voir traiter cette question physiologique en homme de science ; vous avez des faits, des observations, multipliez-les; tâchez de les avoir le plus authentiques que vous pourrez.

J'ai moi-même un fait à vous produire à l'appui de cette influence. — Ma mère a perdu mon père la première année de son mariage, elle était enceinte de moi, elle m'a donc porté dans le deuil et la tristesse; j'ai été abreuvé et baigné de tristesse dans les eaux mêmes de l'amnios; eh bien, j'ai souvent attribué à ce deuil maternel la mélancolie de mes jeunes années, et ma disposition à l'ennui.

Mais tout cela est bien vague, difficile à déterminer dans la juste mesure : je voudrais voir chez vous des faits, encore des faits et toujours des faits soigneusement recueillis, vérifiés. Au lieu de cette méthode, vous vous jetez dans toute sorte de questions les plus vastes, les plus vagues et presque insolubles ou, pour mieux dire, qui le sont tout à fait.

Pour moi, je n'aime à parler que de ce que je sais bien : pour traiter la question des influences maternelles dans le fœtus et sur le fœtus, il faut être physiologiste ; pour en parler pertinemment dans un journal en critique compétent, il faut être physiologiste aussi. Je n'ai que l'aperçu de ce qu'il faudrait, et je ne me sens pas de force à discuter un problème de cette nature, ni à y porter lumière ni jugement.

Vous m'excuserez donc, et daignerez agréer, monsieur, l'expression de mes sentiments les plus distingués.

CCXXXII.

A M. LE VICOMTE JULES DE GÉRES.

Paris ce 14 juillet 1862.

Le *vieil* homme a raison de ne pas mourir en nous, monsieur, quand ce *vieil* homme est, comme chez vous, l'homme jeune, sensible, poétique, qui sait les choses du cœur, et qui a le secret d'en bien parler.

Il n'y a pas de prescription contre les Muses, elles reviennent quand elles veulent, et on ne peut que les recevoir avec gratitude. Ainsi vous les recevez, et ainsi je les reçois de vous.

Agréez, monsieur, l'expression de mes sentiments les plus distingués.

CCXXXIII.

A MADAME VERTEL.

Ce 22 août 1862.

Chère madame et amie,

J'ai reçu le double portrait; ni l'un ni l'autre ne quittera la cheminée; j'en ai un autre dans ma mémoire du cœur, qui ne me quittera pas non plus.

Je suis fâché de vous avoir fait quelque peine sur l'article de ce digne homme[1]. Il a été vraiment un adversaire assez maussade à notre égard. Je lui ai rendu d'ailleurs justice, ce me semble, sur bien des points. Je vous assure que ce portrait d'Étienne a paru très-ressemblant à ceux qui le connaissent de près.

Je ne me sens aucune supériorité. *Condamné* par les circonstances à écrire sur tous sujets, je ne choisis pas, je traite les sujets qui s'offrent d'eux-mêmes à ma rencontre, tâchant de faire honnêtement et en conscience mon métier, voilà tout.

Je suis toujours heureux d'avoir des marques d'attention de vous. Je présente mes hommages et compliments à mademoiselle Noëma, et mes amitiés à votre fils.

A vous, chère madame, de tout cœur et de tout respect.

CCXXXIV.

A M. L'ABBÉ MARGAINE,
CURÉ DE DOMPAIRE-LAVIÉVILLE (VOSGES).

Ce 2 octobre 1862.

Monsieur l'abbé,

J'ai bien à vous remercier du témoignage aimable de confiance que vous me donnez. J'avais trouvé en effet la modestie de notre vicaire poëte des Vosges[2] bien grande et

---

1. M. Delécluze, à qui Sainte-Beuve venait de consacrer deux articles, dans *le Constitutionnel*.
2. M. l'abbé Roussel, qui ne voulait pas que Sainte-Beuve le nommât, en reproduisant dans les *Nouveaux Lundis*, son article sur les sonnets traduits de Wordsworth. (Voir ci-dessus les lettres du 12 et du 30 avril 1862.)

même excessive, mais je craignais aussi que quelque convenance ecclésiastique ne fût engagée dans la question de publicité. Je vois avec plaisir qu'il n'en est rien, et votre lettre, monsieur le curé, me fait entrevoir un coin de paysage des Vosges où l'on est heureux, où l'on s'aime et l'on s'apprécie, et où il doit être très-doux de vivre.

Veuillez agréer, monsieur, l'expression de ma considération respectueuse et offrir mes amitiés à M. l'abbé Roussel.

CCXXXV.

A M. PAULIN PARIS.

Ce 3 novembre 1862.

Il n'y a pas de coup de griffe, quoi que vous en disiez : il y a une contradiction bien nette et bien franche sur un terrain où vous-même l'avez instituée. Il vous a plu, dans vos leçons imprimées, de me prendre à partie sur mes opinions de 1828 ; pour être juste, vous auriez pu tenir compte d'une note relative au livre même de votre frère (page 458 de mon *Tableau de la poésie au* XVIe *siècle*, édition de 1843). Bref, vous avez institué une discussion en règle. J'ai mis du temps à y répondre ; ce que j'avais dit dans des leçons à l'École normale avait chance de ne jamais sortir : il a fallu une occasion naturelle et nécessaire [1]. Je n'ai jamais le pre-

---

1. Voir, dans les *Nouveaux Lundis*, t. III, le deuxième article, intitulé *le Mystère du siège d'Orléans ou Jeanne d'Arc, et, à ce propos, de l'ancien Théâtre Français*. Sainte-Beuve y parle, dans les premières pages, d'une discussion survenue entre les deux frères, M. Paulin Paris et M. Louis Paris, à propos d'un point très-obscur d'érudition.

mier rompu une trêve, et je ne commence *jamais* le premier.

Vous avez rendu de grands services aux études littéraires du moyen âge; je l'ai dit incidemment en bien des endroits. Mais nous-même nous avons marché depuis 1828, vous semblez l'ignorer : vous ignorez vos conquêtes.

Je ne fais pas la guerre au moyen âge, je l'étudie. Ce que j'ai imprimé depuis quinze ans est plein de ces témoignages d'attention. J'ai parlé du *Roman de Renart*, de Villehardouin, de Joinville, de *la Mort de Bégon*; et, si vous jetiez les yeux sur l'*Introduction* que j'ai mise aux *Poëtes français* de Crépet, vous verriez que je tâche de me mettre au pas et de me tenir au courant.

Je laisse de côté mainte épigramme dont vous croyez aiguiser votre lettre. Votre premier mouvement n'est pas toujours le meilleur; vous vous y êtes livré trop souvent.

CCXXXVI.

A M. LE GÉNÉRAL COFFINIÈRES.

Novembre 1862.

Général,

Ce n'est que parce qu'on m'a assuré que vous ne trouveriez pas trop extraordinaire de recevoir une lettre d'une personne qui n'a pas l'honneur d'être personnellement connue de vous, que je me permets une démarche en faveur d'un des candidats à la place en ce moment vacante à l'École polytechnique.

Je dois dire en mon âme et conscience que, si quelqu'un me paraît propre à enseigner à des élèves des hautes sciences, la littérature française, à leur en inspirer le respect, à leur en montrer non pas seulement les parties agréables et ornées, qui pourraient bien ne les toucher que médiocrement; mais les parties sérieuses, historiques, faisant loi elles-mêmes, et se rattachant à d'autres lois déjà connues ; si quelqu'un est propre à cette tâche difficile, sévère et toute neuve par le genre de considérations et de connaissances variées qu'elle exige, c'est M. Taine.

Il est savant au vrai sens du mot ; il sait de ces choses que les élèves des sciences apprécient le plus, et en même temps il est littérateur profond, original, sachant les langues étrangères, en même temps que les sources antiques, ayant à sa portée tous les termes de comparaisons, ne se contentant jamais d'aperçus légers, soi-disant élégants et superficiels. Il me semble, en un mot, tout fait pour exercer une influence utile dans une école savante et pour avoir prise sur des esprits qu'un enseignement plus léger ne parviendrait pas à captiver et à intéresser.

C'est un simple témoignage que je me plais à rendre à l'un des esprits éminents de notre temps [1].

Veuillez agréer, monsieur le général, l'expression de ma considération très-respectueuse.

---

1. La place fut donnée à M. de Loménie.

CCXXXVII.

A M. PARENT DU ROSAN.

Ce 8 décembre 1862.

Monsieur,

Je vous remercie beaucoup de votre offre obligeante, et la meilleure manière de vous remercier est d'en profiter. Voici de quoi il s'agit : la comtesse de Boufflers, l'amie intime du prince de Conti, l'amie de Rousseau, de David Hume, a vécu après 89 ; mais où a-t-elle fini ? quand est-elle morte ? où se sont passées ses dernières années ? Les témoignages là-dessus ne sont que bien vagues ou même absents et nuls. La personne dont votre lettre me parle, la comtesse *Amélie* de Boufflers, qui était célèbre par son talent sur la harpe, était, je crois, la belle-fille de celle qui m'occupe[1] ; mais les renseignements sur l'une doivent conduire et permettre de remonter à l'autre. Aussi, monsieur, serai-je très-heureux et très-reconnaissant de tout ce que vous voudrez bien me dire. Si, *de lundi prochain en huit*, je pouvais avoir l'honneur de vous voir et de vous entendre, je vous en serais fort obligé. Comme nous demeurons à de grandes distances l'un de l'autre, voulez-vous que j'aie l'honneur de vous rencontrer à la Bibliothèque impériale,

---

1. Dans les *Nouveaux Lundis*, t. IV, articles sur la comtesse de Boufflers.

par exemple, vers trois heures, devant le bureau de M. Rathery?

Veuillez agréer, monsieur, l'expression de ma gratitude et de ma considération distinguée.

CCXXXVIII.

A MADAME LA PRINCESSE MATHILDE[1].

Ce 14 décembre 1862.

Princesse,

J'achève la lecture du rapport Beulé et de la réfutation. C'est péremptoire. Je savais à M. Reiset bien du savoir, de la conscience, bien des qualités; mais je vais le respecter à un nouveau titre, comme écrivain. C'est serré, net, d'une exactitude rigoureuse, élégante. Quel joli et judicieux passage sur ce que vingt pièces d'un franc ne sont pas une pièce d'or en matière d'art, sur ces balances *fées* dans lesquelles se pèsent les œuvres d'art, — balances du *savoir* et du *goût!* C'est excellent et dit d'une manière définitive. Cela aura peine à ne pas être imprimé, ne fût-ce qu'à un petit nombre d'exemplaires.

Je vous remercie, princesse, de m'avoir ainsi initié au fin fond de la question, et j'irai bientôt entendre de votre bouche la petite anecdote complémentaire que vous me promettez.

Daignez agréer, princesse, l'expression de mon respectueux dévouement.

1. Lettre retrouvée depuis la publication des *Lettres à la Princesse.*

CCXXXIX.

A M. LE COMTE COLONNA WALEWSKI.

12 janvier 1863.

Monsieur le ministre,

Ce n'est pas sans avoir hésité que je viens porter à la connaissance de Votre Excellence et soumettre à son appréciation un fait, bien petit, qui me concerne, mais je me reprocherais de ne pas vous en informer.

L'administration du *Moniteur* a cru devoir, dès les premiers jours de cette année, me supprimer l'envoi de ce journal, qui n'est le sien qu'à demi.

Venant de la partie financière et mercantile du journal, cette manière d'agir n'a rien qui puisse me surprendre. J'y écrivais, je n'y écris plus; je n'y ai pas inséré d'article pendant une année révolue; elle fait ses économies comme elle l'entend.

Mais ce n'est point en traitant avec cette partie marchande du *Moniteur* que j'y suis entré il y a dix ans : c'est par les seuls représentants du gouvernement que j'ai eu l'honneur d'y être introduit. C'est à eux, c'est au ministère d'État que j'ai eu constamment affaire dans le cours de ma longue rédaction : si j'ai rendu quelque service d'un ordre élevé au journal, c'est à eux, avec tout le public, de l'apprécier.

Votre Excellence peut se rappeler dans quelles circonstances et en quels termes je me suis éloigné du *Moniteur*. Je ne passais pas à l'ennemi. J'étais détaché (au moins, j'aimais à l'entendre de la sorte, et le silence de Votre Excellence ne m'a pas démenti) pour porter ailleurs une autorité littéraire également mise au service d'un gouvernement dont j'ai été le partisan dès le premier jour, dès la veille même, et auquel je suis dévoué par bon sens encore plus que par enthousiasme.

N'attendant, ne désirant, ne voulant, pour mon compte, de ce gouvernement rien autre chose que ce que toute la France lui doit, la sécurité et l'honneur, je suis peut-être plus sensible que d'autres à des procédés et à des égards, les seules faveurs particulières qui puissent m'atteindre et pour lesquelles j'aie du goût.

La suppression du *Moniteur* m'avertit que mon compte, en ce lieu-là, est réglé, qu'on y tient mes services passés pour liquidés, mes services futurs pour inutiles, et que la porte par laquelle je suis sorti et que je me croyais toujours ouverte est fermée.

J'ai peine cependant à en rester sur cette dernière conclusion avant de vous en avoir informé, monsieur le comte.

Vous ne vous étonnerez pas que j'aie pris assez de confiance en votre esprit de haute impartialité et de bienveillance pour vous entretenir d'un fait si peu important pour tout autre que moi.

Veuillez agréer, monsieur le ministre, l'expression de mon respect.

CCXL.

A M. CAMILLE DOUCET.

Ce 19 janvier 1863.

Mon cher ami,

M. Champfleury me demande un mot d'introduction auprès de vous pour vous entretenir d'un projet qui me paraît fort exécutable et assez littéraire ou artistique (pardon du vilain mot). Vous connaissez l'auteur de ce projet aussi bien que moi ; c'est un galant homme et qui a des idées, jointes à des intentions droites et honnêtes. Je crois qu'on n'aura jamais à se repentir de l'avoir servi [1].

Je profite de cette occasion, mon cher ami, pour vous offrir et mes souhaits et mes compliments bien affectueux.

CCXLI.

A M. RENÉ BIÉMONT.

Ce 3 avril 1863.

Cher monsieur,

Recevez tous mes remercîments pour vos gracieux envois. Vos poésies ont des accents touchants. Je lirai ce *Petit-Fils*

---

[1]. M. Champfleury désirait obtenir le privilége du théâtre des Funambules, qui lui fut accordé en effet, mais à la veille du décret sur la liberté des théâtres, qui dispensait de tout privilége.

d'*Oberman*. J'ai lu vos appréciations de la critique moderne, et je vous dois pour ma part de grands tributs de gratitude pour les éloges que vous me donnez. J'aurais eu à vous faire plus d'une objection sur vos classements et vos degrés. La critique est un métier à part qui demande bien des précautions et des préparations. Chantez, chantez, et laissez-nous cette ennuyeuse corvée de juger.

Tout à vous.

CCXLII.

AU MÊME.

Ce 17 avril.

Mon cher monsieur,

Je dicte, étant un peu indisposé. Vous n'avez à vous soucier en rien de mes dispositions à votre égard, qui sont toujours les mêmes et des plus reconnaissantes. Vos divers Essais imprimés ne peuvent qu'inspirer de l'intérêt pour la personne qui, occupée d'autres travaux administratifs, trouve le loisir de se distraire de cette manière délicate. Mon observation n'a porté que sur votre tentative d'histoire critique. En pareille matière, rien ne supplée à l'habitude, à la connaissance des détails. — Par exemple, vous parlez de M. de Barante comme d'un employé du ministère, — d'un petit commis. — Vous classez M. Nisard à une date antérieure et qui n'est pas la sienne. — Moi-même que vous connaissez pourtant, vous me faites sortir de la *Société des gens de lettres*, à laquelle je n'ai de ma vie appartenu. Tout cela n'est pas bien grave; mais il vaut mieux, quand on peut faire de jolis vers et exprimer des sentiments touchants, ne pas s'aller jeter sans nécessité dans ces ronces et ces broussailles de la critique et de l'histoire littéraire.

J'irai vous voir un jour que je passerai devant notre ancienne mairie, en allant ou n'allant pas à l'Académie.

Agréez, cher monsieur, l'expression de mes sentiments dévoués.

CCXLIII.

A M. OCTAVE FEUILLET.

Ce 17 avril 1863.

Cher confrère,

Pour un homme qui écrit tant, je suis le pire des correspondants, car j'ai mal très-souvent au bras droit, et, quand je ne dicte pas, je griffonne, je me sens illisible, et je ne développe pas ce que je veux dire.

Je voudrais pouvoir vous expliquer comment, envers vous si aimable, si ingénieux écrivain, si indulgent confrère, je me suis trouvé conduit, presque malgré moi, à être si sévère et si revêche à propos de *Sibylle* [1]. Je me trouve, malgré la légère confusion que j'en éprouve vis-à-vis de vous, à peu près absous à mes yeux par les lettres que j'ai reçues à ce sujet de lectrices anonymes, mais d'une orthodoxie austère, — selon moi plus austère que bien entendue, — qui ont pris fait et cause contre moi pour votre

---

1. Dans les *Nouveaux Lundis*, t. V, articles sur M. Octave Feuillet.

héroïne. Ce n'est plus à un public d'art qu'on a affaire, c'est à un public d'Église, à l'Église même. Et c'est en cela que vous avez fait dans ce roman plus peut-être que vous ne pensiez faire. Une dissidence littéraire telle que celle que j'ai exprimée devient un cas de conscience pour lequel il faudrait appeler, à titre d'arbitre, un confesseur ou un directeur éclairé.

Je persiste (même sur ce terrain) à penser qu'un directeur éclairé ne prescrirait pas à Sibylle de rompre net avec Raoul, mais qu'il l'engagerait, tout en se surveillant avec prudence, à essayer auprès de lui quelque raisonnement et les voies de persuasion.

Mais, quand le roman mène à une telle question, ne sort-il pas des limites de l'art et de l'observation morale proprement dite, surtout quand l'auteur n'indique en rien qu'il présente un simple tableau, mais semble partager le point de vue de l'héroïne et l'approuver?

Excusez encore une fois, cher et aimable confrère, ces chicanes d'un esprit critique qui vous apprécie cependant pour tant de charmants mérites, et croyez à ma haute estime.

CCXLIV.

A M. BULOZ.

Ce 28 avril 1863.

Mon cher Buloz,

J'ai remis à de Mars l'article *Magnin* pour *la Revue*; il l'a donné à l'imprimerie. J'ai tâché, avant tout, que l'article fût bon et intéressant : ce n'était pas absolument aisé, ayant affaire à une physionomie un peu effacée. J'y ai mis le plus de vivacité que j'ai pu. J'ai lu à de Mars les principaux endroits. Il n'y a pas trace de politique. Il y a une assez grande liberté de jugement littéraire. J'ai vu de Mars un peu effrayé à un endroit où j'ai prononcé le nom de Taine; j'ai besoin de ce nom pour contraste. J'ai appris que Taine n'était pas, pour le quart d'heure, des mieux à la *Revue*. Il me semblait le contraire, de loin. Mais peu importe. Ce que je désire, mon cher Buloz, c'est, en revenant parmi vous et vos amis (ce qui m'est un plaisir et un honneur), d'y rentrer sur le même pied qu'autrefois. Je suis, depuis quinze ans, habitué à une parfaite liberté dans les journaux qui passent pour non indépendants; vous ne voudrez pas que je sois moins libre en écrivant à la *Revue*. J'ai assez de bon sens pour observer les convenances du lieu où je suis. Je ne me refuserai jamais à écouter un conseil d'homme judicieux, et je l'en remercierai, au contraire. Mais, une fois l'article imprimé et corrigé, il doit rester ce qu'il est. Je ne vous écrirais pas sur ces vétilles, si je croyais que vous fussiez revenu pour le 15 mai, époque où l'article paraîtra; mais on me dit que la beauté du lieu vous retient, et vous voilà pour la propriété ce que vous avez été pour la *Revue*, la voulant faire la plus belle possible. Vous avez de l'idéal dans le positif. Vous êtes tout entier là où vous êtes. — J'envie votre beau séjour, et je suis tout à vous.

CCXLV.

A M. PAUL CHÉRON.

Ce dimanche 8.

Mon cher ami,

Si vous êtes libre mardi, vous seriez bien aimable de nous dédommager et de venir dîner sans aucune façon. — Vous savez nous faire plaisir.

Mon prochain sujet est assez compliqué : Troubat vous l'expliquera. Je voudrais la *Vie* du cardinal Fesch, publiée à Lyon, il y a quelques années;

Et ce que vous auriez, qui m'apprendrait des détails précis sur le règne de la *Congrégation* en France de 1821 à 1827, — cette forme de tartufferie politique.

Tout à vous.

P.-S. — Voici mon prochain sujet. C'est à propos de Lacordaire et de sa célébration. Je reviens à peine sur lui que je ne veux pas maltraiter, ayant été de ses amis. Mais je prends les quatre moments religieux en France depuis 1800 :

1º Le Concordat, Chateaubriand, Fontanes, etc., connu. C'est pour cela que je voudrais le Fesch;

2ᵇ Le moment de tartufferie religieuse sous la Restauration. C'est là où j'ai besoin de choses précises sur la *Congrégation* ;

3° Le moment Lamennais, Lacordaire, etc., 1831, 1835, connu ;

4° Le moment clérical actuel, très-connu [1].

CCXLVI.

A M. ERNEST BERSOT [2].

Ce 9 mai 1863.

Cher monsieur,

Enfin je puis vous remercier pour ces charmants, fins et délicats articles! J'attendais le second. Vous dites des choses fort justes et fort dignes d'être prises en considération. L'art, — et surtout l'art moral, — est difficile à manier, et il ne vaut que ce que vaut l'artiste. Après cela, n'est-il pas nécessaire de rompre avec ce faux convenu, avec ce *cant* qui fait qu'on juge un écrivain, non-seulement sur ses intentions, mais sur ses prétentions? Il était temps que cela finît. Je prends des critiques pour exemples : Quoi! je ne verrai de M. de Fontanes que le grand maître poli, noble, élégant, fourré, religieux, non l'homme vif, impétueux, brusque et sensuel qu'il était? Quoi! La Harpe ne sera qu'un homme de goût, éloquent dans sa chaire

---

1. Les articles sur *le Père Lacordaire*, intitulés *Quatre moments religieux au* XIXe *siècle* (mars 1863), font partie des *Nouveaux Lundis*, t. IV.

2. Pour le remercier de ses articles du *Journal des Débats*, des 7 et 9 mai 1863, sur les *Nouveaux Lundis*.

d'Athénée, et je ne verrai pas celui dont Voltaire disait :
Le petit se fâche! Et pour le présent, voyons, — je parle avec
vous sans détour, — je n'ai aucune animosité au cœur, et
j'apprécie ceux qui ont été, à quelque degré, mes maîtres ;
mais voilà trente-cinq ans et plus que je vis devant Villemain, si grand talent, si bel esprit, si déployé et pavoisé
en sentiments généreux, libéraux, philanthropiques, chrétiens, civilisateurs, etc.; et l'âme la plus sordide, le plus
méchant singe qui existe ! Que faut-il faire en définitive?
comment conclure à son égard? faut-il louer à perpétuité
ses sentiments nobles, élevés, comme on le fait invariablement autour de lui, et, comme c'est le rebours du vrai,
faut-il être dupe et duper les autres ? — Les gens de lettres,
les historiens et prêcheurs moralistes ne sont-ils donc que
des comédiens qu'on n'a pas le droit de prendre en dehors
du rôle qu'ils se sont arrangé et défini? faut-il ne les voir
que sur la scène et tant qu'ils y sont? ou bien est-il permis, le sujet bien connu, de venir hardiment, bien que discrètement, glisser le scalpel et indiquer le défaut de la
cuirasse? de montrer les points de suture entre le talent et
l'âme? de louer l'un, mais de marquer aussi le défaut de
l'autre, qui se ressent jusque dans le talent même et dans
l'effet qu'il produit à la longue? La littérature y perdrat-elle? c'est possible : la science morale y gagnera. Nous
allons là fatalement. Il n'y a plus guère de question de
goût isolée. Quand je connais l'homme, alors seulement je
m'explique le rhéteur, et cette espèce de rhéteur la plus
habile de toutes, qui se pique de n'avoir plus rien du
rhéteur.

Et les grands hommes, et le respect qu'on leur doit, et

la réputation qu'il faut payer si cher! Sans doute, tout homme qui concourt pour la louange et la célébrité est voué à toutes les infamies, par là même. C'est la loi. Molière est insulté par Bossuet, Gœthe par le premier polisson; hier encore, Renan ou Littré par Dupanloup, — et insulté dans son caractère, dans sa moralité! Qu'y faire? Ce n'est pas en se dorlotant qu'on y échappera. Qu'on soit quelqu'un et quelque chose, alors on résiste, on a son armée, on compte malgré ses détracteurs. Dès qu'on pénètre un peu sous le voile de la société, comme dans la nature, ce ne sont que guerres, luttes, destructions et recompositions. Cette vue lucrécienne de la critique n'est pas gaie; mais, une fois qu'on y atteint, elle semble préférable, même avec sa haute tristesse, au culte des idoles.

Je discute; vous me mettez en train, en même temps que vous me comblez par un examen si flatteur et dont je sens doublement le prix (les circonstances des *Débats* étant données).

Agréez, cher monsieur, ma reconnaissance et mes amitiés.

CCXLVII.

A M. JULES GOURDAULT [1].

Ce 16 mai 1863.

Monsieur,

Laissez-moi vous remercier d'abord pour l'article si flatteur, à l'occasion de mes *Nouveaux Lundis*, que je lis dans

[1]. Pour son article dans la *Revue de l'instruction publique* du 14 mai 1863, sur le tome I des *Nouveaux Lundis*.

la *Revue de l'Instruction publique*, et où la louange est assaisonnée d'une manière très-spirituelle.

Permettez-moi encore de vous adresser quelques remarques comme à un jeune homme, car je vous crois jeune et c'est à mes yeux une précieuse qualité.

Si j'ai changé complétement de manière, comme vous le croyez et comme on me l'a dit, veuillez penser que ce changement date de l'année 1849, et par conséquent il y a déjà bien près de *quinze ans* que je fournis cette nouvelle carrière. Elle est représentée aux yeux du public par *quinze* volumes des *Causeries du Lundi*, par une étude sur *Virgile*, sur *Chateaubriand* : dix-huit volumes en tout. Je ne puis donc être considéré, même dans cette manière des *Nouveaux Lundis*, comme un débutant, arrivé à la onzième heure.

Je ne puis m'empêcher aussi de sourire en remarquant qu'on raie d'un trait de plume toute ma première carrière de critique, comprenant au moins vingt années entières, depuis 1828, date à laquelle j'ai publié le *Tableau de la Poésie au XVIe siècle*, où, je vous assure, le style est aussi net que je puis l'avoir aujourd'hui. L'année suivante, je débutais dans la carrière des Portraits par un article sur *Boileau*, et je n'ai cessé de chercher depuis, pendant près de vingt ans, à développer et à perfectionner cette première manière, jusqu'à ce que je sois arrivé, dans de grands portraits comme ceux de *Daunou* et de *Fauriel*, à faire ce que des hommes tels que M. Renan m'assurent être tout à fait à leur gré. Votre voisin, M. Hachette, qui imprimait en 1831 mon Portrait de *Georges Farcy*, sait parfaitement si j'étais alors aussi enchevêtré qu'on veut bien le dire.

Excusez, monsieur, ces remarques; je ne me permets de vous les faire que parce que j'ai senti une bienveillance réelle dans votre article. Mais la louange, de quelque façon qu'elle vienne, est si entrante et si agréable, il est si doux de s'entendre dire qu'on fait mieux et qu'on touche plus juste, vieux, que quand on était jeune, et vous avez su me le dire avec tant d'assaisonnement, vous-même, et d'esprit, que je demeure avant tout très-flatté et reconnaissant.

Agréez, je vous prie, l'expression de mes sentiments les plus distingués.

P.-S. — Cette lettre (bien entendu) est pour vous seul.

CCXLVIII.

A M. J. DELAROA.

Ce 18 mai (1863).

Monsieur,

Votre aimable communication m'embarrasse vraiment. L'Académie est une chose si particulière et si peu soumise aux règles de la logique, qu'à moins d'en être, on ne se rend pas bien compte des mille raisons qui la rendent si irrégulière et qui ne sont pas toutes absurdes.

Je ne me propose nullement, d'ailleurs, de traiter la même question, et tout au plus, à l'occasion de M. Littré, dirai-je un mot du procédé de M. Dupanloup. Ainsi n'ayez aucun scrupule.

Agréez, monsieur, l'expression de mes remercîments et de mes sentiments les plus distingués.

CCXLIX.

A M. CHARLES MONSELET.

Ce 3 juin 1863.

Hélas! je crains bien que la clef de mes rancunes ne soit au fond de mon odorat.

Vous avez beau dire, je ne croirai jamais qu'un homme aussi malpropre ait été un homme de goût[1]. Le goût, après tout, n'est que le plus subtil des sens.

Excusez ma frivolité et mon excès de délicatesse.

CCL.

A M. RENÉ BIÉMONT.

Ce 22 juin [1863].

Cher monsieur,

J'ai mille excuses à vous faire; je ne savais pas que vous m'eussiez cherché au sujet de cette recommandation. Je suis obligé de vivre fort reclus; sans quoi, je n'aurais pas une minute assurée pour le travail. Je n'ai aucune espèce de

---

1. Il s'agissait de Gustave Planche, sur lequel Sainte-Beuve venait de porter un jugement définitif dans ses articles sur Horace Vernet (*Nouveaux Lundis*, t. V, p. 67 et suiv.). M. Monselet avait vu de la rancune dans cette critique sincère et l'avait écrit dans *le Figaro*.

crédit suffisant pour faire nommer personne dans une Bibliothèque; je ne suis qu'un journaliste très-occupé et ne vois jamais les ministres. Il n'existe de crédit que celui qu'on cultive très-assidûment.

Je suis charmé que vous m'ayez fait lire la copie de la lettre de madame Sand. Cette lettre est très-flatteuse et contient des choses d'une justesse délicate.

Vous avez été très-obligeant comme toujours, pour ces cartes d'électeur qui sont venues me trouver d'elles-mêmes.

Agréez, cher monsieur, l'expression de ma gratitude et de mes sentiments dévoués.

CCLI.

A M. RÉGIS DE CHANTELAUZE.

Ce 24 juin 1863.

Oui, monsieur, j'ai appris votre découverte[1] par un article de M. Nefftzer, et je suis à l'affût depuis ce temps-là. Cette correspondance publiée sera un événement littéraire et historique. Vous aurez rendu un vrai service aux curieux, et aussi à la langue; car Retz en déshabillé doit être fort intéressant à surprendre. Je vous suis infiniment obligé et reconnaissant d'une offre si aimable[2] : croiriez-vous qu'avec la vie assujettie que je mène et la charge de ma corvée heb-

---

1. La correspondance chiffrée du cardinal de Retz avec l'abbé Charrier.
2. M. de Chantelauze avait offert à Sainte-Beuve de lui lire la correspondance secrète du cardinal de Retz.

domadaire, il m'est impossible de profiter d'une si parfaite obligeance avant *lundi prochain?* Si, ce jour-là, vous étiez libre vers deux heures et demie, je serais flatté et honoré de vous recevoir et de vous entendre. Dans tous les cas, monsieur, veuillez me faire part du volume dès qu'il sera prêt, et je mettrai à votre disposition et à celle de votre héros ma petite trompette.

Agréez, monsieur, l'expression de ma gratitude et de mon respect.

CCLII.

A MADAME HORTENSE ALLART DE MÉRITENS.

Ce 12 juillet 1863.

Il se prépare une grande bataille. Les esprits philosophiques s'y reconnaîtront à de vraies marques. J'en suis, après tout. J'ai fait un peu de mythologie chrétienne en mon temps; elle s'est évaporée. C'était pour moi comme le cygne de Léda, un moyen d'arriver aux belles et de filer un plus tendre amour. La jeunesse a du temps et se sert de tout. Je suis vieux, et j'ai chassé tous les nuages. Je me mortifie moins, et je vois plus juste. Il est dommage que tout cela ne puisse durer et que le moment où l'on est le plus maître de soi et de sa pensée soit celui où elle est le plus près de faiblir et de finir...

Bonjour, femme *à la Staël!*

CCLIII.

A M. DURUY, MINISTRE DE L'INSTRUCTION PUBLIQUE.

Ce 13 juillet 1863.

Monsieur le ministre,

Permettez-moi de faire avec Votre Excellence comme j'ai eu l'honneur de faire avec votre prédécesseur, c'est-à-dire de bien fixer ma situation relativement à la chaire du Collége de France, dont je suis encore titulaire nominativement, quoique de fait je me considère comme n'appartenant plus ni au Collége de France ni à l'instruction publique.

Je résumerai les faits qui ont donné lieu à cette situation singulière, aussi brièvement que possible.

Nommé en 1854 professeur de poésie latine au Collége de France, après avoir été présenté en première ligne par ce Collége et par l'Académie des inscriptions pour remplacer M. Tissot, j'ai commencé ce cours quelques semaines avant les vacances de Pâques 1855.

La première leçon, qui consistait en un discours ou introduction lue par le professeur, s'est assez bien passée; du moins, après un premier essai de tumulte, force est restée aux auditeurs bienveillants et au professeur.

On croyait la tentative de tumulte apaisée et vaincue. M. Fortoul le croyait du moins. Je n'étais pas de cet avis. En effet, dans l'intervalle de la première à la seconde leçon, il s'organisa toute une manœuvre; de petits journaux clandestinement imprimés, dont il m'arrivait des exemplaires, me signalaient à l'animadversion des écoles. Au moment où j'arrivai pour faire ma seconde leçon, je vis que les mesures de l'autorité avaient été mal prises; je fis cette seconde leçon; mais, interrompu dès mes premières paroles improvisées, et sentant que j'étais en présence de groupes malveillants disséminés dans l'auditoire, je me rabattis à la lecture d'une leçon sur Virgile que j'avais compté bien plutôt improviser, et dont cependant j'avais préparé à tout hasard la rédaction écrite.

La leçon avait été faite jusqu'au bout; mais la situation n'était pas tenable. Un rapport doit exister dans les cartons du ministère sur cette seconde leçon et les circonstances qui l'ont accompagnée. Ce rapport très-exact est de M. Danton, alors inspecteur d'Académie; et, une heure après la leçon, le ministre, M. Fortoul, l'avait entre les mains.

Le cours fut alors suspendu. Comme on était assez près des vacances de Pâques, on eut quelque répit pour aviser. Je supprime les détails intermédiaires. Il fut arrêté enfin et décidé que, pour maintenir les droits de l'autorité et l'honneur du professorat, je ferais le second semestre, une douzaine de leçons, soit improvisées, soit lues, s'il y avait trop d'interruptions, et que force resterait au droit. J'avais demandé que avant de m'engager dans cette épreuve qui était un véritable combat, je pusse avoir une audience de l'empereur, puisque c'était à cause du dévouement qu'on me savait pour son gouvernement que j'étais personnellement insulté et mis en cause. Cette audience me fut promise, mais l'empereur partait alors pour Londres (1855); le préfet de police l'accompagnait. Au retour, une difficulté, puis une autre fit remettre l'ouverture du cours de semaine en semaine. On ouvrait alors l'Exposition universelle, et ce n'était pas le moment de risquer la moindre petite émotion, même dans un quartier éloigné. Bref, je ne reçus pas ordre de recommencer mon cours. Un jour, comme je pressais à ce sujet l'autorité, M. Collet-Meygret, directeur alors de la sûreté publique, me dit ces paroles : « Mon avis est que vous ne recommenciez pas en ce moment, on vous ferait payer pour tout le monde. »

Le semestre d'été s'étant écoulé dans cette attente, je donnai, avant la réouverture de l'année scolaire, ma démission de la chaire, démission qui ne fut pas acceptée; mais je renonçai dès ce moment à tous émoluments, et il fut convenu que cette démission pourrait être ultérieurement agréée sans me désobliger en rien et à la simple convenance du ministre de l'instruction publique.

Lorsque M. Rouland eut succédé à M. Fortoul, je réitérai l'acte de cette démission, et c'est alors que M. Rouland voulut bien me proposer comme dédommagement la création d'une conférence particulière à l'École normale. Je restai à l'École quatre ans, y faisant une conférence ou plutôt un cours. C'est de là que les instances de M. de Persigny me tirèrent pour me faire rentrer au *Constitutionnel* et dans la presse active. Je n'eus donc plus de lien qui me rattachât à l'instruction publique que ce titre nominal de professeur au Collége de France, auquel j'ai dès longtemps perdu tout droit et toute prétention. M. Martha, chargé du cours, est des plus capables et réunit en lui tous les titres voulus. Il est dès longtemps convenu et entendu, de lui à moi, que sa nomination définitive ne saurait m'être qu'agréable.

Tel est le véritable état des choses que j'ai cru devoir vous exposer, monsieur le ministre, avec quelque détail; car ce n'est qu'un point minime entre tant d'affaires importantes et courantes qui sollicitent votre attention.

Toute idée de rentrer sous une forme ou sous une autre dans l'instruction publique, qui n'est pas ma première profession, et pour laquelle je ne me sens ni une vocation ni une aptitude toutes particulières, est dorénavant bien loin de mon esprit, et, j'ai l'honneur de vous le répéter, je n'y tiens plus que par un fil qui n'est pas entre mes mains, qui me fait fonctionnaire sans que je le sois, qui me donne un air d'attache sans raison et sans motif; sincèrement, j'aimerais mieux voir couper le plus tôt possible ce fil léger, irrégulier, et, à l'égard de M. Martha, ce ne serait que justice.

Je confie tout ceci à votre bienveillance, je remets le tout entre vos mains, sans plus m'en occuper, et me contentant de vous avoir informé.

Cette question, ajouterai-je, est pour moi pénible; elle a été dès longtemps épuisée dans des conversations avec les ministres prédécesseurs de Votre Excellence; tout a été dit pour, sur et contre; et rien ne me sera plus agréable que de n'avoir plus jamais occasion d'y revenir ni en paroles ni par écrit. Il ne s'agit que de faire cesser une fiction.

Veuillez agréer, monsieur le ministre, l'expression de mon respect, et aussi de mes sentiments particuliers pour votre personne.

Excusez-moi si un mal au bras m'a forcé de dicter cette longue lettre.

CCLIV.

A M. CAMILLE DOUCET.

Ce 11 août 1863.

Bon gré, mal gré, vous serez remercié tout de même. Eh bien, j'ai vu, grâce à vous, cette pièce que je remettais toujours d'aller voir [1]. Il n'y a que des scènes. Il y en a une charmante, celle où la femme du joueur se jette aux pieds de son père en lui disant : *Battez-moi!* J'étais tout plein de Térence et je comparais cette scène à celles du comique latin si sympathique. D'autres scènes sont bien, mais il n'y a pas de lien. Il n'y a aucune raison pour que le joueur se guérisse. Il paraît que le nœud d'une action est refusé à Barrière, qui a des parties si excellentes. Et puis ils veulent faire cinq actes là où trois suffiraient.

Je vous devais des comptes, les voilà.

Remerci, et agréez mille et *deux* amitiés.

CCLV.

A M. REINHOLD DEZEIMERIS.

Ce 3 octobre 1863.

Cher monsieur et ami,

Vous me confondez par une lettre si aimable, moi le négligent et le grossier, qui ne vous ai pas même remercié de

---

[1]. *Le Démon du jeu*, de Théodore Barrière et Crisafulli.

ces deux beaux et excellents volumes qui sont un joyau de bibliothèque [1]. Il est difficile et même impossible d'en faire un sujet spécial d'article ; mais, si l'occasion de dire ce que je pense se présente, croyez que je ne la manquerai pas [2]. — Je suis véritablement obéré sous ce travail hebdomadaire et ne puis faire autre chose.

Vous m'en écrivez de bien bonnes sur cette édition de C... Ce qui manque à ces deux gros volumes, c'est le goût même de B... Tout y est fait dans un esprit opposé au sien, avec enflure de ton, surabondance et négligence dans le détail. Ils m'ont obligé à prendre un air sévère et de faire à tout moment des réserves, quand je n'aurais voulu que louer.

Je suis un peu de votre sentiment sur cette divulgation de nos sentiers préférés [3] et de nos mystères. Hélas ! il en va ainsi de tout désormais :

Heu ! liquidis demens immisi fontibus aprum.

Nous vivons dans un siècle où il nous faut faire, nous, les discrets et les délicats, contre fortune bon cœur. Il y a du bon, pourtant, témoin ce que vient de faire l'Académie de Bordeaux à votre égard. Votre discours est charmant, mais par trop modeste : il y en a peu qui savent ce que vous savez aussi bien que vous.

1. Allusion aux deux volumes des *Œuvres poétiques* de P. de Brach.
2. Voy. *Nouveaux Lundis*, t. XIII, p. 271.
3. Allusion à une lettre de M. Reinhold Dezeimeris, relative à la traduction de l'*Anthologie grecque* par M. Dehèque, lettre dont on trouvera des extraits dans le tome VII des *Nouveaux Lundis*, p. 6 et suiv.

Agréez, cher monsieur, l'expression de mes sentiments les plus distingués et dévoués.

P.-S. — Je présente mes humbles respects à madame votre mère.

CCLVI.

A M. TAMISEY DE LARROQUE.

Ce 24 octobre 1863.

Non, monsieur, vous ne m'avez nullement fâché, et je n'ai qu'à vous remercier de ces nouvelles marques de bienveillante attention. Permettez-moi de vous faire observer seulement que je ne crois pas avoir plaidé dans *Port-Royal* pour l'*exactitude* des *Mémoires de Pontis*. Pour la véracité et la bonne foi, c'est autre chose. Je me figure tout à fait un vieillard, un vieil officier racontant ses aventures de guerre et d'antichambre, un jeune homme qui l'écoute et à qui l'on dit : *Vous devriez bien écrire tout cela.* Il écrit donc, et, aux légères confusions du vieillard, il mêle les siennes propres. Il a le tort de n'avoir pas sous les yeux un bon abrégé chronologique pour le guider et le rectifier. Nos rédacteurs de mémoires politiques feraient eux-mêmes bien des bévues et commettraient d'apparentes impossibilités, s'ils n'avaient pas sous les yeux *le Moniteur*.

Vous serez peut-être cause que, si je suis encore là, quand on réimprimera *Port-Royal*, je ferai une petite dissertation sur ce point. Vous aurez satisfaction sur les faits, sans que Du Fossé soit un menteur ni un faussaire.

Agréez, je vous prie, monsieur, l'expression de mes sentiments les plus distingués.

CCLVII.

A M. LOUIS-XAVIER DE RICARD.

Ce 6 novembre 1863.

Monsieur,

Je suis sensible à la peine que vous avez prise et à votre poétique envoi. Je vous ai suivi plus que vous ne pensez peut-être : je remarque tout d'abord dans votre volume des tons généreux et fiers qui annoncent l'élévation de pensées et de sentiments. Je ne veux aujourd'hui que vous remercier et vous assurer des sentiments d'estime et (même au milieu de dissidences) de la sympathie que votre talent mérite d'inspirer.

CCLVIII.

A M. TROUBAT PÈRE, A MONTPELLIER.

Paris, ce 10 novembre 1863,

Monsieur,

J'ai reçu la marque précieuse de votre bonne affection. J'ai voulu attendre, pour vous remercier, d'avoir goûté, avec monsieur votre fils, de ce vin généreux et doux qui nous rend toutes les chaleurs de votre soleil. Je suis sensible, au delà de ce que je puis dire, et au cadeau lui-même et aux sentiments qui vous en ont donné la pensée. Je puis dire que je ne suis en rien étranger à vous et à votre famille par le lien étroit qui m'attache à monsieur votre fils. Laissez-moi ajouter, monsieur, que vous avez en lui un bon, charmant et excellent sujet, d'un naturel affectueux qui prévient en sa faveur aussitôt tous ceux qui le connaissent, d'une bonté rare et qui s'est conservée dans son jet naïf au milieu des épreuves d'une vie déjà traversée par plus d'un accident. Son esprit est très-vif, ses goûts sont droits et purs : tout en l'occupant beaucoup et en profitant de ses services et des idées que lui suggèrent nos lectures en commun, je sens très-bien que ce n'est pas là pour lui une carrière, et j'ai plus d'une fois touché avec lui cette corde de l'avenir. S'il peut vous sembler trop lent à se décider, monsieur, croyez bien que cela ne tient à aucun défaut de conduite, mais plutôt à une certaine philosophie naturelle et à une modération d'idées qui lui a fait préférer jusqu'ici l'étude libre et les pures occupations de l'esprit à des soins plus réguliers et plus positifs. Il me parle souvent de vous, de son enfance, de ce pays du Midi qu'il connaît si bien et dont il serait capable un jour de faire quelque description intéressante dans des branches d'histoire locale et de poésie populaire. Il espère que vous-même, monsieur, vous voudrez bien vous détacher quelques semaines des soins qui vous retiennent pour revoir Paris, si changé dans ces derniers temps. Que je serais heureux, monsieur, de vous y voir et d'y achever une connaissance personnelle qui est précédée de sentiments si affectueux et si sincères!

Veuillez agréer, monsieur, et présenter aussi à madame Troubat l'expression de ma gratitude et de ma considération très-distinguée.

CCLIX.

A M. LE PASTEUR NAPOLÉON PEYRAT.

Ce 23 novembre 1863.

Mon cher monsieur,

Je suis envers vous bien en retard de remercîments. J'ai reçu votre *Romancero*, et j'ai retrouvé avec bonheur l'ancien poëte, le poëte jeune dont j'avais pu apprécier les premiers chants. J'ai vu mon nom mêlé à ces souvenirs d'autrefois, et je me suis senti reporté à des temps qu'il m'est plus difficile qu'à vous de ne pas regretter. J'ai envers vous une dette à payer; j'essayerai de le faire quelque jour, mon cher monsieur, en embrassant la totalité de votre œuvre. Mais j'aurai absolument besoin d'y joindre un entretien avec l'homme, avec l'ami. Vous me donnez le droit de vous donner ce nom.

Agréez, cher monsieur, l'expression de mes sentiments d'affection et de respect.

CCLX.

A M. JULES TROUBAT.

Compiègne, ce mardi (8 décembre 1863).

Cher ami,

Me voilà installé. Dans huit jours, je serai à la veille de vous revoir. Mon effort d'imaginative et tout mon labeur consistent ici à glaner çà et là une remarque de Vaugelas et à y rêver. — On rêve à quoi l'on peut.

Je me lève, je me lave, je me promène, je cause, je déjeune, je me repose, je me promène, je recause, je dîne, je cause, je vois danser. De belles futaies, des coteaux boisés sont sous mes yeux. Mon cerveau vous reviendra reposé, repu de loisir, féroce, affamé. Ayez, s'il vous plaît, le *Quinte-Curce* de Vaugelas et ce qui s'ensuit, tout prêt sur ma table. Ce grammairien va essuyer ma première bordée.

Je plaisante, mais je vous regrette.

Tout à vous, mon bon et cher ami.

P.-S. — Amitiés à madame Dufour, à Marie.

CCLXI.

A M. PAULIN LIMAYRAC, DIRECTEUR DU CONSTITUTIONNEL.

Ce 13 janvier 1864.

Mon cher ami,

On ne parle pas impunément de M. Bernard Jullien[1]; il faut en retour subir de sa prose. Il nous requiert de l'insérer. Subissons-la donc, puisque les journaux où il écrit et où il est agressif ne lui suffisent pas. Je ne discuterai point avec lui; ce que veulent avant tout certains auteurs, c'est qu'on leur réponde, afin de se donner ensuite le plaisir de

---

1. Sainte-Beuve avait soulevé une discussion sur Méléagre avec M. Bernard Jullien, dans ses articles sur l'*Anthologie grecque* (*Nouveaux Lundis*, t. VII, p. 31 et suiv.).

s'étendre et d'être écoutés tout au long de par la loi. J'ai dit, en somme, ma pensée la plus sincère à son égard et je la répéterai en peu de mots : c'est qu'à part les questions de pure grammaire, qu'il entend assez bien, M. Bernard Jullien est, en ce qui relève de la littérature proprement dite, d'une demi-science que le talent de la forme ne rehausse pas, et que son cachet, s'il en avait un comme écrivain, serait le manque absolu de distinction, la vulgarité, le terre-à-terre et une prolixité fastidieuse.

Ce n'est que d'après les fruits que je me suis permis de juger l'arbre. Aux lecteurs, s'il en a, de me redresser si je me trompe.

Agréez, mon cher ami, mes excuses pour cet ennui que je vous donne, et l'expression de mon dévouement.

CCLXII.

A M. REINHOLD DEZEIMERIS.

Ce 16 janvier 1864.

Cher monsieur,

Nous avons au même moment, et par un mouvement sympathique, échangé nos cartes [1]. Je suis bien reconnaissant pour le Ronsard ; je vous ai trouvé un peu sévère pour Boileau, sur lequel, vous le savez, je suis un peu revenu à résipiscence.

---

1. Allusion à la publication simultanée de deux articles, l'un de Sainte-Beuve sur Montaigne, *Nouveaux Lundis*, t. II, où il était question de M. Dezeimeris, l'autre de M. Dezeimeris, sur Ronsard, où il était question de Sainte-Beuve.

Je voudrais savoir si, dans mon programme improvisé sur Paul le Silentiaire, je n'ai pas un peu prêté à la fantaisie. Était-il avocat? il était légiste du moins, n'est-ce pas? Vous me le direz [1].

Tout à vous, et offrez, cher monsieur; mes respectueux hommages à madame Dezeimeris.

CCLXIII.

A M. DE CALONNE, DIRECTEUR DE LA *REVUE CONTEMPORAINE.*

Ce 11 avril 1864.

Cher monsieur,

Permettez-moi, étant malade des yeux, de me servir d'une plume plus lisible que la mienne.

Je vous remercie encore de votre aimable insistance et j'en sens le prix. Je vous ai dit que je n'avais d'engagement avec aucune Revue, mais que je m'étais rapproché d'un ancien Recueil auquel j'avais beaucoup collaboré autrefois. C'est par suite de ce rapprochement que j'y ai donné, il y a un an, un article, et que, ces jours derniers, j'ai dû en donner un second qui était promis depuis longtemps. Vous savez comme moi la situation qui a été faite aux écrivains amis du gouvernement et leur isolement de plus en plus sensible dans la presse. Cette partie si essentielle a été si mal dirigée, avec si peu de suite et d'entente, qu'à l'heure qu'il est, je ne vois de journalistes défendant direc-

---

1. Voyez *Nouveaux Lundis*, t. VII, p. 29, en note.

tement le gouvernement dans sa politique que vous et notre ami Limayrac. Lorsqu'un jeune homme qui se sent une plume politique a envie de s'essayer (et j'en sais des exemples), il ne trouve aucun lieu d'essai où il puisse faire ses premières armes, et le plus souvent il n'a d'autre ressource que d'entrer dans les cadres de l'opposition. Il en est résulté à l'intérieur et dans la direction de l'opinion publique le revirement total dont nous sommes témoins. Pour moi, qui me suis autant avancé et engagé et qui ne m'en repens pas, j'ai dû pourtant songer à me ménager des *réduits* et un port en cas de tourmente. Et voilà comment, quoique aussi ami du gouvernement ou du moins du chef de ce gouvernement que jamais, je me trouve amené à figurer chez ceux et avec ceux qui le sont moins que moi. Tout cela m'a fait faire plus de réflexions que je ne puis vous en écrire ici. Si je puis, au mois de septembre, alléger un peu mes charges hebdomadaires et me mettre au-dessus de mon travail, il y a certainement des sujets que je ne pourrais traiter avec étendue et en toute liberté que dans un Recueil comme le vôtre. Je me ferai un plaisir d'en reparler avec vous d'ici là. Je suis toujours chez moi le lundi matin vers midi, et il suffirait de dire votre nom pour que la consigne se levât. Je vous ai parlé ici, cher monsieur, en toute confiance. Vous qui voyez de près des hommes du gouvernement et qui avez l'oreille de quelques-uns des plus sages, dites bien que les choses de l'esprit sont très-mal menées, qu'elles ne sont pas menées du tout, ou le sont de travers et au rebours du sens où elles devraient l'être. Il est bien tard déjà, après tant d'incurie et de mésintelligence, pour réparer tout cela. J'en suis quelquefois à me demander si nous vivons encore sous l'Empire et si quelque coup de baguette d'un méchant sorcier ou d'une mauvaise fée ne nous a pas escamoté le régime que nous avions salué de tous nos vœux et de tout notre bon sens, pour y substituer je ne sais quel régime incertain, bâtard et sans nom. Il faut, pour me tirer de cette pénible pensée, la vue d'une France si grande à l'extérieur, si respectée et si redoutée en Europe, et aussi la beauté matérielle et toute moderne de nos grands boulevards et de nos *squares* de Paris. Mais ceci n'est que pour l'agrément et la commodité réelle ; l'opinion n'en continue pas moins de se gâter de jour en jour : elle est toute désorientée, et l'esprit public, comme je vous le disais l'autre jour devant un auguste témoin, l'esprit public s'en va de tous côtés *à tous les diables*.

Agréez, cher monsieur, l'expression de mes sentiments dévoués.

CCLXIV.

A M. LE PASTEUR NAPOLÉON PEYRAT.

Ce 20 avril 1864.

J'aurais dû, monsieur, vous répondre bien des fois, si je l'avais fait aussi souvent que j'en ai eu l'idée. J'ai lu avec un vrai plaisir vos vers naturels et qui sentent un parfum de campagne dont je suis trop sevré. Vous avez gardé votre jeune muse et vous avez bien fait. J'ai dû subir les conditions de la vie critique, de la vie du monde, et dans cette littérature active, suractive, la poésie, hélas!

s'est envolée; elle s'est réfugiée du moins tout au fond de moi, et si au fond qu'elle pourrait bien y paraître ensevelie.

J'ai noté dans votre ouvrage [1] les passages qui confinent à Port-Royal, et je le relirai en écrivant le mien. Je suis bien en retard; car le monde, les candidatures académiques, ne sont pas moins contraires au cloître qu'à la poésie. Enfin j'y reviendrai, et avec l'ardeur d'une passion longtemps privée de son objet. — Si je ne puis avoir ici les deux traités de Claude [2] dont vous me parlez, je recourrai à vous.

Merci, cher monsieur, de votre aimable et fidèle souvenir. Tout à vous.

CCLXV.

A M. CAMILLE DOUCET.

Ce 24 mai.

Cher confrère,

Merci. Eh bien, cette *Belle Hélène* m'a médiocrement plu. Je ne me suis pas bien rendu compte du succès.

Maintenant le rapporteur des deux pétitions au Sénat aura à vous consulter comme le haut fonctionnaire le plus au fait de la question, sur de prétendus abus signalés par des directeurs de théâtre de province. Je recourrai à vos lumières.

J'espérais hier vous rencontrer à dîner chez M. Fould, où était M...

Tout à vous.

1. *Les Pasteurs du désert.*
2. Claude, ministre de Charenton.

CCLXVI.

A M. AMÉDÉE THIERRY[1].

Ce 6 juin 1864.

Monsieur et illustre confrère,

Je vous remercie de votre beau présent : il m'est précieux comme souvenir et aussi comme occasion d'une nouvelle lecture. Si à Augustin Thierry appartient l'honneur d'avoir le premier, connu, senti et fait comprendre le Barbare, vous, vous aurez celui d'avoir donné du Romain, et de tout ce qui à quelque degré est devenu plus ou moins romain, l'idée la plus compréhensive et la plus étendue. C'est un beau partage.

Veuillez agréez, monsieur et cher confrère, l'assurance de mes sentiments de haute considération.

CCLXVII.

A M. PAUL CHÉRON.

Ce 21 juin 1864.

Mon cher ami,

J'apprends avec bien de la peine l'inquiétude que vous ressentez, ainsi que madame Chéron, et les transes pater-

---

1. Qui avait envoyé à Sainte-Beuve son *Tableau de l'Empire romain*.

nelles qui vous retiennent avec elle auprès d'un enfant si cher. Ce sont là des peines que, nous autres célibataires, nous pouvons du moins nous représenter quand elles atteignent surtout des amis comme vous d'un cœur si chaud et d'une si franche nature. Je voudrais bien, mon cher ami, apprendre que vous êtes mieux et que cette santé, qui fait partie de la vôtre, à madame Chéron et à vous, vous donne moins de soucis et d'inquiétudes.

Tout à vous de cœur.

P.-S. — Troubat se joint à moi dans l'expression de nos sympathies.

CCLXVIII.

A M. LAMBERT, CONSEILLER A LA COUR D'APPEL DE RENNES.

7 août 1864.

Monsieur,

Je n'ai pu vous répondre qu'aujourd'hui ; mais, dès le premier instant, votre lettre a réveillé en moi des souvenirs bien vifs, de tendres et vieilles sympathies. Boulay-Paty était un de mes plus anciens et fidèles amis : je l'avais vu arriver de Rennes à Paris vers 1830 avec son compatriote et camarade Hippolyte Lucas, et je me rappelle encore la visite que je leur fis à tous deux dans l'hôtel où ils avaient débarqué, à un coin de la rue Saint-Honoré. — Depuis lors, je n'avais cessé d'être avec lui en de bons et excellents rapports plus fréquents pendant notre jeunesse, mais que le temps, en les rendant plus rares, n'avait ni rompus, ni même relâchés.

Aujourd'hui, je comprends bien ce que vous voulez appeler la responsabilité délicate qui vous est échue. Il s'agit de choisir, d'élaguer, de remplir le vœu dernier d'un poëte en n'admettant rien qui soit de nature à nuire à sa mémoire, ou à affaiblir l'idée qu'on veut donner de son talent.

Boulay-Paty était un vrai poëte, c'est-à-dire qu'il était cela et pas autre chose; il avait le feu sacré, la religion des maîtres, le culte de la forme; il a fait de charmants sonnets dont je comparais quelques-uns à des salières ciselées, d'un art précieux; mais les salières n'étaient pas toujours remplies : il avait plus de sentiment que d'idées; il appartenait, par bien des côtés, à l'ancienne école poétique, en même temps qu'il avait un pied dans la nouvelle : ce n'est pas pour rien qu'il s'appelait Évariste : il tenait de Parny, son parrain poétique, plus que d'Alfred de Musset.

Je m'estimerais heureux, monsieur, de pouvoir aider en quelque chose à cette courte survivance de mémoire que, tous, nous ambitionnons; — nous sommes (je me le suis dit souvent) comme des nageurs destinés tous à nous noyer un peu plus tôt, un peu plus tard; mais celui qui a un peu plus de force ou de bonheur soutient l'autre quelque temps sur l'eau, jusqu'à ce que lui-même coule... C'est là l'histoire de notre immortalité. — Il y a quelques années, j'eusse été bien plus en état que maintenant d'être associé par vous à une part de ce travail poétique et pieux qui concerne notre ami. Je suis las, sans aucun loisir (à la lettre), sans un moment à moi dans la semaine, écrasé sous une tâche hebdomadaire que je sens de plus en plus pesante, et qu'il ne me sera peut-être pas donné d'alléger.

Quoi qu'il en soit, nous tâcherons de faire ce qu'il faut et je m'estimerai très-heureux et très-honoré, monsieur, si je puis répondre à quelque degré à votre confiance, et remplir une partie des devoirs de survivant envers un brave et digne poëte qui a eu le rêve et la chimère de la postérité[1].

Veuillez agréer, monsieur, l'expression de mes sentiments respectueux et les plus distingués.

CCLXIX.

A UN PRÊTRE.

Ce 8 août 1864.

Monsieur,

Je ne saurais vous dire combien votre confidence me préoccupe, me touche et m'embarrasse. Pour commencer par la fin, je conçois vos délicatesses en ce qui est de livrer votre nom et de proclamer un changement de foi et de doctrine. Je me suis quelquefois posé le cas d'un prêtre cessant de croire, et je n'ai pas même eu à me le poser, puisque j'ai eu l'exemple vivant de Lamennais sous les yeux. Je puis dire que j'ai assisté à sa métamorphose, et j'ai toujours été étonné qu'un homme qui, la veille ou l'avant-veille,

---

[1]. Une partie de cette lettre a été reproduite dans un article sur Boulay-Paty. (Articles sur *la Poésie en 1865, Nouveaux Lundis*, t. X, p. 177 et suiv.)

me prêchait, moi et les autres, dans un sens (car un prêtre prêche), vînt me prêcher, le jour ou le lendemain, dans un sens tout contraire. J'aurais voulu que, pour prix de cette première erreur, il s'imposât du moins un long silence, une quarantaine austère, afin d'être à peu près sûr qu'il ne se trompait pas une seconde fois. Je comprends très-bien, cependant, ce besoin d'un compte rendu à soi-même, et cette espèce d'apologie philosophique qu'on se doit pour expliquer à soi et aux autres et justifier le changement opéré. Mais il n'y a pas de milieu, ce me semble; votre livre tiendra en grande partie son intérêt de la position de celui qui l'aura écrit et de ses antécédents. Il y a, à l'heure qu'il est, plusieurs de ces livres faits par des prêtres de la veille : même en ce qu'ils ont de vrai, ils offrent, je vous l'avoue, quelque chose de répugnant. Rien de pareil ne s'attacherait sans doute à une explication toute élevée, philosophique, mais la coïncidence sera fâcheuse et inévitable.

Permettez-moi de vous parler de la seule chose que je sache mieux que vous, le monde d'ici. Vous ne le connaissez que de loin et par les livres. La philosophie proprement dite n'y est nullement en faveur. Sans nom d'auteur ou même avec votre nom, il sera difficile de trouver un éditeur qui fasse les frais du volume; et, si vous-même vous faites ces frais, il est douteux qu'il s'en vende plus d'une centaine d'exemplaires, en comprenant tous ceux que vous donnerez. Le succès de Renan ne prouve rien, et c'est une exception dont vous vous rendez parfaitement compte. On achète le *Dictionnaire* de Littré, mais ses livres philosophiques se débitent peu, même avec le cachet d'une école. Un livre isolé, une explication philosophique, une vue de l'univers, intéressera dix ou douze lecteurs, et ce sera tout. Ce que j'oserais vous conseiller, ce serait, en vous séparant de vos fonctions, de vous ménager un métier, un gagne-pain, une occupation honorable; vous savez quantité de choses que vous pouvez enseigner, les langues anciennes, l'allemand, etc. Si vous pouviez mettre un intervalle assez long entre vos déterminations, venir ici voir les hommes (ce qui est aisé à Paris, cela ne coûte pas), causer avec eux, en très-peu de temps vous en sauriez plus que je ne pourrais vous en dire; vous tâteriez le terrain, et vous vous détermineriez alors en toute connaissance de cause. Vous y gagneriez de plus de vous séculariser peu à peu et de délier en quelque sorte vos liens de sacerdoce sans les rompre ni les briser d'un coup.

Je ne saurais répondre à l'offre si confiante et si honorable que vous me faites de vous lire avant tous, par un refus; mais sachez bien que, dans l'état actuel de ma vie, s'il n'y survient pas de changement, je suis un homme de corvée, faisant un métier hebdomadaire, y appliquant forcément toutes mes lectures et ne pouvant que jeter un coup d'œil rapide sur ce qui n'y rentre pas. L'idée la meilleure que je pourrais prendre de votre explication philosophique et de votre vue de l'univers réel ne saurait modifier ce que je vous ai exprimé d'abord et qui tient aux conditions extérieures, à votre cas particulier et à l'état du monde d'ici. Kant, Schelling, Hegel, Malebranche, tous réunis, ne changeraient rien à la question. Vous allez me trouver bien pessimiste; mais je crois qu'en partant de là, on est sujet à moins de mécomptes et qu'il vaut mieux *caver* d'abord au plus bas.

Je ne vois guère auquel de mes amis je pourrais communiquer l'intérêt de ma lecture; M. Renan est bien engagé et il serait sans doute tout d'abord d'avis qu'on brûlât ses vaisseaux. M. Littré, absorbé par son *Dictionnaire*, n'a pas un instant. L'aimable et savant M. Taine aurait certainement un avis de fond, car lui-même il médite une philosophie pareille ou parallèle; mais il ne saurait être un conseil pour ce qui est opportunité et à-propos. Il ne voit que les choses mêmes. Hors de là, et ces messieurs à part, je ne vois guère que les spiritualistes purs comme MM. Janet, Lévêque; mais, outre que je les connais peu, leur avis est tout formé d'avance. Je garderai donc pour moi seul votre bonne confidence, et je vous prie de ne voir dans tout ce que je vous ai dit précédemment d'un peu triste et fâcheux, que la preuve de mon estime et de ma reconnaissante amitié.

P.-S. — Tous les moyens pour envoyer un manuscrit me sont indifférents; il faut prendre le plus sûr. Mon adresse est rue du Mont-Parnasse, n° 11.

CCLXX.

A M. JULES CLARETIE.

Ce 14 août 1864.

Monsieur,

Je vous donnerai volontiers une lettre pour le docteur Roulin, bibliothécaire de l'Institut; mais je doute fort que cette Bibliothèque ait le volume des *Reliquiæ*. Moi-même, je ne l'ai pas, et peut-être le plus simple serait de demander à M. Hachette ou encore mieux à M. Géruzez, ami intime de Farcy, et légataire de ses papiers, de vous le prêter. M. Géruzez demeure rue d'Assas, 8 ou 16, et vous auriez d'ailleurs son adresse exacte à la Sorbonne. Vous pourriez tout simplement lui dire que c'est moi qui vous ai adressé à lui. Vous y gagneriez d'avoir une conversation qui vous placerait au vrai point de vue pour juger un homme mort très-jeune sans doute, mais déjà fait et complet, du moins pour l'esprit. Je ferai, au reste, demander si on a les *Reliquiæ* à la Bibliothèque de l'Institut.

Agréez, monsieur, l'expression de mes sentiments très-distingués.

CCLXXI.

A M. JULES TROUBAT.

Ce 16 septembre 1864.

Cher ami,

J'allais vous répondre et vous remercier de votre bonne lettre et des détails qu'elle contient, lorsque je reçois la terrible dépêche. Il n'y a rien à dire pour de tels coups, et la nature ne veut ni consolations ni allégement. Le partage de la douleur est le seul adoucissement; revenu, comme vous l'êtes, au sein de votre famille, vous avez cette satisfaction dernière, et je désire apprendre de vous qu'un moment de suprême connaissance, comme en ont les mourants, aura averti votre mère de votre présence si désirée. Jouissez tristement, cher ami, de ces jours de deuil et de loisir. — Nous avons tous, ici, été bien touchés de votre départ dans ces circonstances; chaque matin, j'avais besoin de m'avertir pour ne pas demander : « Troubat est-il arrivé? » et je vous cherchais en entrant dans ma chambre d'en haut.

Je vous écris peu, ne le pouvant. Madame Dufour a suffi à la tâche; l'article est à l'imprimerie. Je vous prie de présenter mes respects et sympathies douloureuses à monsieur votre père.

Je vous serre cordialement la main.

CCLXXII.

AU MÊME.

Ce 22, jeudi [1864].

Mon cher ami,

Je reçois votre aimable causerie; il me semble être avec vous et voir de vos yeux, entendre de vos oreilles. Je voudrais un jour être assez libre d'esprit pour pouvoir en aller rejouir avec vous et en connaissant directement et le *mazet* [1] et ses habitants. Je suis moins délivré de souci que jamais; rien n'avance. Je sens déjà l'ennui du *rien* faire ou du *moins* faire qui engendre les inquiétudes. Quand on est surchargé, on ne s'inquiète pas, on tâche de subvenir à sa

1. Petite maison de campagne.

charge, voilà tout. Nous avons vu Champfleury lundi. Tout est assez bien ici, et madame Dufour fait des merveilles, s'efforçant de vous suivre... de loin. — On ne parle à Paris que du traité italien ; il y a de quoi commenter. Présentez, cher ami, mes compliments à M. Cambouliu [1], mes respects à votre père, et agréez mes meilleures amitiés.

CCLXXIII.

A M. SELLÈQUE.

Ce 20 octobre 1864.

Mon cher Sellèque,

Je te remercie de ton bon souvenir : le mien est resté très-fidèle au passé. Je suis, malgré les apparences, moins en crédit que tu ne le crois. Entre nous (je ne le dis pas pour me plaindre, car j'ai plutôt à me féliciter après tout de mon partage), entre nous donc, je suis un écrivain fort assujetti et qui, sans fortune personnelle, continue de gratter du papier, plus qu'il ne faudrait. Je n'ai, à cet égard, ni paix ni trêve. Mes relations universitaires sont assez bornées, et la mort les a fort diminuées. Je n'ai fait que traverser l'Université pendant quatre années de professorat à l'École normale. Aussi je ne connais aucun proviseur des lycées de Paris ; mais, par un de mes amis, M. l'inspecteur

---

1. Littérateur distingué, professeur de littérature ancienne à la Faculté des lettres de Montpellier, mort en 1870, dans sa cinquantième année.

général Giraud, de l'Institut, nous arriverons peut-être. Prie ton petit-fils de me venir voir à midi, dimanche prochain, et nous essayerons de lui trouver ce proviseur bienveillant. Si j'échoue, ce ne sera pas ma faute.

Sais-tu qu'il y a diantrement d'années que nous nous connaissons et que nous disputions ensemble? Nous étions dans tout le feu des hardiesses et des convictions. Nous nous sommes formé l'esprit et le raisonnement à cette escrime. Je regrette souvent que cet assujettissement de ma vie (dont je ne vois pas le terme) m'empêche de m'asseoir un peu pour regarder en arrière, et pour aller aussi renouer l'entretien avec ces amis du bon temps, comme toi, envers qui mes sentiments sont demeurés pleins de constance et de confiance.

Je te serre la main avec bien de l'amitié.

P.-S. — Puisses-tu me lire! J'aurais pu dicter, mais je ne l'ai pas voulu.

CCLXXIV.

A M. PAUL CHÉRON.

Ce 21 octobre 1864.

Mon cher ami,

Je suis prochainement sujet à écrire sur un poëte chinois traduit par le marquis Hervé de Saint-Denys. — A cette occasion, je voudrais bien les *Mélanges asiatiques* complets d'Abel Rémusat. Si vous savez quelque autre chose sur la

Chine, d'un peu sûr, j'en serai reconnaissant. — Je recommence une nouvelle campagne, fort sombre, mais fort résolu à m'en tirer seul[1] et sans autre appui que mes amis, — dont vous êtes; continuez de m'aider!

Tout à vous.

CCLXXV.

FRAGMENT D'UNE LETTRE A M. OCTAVE LACROIX, ALORS RÉDACTEUR DE *L'EUROPE*.

Ce 30 octobre 1864.

..... — Maintenant, puisqu'il est question de cette affaire[2] sur laquelle j'hésite par convenance à m'expliquer, je désire bien cependant qu'on sache que je n'ai jamais rien sollicité ni demandé de ce gouvernement; qu'à plus forte raison il en est ainsi d'un pareil honneur qui est hors de proportion avec les travaux et les mérites purement littéraires; que, s'il a été tant question de moi, et il y a trois ans, et tout récemment encore, c'est que l'opinion a jugé à propos de devancer le gouvernement; que l'opinion n'a sans doute agi de la sorte que parce qu'elle voyait en moi un représentant de la littérature, de cette littérature si peu favorisée et si peu gâtée jusqu'ici. J'avoue qu'il y aurait

1. C'est-à-dire sans aucune des espérances qu'on avait fait briller à ses yeux, et qui ne devaient se réaliser que quelques mois après par sa nomination de sénateur (le 28 avril 1865).

2. L'affaire du Sénat, dont on parlait prématurément.

eu une chose qui m'aurait flatté : c'eût été que, sous ce régime de suffrage universel, on eût demandé à l'armée entière des gens de lettres d'élire un certain nombre de noms et de dresser sa liste de candidats. Je suis peut-être bien peu modeste, mais je me figure que, sur une liste de dix noms, s'il y avait eu certainement de grands noms qui auraient passé avant le mien, j'eusse obtenu à mon rang une place, et cela même du gré et de l'assentiment des adversaires. C'est ainsi que j'avais compris en dernier lieu l'opinion des journaux qui étaient généralement favorables à la nomination et qui mettaient à la prédire une obstination véritable. En ce qui est de moi, j'y ai très-peu cru, et mes amis savent comment je répondais aux félicitations anticipées. Je n'ai aucune ambition que celle que j'avais du temps où vous étiez près de moi, celle de faire de bons articles et des travaux littéraires le moins défectueux possible.

CCLXXVI.

A M. HIPPOLYTE VALMORE.

Ce 5 novembre 1864.

Mon cher ami,

Il me revient un mot par Veyne[1] sur une situation délicate et douloureuse à toucher, la tombe d'un poëte qui nous est cher. Je crois que le mieux serait d'exposer le cas à

1. Le docteur Veyne, ami et médecin de Sainte-Beuve, mort le 21 août 1875, dans sa soixante-deuxième année.

M. Merruau pour qu'il en veuille parler à M. Haussmann. Au besoin, je crois qu'il serait possible que l'Académie fît une démarche auprès du préfet; mais il me semble que l'intervention de M. Merruau suffirait. Puisqu'on honore une rue du nom de votre mère si illustre et si modeste, il est impossible que la ville n'achève pas et qu'elle se démente.

Tout à vous, et à votre cher père.

CCLXXVII.

A MADEMOISELLE ERNESTINE DROUET (DEPUIS MADAME MITCHELL).

Ce 6 novembre 1864.

Chère mademoiselle, chère madame,

J'aurais dû déjà vous répondre, si je n'étais le plus écrasé des hommes. Cet article [1] dont vous me parlez est réimprimé depuis fort longtemps, et il a fallu ma lenteur et le peu de temps dont je dispose pour que le volume n'ait point encore paru. Je commencerai par vous dire que je comprends parfaitement votre bon sentiment en ceci comme en tout; vous avez été femme de cœur, vous avez été reconnaissante pour un bon procédé qui ne s'adressait pas seulement à vous; vous vous êtes liée avec un homme d'esprit, d'un commerce fort agréable [2]. Je serais tenté de vous en féliciter. En ce qui me concerne, il me serait

1. Article sur *les Jeudis de madame Charbonneau, Nouveaux Lundis*, t. III.
2. M. de Pontmartin.

trop long de vous expliquer par lettre l'origine, les détails et la suite de tout ce démêlé. Je le ferai de vive voix à la prochaine occasion. Je puis vous assurer que je n'ai jamais été que sur la stricte défensive. Plus je vais, plus je deviens indifférent; seulement, les jugements se forment en moi et, une fois établis, après deux ou trois secousses ou épreuves, ils sont affermis et ne délogent plus. Je crois, d'ailleurs, n'avoir aucune animosité. Remarquez que je n'ai pas assez de temps pour cela; les animosités elles-mêmes demandent à être cultivées. Obligé si souvent de déplacer mon esprit et mon intérêt, de l'attacher et de l'enfoncer en des écrits et des auteurs si différents, y cherchant chaque fois le plus de vérité possible, je me blase assez vite sur les irritations et les piqûres, et, au bout de quelque temps, je ne sais presque plus de quoi il s'agit. Mais, je vous le répète, chère madame, c'est le malheur et un peu l'honneur de l'esprit critique, mes jugements demeurent en moi. S'ils sont faux et s'ils doivent le paraître quand je les exprime, ils n'auront nulle influence au dehors. — Ne craignez donc de ma part, au sein de votre bonne et chaleureuse amitié, aucun conflit ni aucune incompatibilité. Je ne puis vous promettre que tous vos amis soient ou puissent devenir les miens; mais il y a la *trêve de Dieu* dès qu'ils sont chez vous et tant qu'ils y sont.

Agréez mes respectueux et tendres hommages.

CCLXXVIII.

A M. LAMBERT, CONSEILLER A LA COUR D'APPEL DE RENNES.

Ce 17 novembre 1864.

Monsieur,

Je vois avec plaisir que vous avez avancé dans l'exécution de ce vœu *dernier* du poëte notre ami; il restera pourtant une difficulté pour la publication : je doute fort que Michel Lévy, ni même aucun autre éditeur achète et paye le volume. — Vous ne pouvez vous faire idée de l'état *matériel* de la librairie en ce qui concerne surtout la poésie : presque tous les volumes qu'on publie se font aux frais des auteurs, ou tout au plus le libraire consent-il à faire les frais d'impression. — Il n'y a pas de nom d'éditeur ni de *préfacier* qui tienne. Voilà le vrai! Votre présence sera nécessaire dans tous les cas pour cette petite négociation.

Après les premiers jours de janvier, je compte être plus libre de relâcher un peu ma chaîne (j'appelle ainsi ma corvée hebdomadaire). Jusque-là, je n'ai que de misérables quarts d'heure vers la fin de la matinée, — vers quatre heures et demie; — mais, si vous veniez ici, ayez l'obligeance de jeter un mot à la poste avec votre adresse, et je vous répondrais aussitôt en vous indiquant le plus prochain jour possible.

Veuillez agréer, monsieur, l'expression de mes sentiments les plus distingués et dévoués.

CCLXXIX.

A M. E. GALLIEN, AVOCAT.

Ce 23 novembre 1864.

J'ai reçu certainement, monsieur, les deux numéros de *l'Intermédiaire*, et j'y ai vu avec plaisir le problème du joli conte de Denon résolu par vous. Il n'y avait pas de doute, du moment que vous donniez la clef des initiales.— J'avais lu dans le temps la petite édition de Strasbourg, mais je n'ai trop rien compris aux chicanes de la préface. Savez-vous de qui elle était? Il va sans dire que vous êtes maître de disposer de l'agréable document que vous m'avez communiqué et dont je n'ai pas fait usage; il n'y a que votre délicatesse qui pourrait en douter.

Veuillez agréer, monsieur, l'expression de ma gratitude et de mes sentiments les plus distingués.

CCLXXX.

A M. ANDRÉ LEMOYNE.

Ce 15 janvier 1865.

Cher poëte,

J'ai laissé couler le torrent, avant de vous remercier de vos charmantes étrennes et de ce volume où votre talent se présente sous des formes si variées. Vous n'y versez chaque fois qu'une goutte, mais cette goutte est du pur nectar de poésie. Je vais de l'une à l'autre, en vous lisant, mais je reviens plus délicieusement à cette pièce qui m'est dédiée et qui est toute une élégie dramatique. Il me semble retrouver une de ces formes imprévues et gracieuses du poëte Uhland. Toutes ces pièces ajoutées qui composent le second livre ont, au reste, leur originalité de ton ou de pensée. Vous êtes du petit nombre de ceux qui ne chantent que quand ils ont à dire un de ces mots que leur souffle la muse.

Recevez, cher et aimable poëte, l'expression de mes sentiments de gratitude et de parfaite sympathie.

CCLXXXI.

A M. ALFRED DARIMON, DÉPUTÉ AU CORPS LÉGISLATIF.

Ce 26 février 1865.

Cher monsieur,

M. de Calonne me dit toutes vos aimables et obligeantes dispositions sur lesquelles j'osais compter à l'avance : je vous en remercie bien vivement. Vous me mettrez à même de parler en toute connaissance de cause d'un penseur puissant[1] envers qui je tiens à payer une dette de respect et d'estime. Voulez-vous que j'aille demain lundi vous trouver à quatre heures et quart? Silence voudra dire oui.

1. Proudhon.

Agréez l'expression de mes sentiments les plus obligés et dévoués.

CCLXXXII.

A M. REINHOLD DEZEIMERIS, A BORDEAUX.

Ce 9 mars 1865.

Cher monsieur et ami,

Je reçois votre lettre et je prends part à cette perte irréparable[1]. Avec votre cœur sensible et votre vie d'étude, c'est, je le sens, presque une moitié de vous-même qui s'en va avec ce digne ami. Étienne de La Boëtie est mort et rien ne pourrait le remplacer.

Je tire de votre notice quelques phrases que je demande au *Constitutionnel* d'insérer. J'espère que cela ne trouvera pas de difficulté[2].

J'aurais dû vous remercier plus d'une fois pour de doctes envois et des marques de souvenir que je vous ai dus. Vous m'aurez excusé sur notre vie surchargée d'ici, et aussi, je puis le dire, sur une grande fatigue intérieure qui m'ôte souvent l'envie et le courage d'entretenir ce qu'il y aurait de plus doux.

Veuillez présenter mes respects à madame votre mère, et me croire, cher monsieur et ami, tout à vous.

1. Il s'agit de la mort de M. Jean Lespine, savant bordelais du plus grand mérite, « helléniste de la première distinction », comme dit Sainte-Beuve dans ses *Nouveaux Lundis*, t. VII, p. 7.

2. Cette courte notice nécrologique a paru en effet dans *le Constitutionnel*.

CCLXXXIII.

A M. ERNEST FEYDEAU.

Ce 19 mars 1865.

Mon cher ami,

Vous êtes bon et brave comme toujours ; vous vous mettez en avant. Si j'avais la moindre ambition de ce côté, je vous gronderais d'avoir rappelé mon nom, car cela est fait pour irriter les dieux jaloux. Mais ma philosophie m'a mis au-dessus des craintes et des espérances, comme dit le sage Lucrèce. Je ne suis donc sensible qu'au témoignage de votre amitié et à la marque publique de votre estime.

Merci de cœur et tout à vous.

CCLXXXIV.

A M. LE PASTEUR NAPOLÉON PEYRAT.

Ce 27 mars 1865.

Cher monsieur,

J'ai à vous remercier de votre souvenir et de votre renseignement. J'en profiterai en réimprimant, et peut-être que les descendants de madame de Verdelin[1], piqués d'hon-

1. Les *Nouveaux Lundis*, t. IX, contiennent un article sur *Madame de Verdelin*.

neur, se décideront à parler, et à dire ce qu'ils savent de leur aïeule.

J'aurais aimé à avoir votre avis sur Jean-Bon Saint-André. Vous en avez parlé dans vos *Pasteurs du Désert*, mais rien que incidemment, s'il m'en souvient. J'ai recueilli sur lui bien des documents complémentaires qui trouveront leur place quand je réimprimerai[1].

Vous avez bien raison de dire que la vie est dévorée, et qu'on est emporté chacun dans son courant. Qui le sent mieux que moi dans cette vie de nécessité et de travail commandé où je puis me retourner à peine et où chaque jour m'impose son sujet ?

Agréez mon souvenir de vieille et sincère affection et mon respect.

CCLXXXV.

A M. CHARLES BAUDELAIRE.

Ce 27 mars 1865.

Mon cher ami, mon cher enfant,

Je vous remercie de votre souvenir : j'ai pensé plus d'une fois à vous et j'ai parlé avec mon ami Troubat de ce que vous faisiez là-bas[2]. J'y ai vécu, je vous suis dans vos promenades au Parc. Les coteaux de Montmartre vous réclament. Mais vous êtes là avec un ami, Poulet-Malassis,

---

1. Voir *Nouveaux Lundis*, t. VIII, articles sur *Jean-Bon Saint-André*.
2. A Bruxelles.

et tous deux vous broyez ensemble de l'ennui, des rêves, de la poésie. Vous dites vrai : la mienne se rapprochait de la vôtre; j'avais goûté du même fruit amer, plein de cendre au fond. De là votre sympathie si aimable et si fidèle pour moi. — Je vous la rends, cher ami, et vous serre cordialement la main, ainsi qu'à votre compagnon en terre étrangère. — Je n'ai rien de plus gai à vous dire.

Tout à vous.

P.-S. — Offrez mes souvenirs reconnaissants à M. Muller.

CCLXXXVI.

A M. ERNEST FEYDEAU.

Ce 31 mars 1865.

Mon cher ami,

Je suis sensible à votre offre si amicale. Excusez-moi si je ne puis l'accepter. Je n'ai eu pendant des années qu'à me louer du journal où je suis et des procédés du rédacteur en chef et des administrateurs qui se sont succédé. Je suis au bout de mon traité que nous avons, d'un commun accord, laissé expirer à l'amiable; je ne pourrais, sans me donner un tort, répondre à toutes ces obligeances par un abandon. De plus, je suis moi-même bien fatigué en ce moment et je ne bats que d'une aile. Le temps de mon entrain est passé. — Pour toutes ces raisons, veuillez, mon cher ami, m'excuser et ne m'en croire pas moins

Tout vôtre et reconnaissant.

CCLXXXVII.

A M. HENRI DE RIANCEY.

Ce 7 avril 1865.

Monsieur,

J'aurais bien mauvaise grâce à ne pas venir vous remercier de l'aimable attention qui me fait lire, dans le numéro de *l'Union*, que l'on m'envoie, un article où je ne suis pas moins étonné d'être loué que n'a pu l'être, en me louant, 'auteur de l'article même. J'ai toujours regretté que les hommes ne se connussent pas davantage, avant d'écrire l'un sur l'autre : sans devenir pour cela d'accord, bien des préventions tomberaient. J'aurais pu avoir cet avantage, monsieur, il y a bien des années et vous rencontrer chez M. de Feletz[1], où il me semble que vous étiez assez souvent nommé dans la conversation. Il serait resté de cette rencontre, à une époque où on était jeune encore, des sentiments que je crois n'avoir jamais violés envers les hommes que j'ai connus dans ces conditions, bien qu'on se soit fort séparé depuis. Le hasard en a décidé autrement. Je dois dire que j'ai été plus d'une fois, dans *l'Union*, le sujet et l'objet d'articles (notamment de M. Laurentie) qui ont soulevé en moi, par les insinuations qui atteignaient mon caractère, toutes les fibres de l'honnête homme. Je me suis

---

1. L'abbé de Feletz, administrateur de la Bibliothèque Mazarine. Voir une anecdote sur lui dans les articles sur *le Comte de Clermont* (*Nouveaux Lundis*, t. XI, p. 115, en note).

demandé comment des personnes qui sont sans doute des plus estimables dans la vie privée, qui ont des vertus de famille et de société, qui sont des chrétiens enfin, pour parler leur langage, pouvaient, dès qu'ils prenaient une plume pour s'adresser au public, ne pas hésiter non-seulement à réfuter (cela est de droit), mais à attaquer personnellement, à dénigrer, à essayer de flétrir des adversaires qui n'avaient jamais eu l'occasion de les nommer ni de les rencontrer. Pardonnez-moi, monsieur, si je ne puis retenir cette sorte de mouvement et si j'abuse de l'ouverture que votre indulgence d'aujourd'hui m'accorde. Vous vous êtes toujours distingué par des qualités moins offensives et moins amères; la nature vous a fait affectueux, et vous me le prouvez.

A l'égard du discours que vous voulez bien louer et accueillir dans son ensemble[1], je vous dirai que je n'ai pas eu tant d'effort à faire pour apprécier les vertus chrétiennes; bien des fois dans mon passé il m'est arrivé de penser et de sentir dans cet ordre et ce courant d'idées spirituelles. Il est vrai qu'étant sincère avant tout et n'ayant pas la *foi*, je ne puis écrire et me comporter comme si je l'avais. De ce seul point découlent toutes les divergences. Daignez vous mettre un peu à notre place et vous vous expliquerez aisément ce qui peut vous déplaire et vous choquer. J'ai toujours tâché de conserver le respect des grandes choses que je n'admirais qu'historiquement ou moralement. — Mais d'autre part, quand on laisse le champ ouvert à la liberté de penser, on n'en saurait restreindre les horizons. Et c'est là où on se sépare, où l'on se divise, où l'on se combat.

---

1. Discours sur les prix de vertu (*Nouveaux Lundis*, t. IX).

Je m'oublie, monsieur, à faire comme si je m'entretenais avec vous. Ne vous en prenez qu'à vous-même, à votre avance gracieuse, et veuillez accueillir, avec mon excuse, l'expression de mes sentiments reconnaissants et les plus distingués.

CCLXXXVIII.

A M. SAINT-RENÉ TAILLANDIER [1].

Ce 13 avril 1865.

Mon cher monsieur,

Je suis désolé qu'une légère indiscrétion toute à bonne fin de mon ami Troubat nous oblige à cette petite explication qui, en soi, a si peu d'importance. Je me reprends, elle en a puisqu'elle touche à nos bonnes relations. Vos anciens et bons sentiments pour moi sont tout à fait hors de cause; mais il est des points où l'exactitude du critique passe avant tout.

Lorsque vous avez parlé de l'Académie de Lausanne au temps où M. Vinet y fut appelé, vous avez commis, sans le vouloir, plusieurs inexactitudes, et, permettez-moi de le dire, toutes dans le même sens. Mickiewicz n'est venu et n'a enseigné à Lausanne qu'*après* moi; il y enseignait le latin et non la littérature. — Charles Secretan était encore un élève et n'est devenu professeur que plus tard. — Chap-

---

1. A propos de son article de la *Revue des Deux Mondes* sur M. Vinet, intitulé *le Christianisme libéral*.

puis n'était pas encore professeur. — M. Vuillemin n'a jamais professé à l'Académie. — M. Olivier y professait l'histoire, non les lettres. — Moi-même, j'y fus appelé de Paris dans le *même temps* que M. Vinet y était appelé de Bâle, et nous y fûmes installés le *même jour*.

Quand il s'agit de *Port-Royal*, je suis jaloux et je tiens à la priorité. M. Cousin, par l'*improbité* littéraire et philosophique qu'il a déployée avec moi dans cette affaire, m'a obligé à être vigilant. Si vous prenez la peine de lire, dans le troisième volume des *Portraits littéraires*, récemment réédités par MM. Garnier, la lettre à moi adressée par M. Vinet dans l'été de 1837 et que j'y ai insérée à cause de votre article même, vous y verrez le principe de nos relations. Comme je crois que la générosité n'est qu'une justice en matière littéraire et que c'est là le vrai libéralisme, j'ai été le premier à parler de M. Vinet en France et même avant de l'avoir vu. Je ne retirerai jamais aucun des éloges que j'ai donnés à cette haute nature morale. Mais la vérité est que, pendant toute la durée du cours que j'ai fait à Lausanne sur *Port-Royal*, en 1837-1838, et dans lequel toute l'œuvre a été bâtie, M. Vinet, toutes les fois que sa santé le lui a permis, a assisté à mon cours; et, moi, je n'ai pu, cette année-là, assister à aucune de ses leçons, tant j'étais surchargé : ce n'est que l'année d'après que j'ai pu aller l'entendre. — Il ne s'agit pas de savoir si j'ai profité de sa connaissance particulière et de sa conversation, mais si j'ai été *initié* par lui et si j'ai allumé ma lampe de *Port-Royal* à ses *lumières*. Permettez-moi de vous dire que vous n'avez pas mesuré sur ce point la portée de vos paroles, lesquelles, consciencieuses et bien

motivées qu'elles sont dans l'habitude, ont de l'autorité.
Vous pouvez sans doute user et abuser contre moi des éloges que je me suis plu en toute occasion à donner à
M. Vinet; mais, encore une fois, il s'agit de savoir si j'étais
assez enfant alors sur Port-Royal pour avoir besoin d'être
prémuni par lui contre les jugements versatiles de M. Cousin. Je suis persuadé, cher monsieur, que, si j'avais été Allemand ou Lausannais, vous m'auriez cru plus original et que
vous n'auriez eu aucun effort pour m'accorder d'avoir institué chez nous cette étude de *Port-Royal* avant que personne autre y eût songé. J'ai le malheur d'avoir fait des
vers et beaucoup d'autres choses, et d'être ce que vous
appelez artiste ou demi-artiste; mais, si cela peut tromper
les lecteurs ordinaires et mon public si mélangé du lundi,
j'ai droit de demander à un critique aussi ami, aussi
élevé, aussi savant que vous, entière justice et exactitude
sur le point le plus délicat et le plus cher à tout homme
de pensée et d'innovation, l'initiative et l'originalité en ce
qui est de mon œuvre capitale.

Agréez mes bonnes amitiés.

FIN DU TOME PREMIER

TABLE.

1822

			Pages.
I.	A M. Adam.	*6 mai*, Paris. . . .	1
II.	A M. Sellèque	*14 septembre*, Boulogne-sur-Mer. .	3

1826

III.	A M. Sellèque.	*10 octobre*, Paris. . .	6

1828

IV.	A M. Loudierre.	*6 décembre*.	9
V.	Au même.	*22* —	13

1829

VI.	A M. Loudierre.	*23 avril*.	15
VII.	A M. Édouard Turquety. .	*9 novembre*.	18

1830

VIII.	A Alexandre Dumas. . . .	*11 décembre*.	19

1832

IX.	A Béranger.	*octobre*.	20
X.	A la Rédaction du *Semeur*, pour M. Alexandre Vinet.		20

TABLE.

1833

Pages.

XI.	A M. Lerminier.	7 avril.	21

1834

XII.	A Jean-Jacques Ampère.	5 septembre, Paris.	23
XIII.	Au même.	8 oct., Précy-sur-Oise.	25
XIV.	Au même.	18 décembre, Paris	28

1835

XV	A M. Duvergier	14 juillet	30
XVI.	A madame la comtesse Christine de Fontanès.	Lyon.	31

1837

XVII.	A M. Auguste Sauvage	15 août.	33
XVIII.	A madame la comtesse Christine de Fontanès.	7 septembre, Paris.	34
XIX.	A la même.	24 — —	36
XX.	A M. William Espérandieu.	12 octobre, —	38
XXI.	A M. Xavier Marmier.	29 décem., Lausanne.	40
XXII.	A madame Vertel.	31 — —	42

1838

XXIII.	A M. Alexandre Vinet	1ᵉʳ janv., Lausanne.	43
XXIV.	A madame Desbordes-Valmore.	2 — —	45
XXV.	A madame la comtesse Christine de Fontanès.	27 mars. —	49
XXVI.	A M. William Espérandieu.	14 avril. —	51
XXVII.	A madame la comtesse Christine de Fontanès.		52
XXVIII.	A la même.		53
XXIX.	A la même.		54
XXX.	A la même.		57

		Pages.
XXXI.	A madame la comtesse Christine de Fontanes............	58
XXXII.	A la même.................	59
XXXIII.	A la même.................	62
XXXIV.	A la même.................	63
XXXV.	A la même.................	65
XXXVI.	A la même.................	65
XXXVII.	A la même.................	66
XXXVIII.	A la même.................	67
XXXIX.	A la même.................	69
XL.	A la même.................	71
XLI.	A la même.................	73
XLII.	A la même.................	76
XLIII.	A la même.................	79
XLIV.	A la même.................	79
XLV.	A la même.................	81
XLVI.	A la même.................	82
XLVII.	A la même.................	84
XLVIII.	A M. Eugène Tourneux. . 7 novembre....	85
XLIX.	A M. Adam Mickiewicz. . 28 —	86
L.	Au même......... 21 décembre.....	87

1839

L.	A madame la comtesse Christine de Fontanes.. 6 janvier......	87
LII.	A la même.................	88
LIII.	A la même.................	89
LIV.	A la même.................	92
LV.	A la même.................	93
LVI.	A la même.................	94
LVII.	A M. Édouard Turquety.. 9 janvier	95
LVIII.	A M. J.-L. Tremblai.... 1er juin, Paris...	96
LIX.	A M. Villemain........ 10 septembre....	98
LX.	A madame la comtesse Christine de Fontanes.. 26 —	101
LXI.	A la même......... 25 octobre.....	102
LXII.	A la même.................	103
LXIII.	A la même.................	103

1840

Pages.

LXIV.	A M. le pasteur Chavannes.	Paris.	104
LXV.	A M. Alexandre Vinet.		105
LXVI.	A M. Auguste Sauvage	9 mars	107
LXVII.	A madame Desbordes-Valmore.		108
LXVIII.	A la même	21 mars	108
LXIX.	A la même.		109
LXX.	A M. le vicomte Jules de Gères.	3 mai.	110
LXXI.	A M. le général ***.	octobre.	110
LXXII.	A M. Édouard Turquety.	5 décembre.	112

1841

LXXIII.	A M. Auguste Sauvage	6 janvier	112
LXXIV.	A M. Édouard Turquety.	22 septembre, Paris.	113

1842

LXXV.	A Marie-Laure	1ᵉʳ avril.	114
LXXVI.	A M. le pasteur Napoléon Peyrat	3 décembre	115

1843

LXXVII.	A M. Victor Cousin.	12 juillet	116
LXXVIII.	A Marie-Laure.		119
LXXIX.	A la même.		120
LXXX.	A madame Desbordes-Valmore.		121

1844

LXXXI.	A M. Édouard Turquety.	22 mars	121
LXXXII.	A M. Alexandre Vinet.	20 avril.	122
LXXXIII.	A M. Villemain.	29 —	124

			Pages
LXXXIV.	A M. Villemain.	30 avril	124
LXXXV.	A M. le ministre de l'instruction publique	30 — Paris	125

1845

LXXXVI.	A M. le marquis de Gaillon.	13 février.	126
LXXXVII.	A M. E. de Montlaur.		126
LXXXVIII.	A M. Désiré Laverdant.	5 mars.	127
LXXXIX.	A madame Desbordes-Valmore.	7 —	129
XC.	A M. Alexandre Vinet.	7 octobre.	129
XCI.	A M. Édouard Turquety.	23 décembre.	130
XCII.	Au même.		132

1846

XCIII.	A M. de Salvandy.	21 février.	133
XCIV.	A M. le pasteur Chavannes.	22 juin.	135
XCV.	A M. Gerdès	15 juillet.	137
XCVI.	Au même.		138
XCVII.	A M. E.-H. Gaullieur.	11 août, Paris	139
XCVIII.	A madame Bascans.	25 décembre.	140

1847

XCIX.	A madame Bascans.	janvier.	141
C.	A M. William Espérandieu.	9 mai, Paris.	142
CI.	A M. le pasteur Chavannes.	19 —	143
CII.	A M. le marquis de Gaillon.	13 juillet.	145
CIII.	Au même.	7 novembre.	146
CIV.	A M.***		149

1848

CV.	A M. Auguste Sauvage	4 février.	150
CVI.	A M. Jean Reynaud.	30 mars	151
CVII.	Note au ministre.	31 —	152
CVIII.	Note confidentielle à M. Jean Reynaud.	31 —	154

			Pages.
CIX.	A M. le commissaire du gouvernement près le tribunal de la Seine. . .	*31 mars* Paris. . . .	157
CX.	A M. Jean Reynaud. . . .	*2 avril*.	158
CXI.	A M. Crémieux.	*6 —* Paris. . . .	159
CXII.	Note à M. Charles Clément.	*17 — —* . . .	161

1849

CXIII.	A M. Hachette	*11 février*, Liége . .	163
CXIV.	A M. le pasteur Chavannes.	*19 mai*, — . .	165
CXV.	Au même.	*23 juillet*, Utrecht. .	167
CXVI.	Au même.	*26 —* — . .	167

1850

CXVII.	A M. Édouard Turquety. .	*7 septembre* . . .	168
CXVIII.	Au même.	*11 novembre*.	169
CXIX.	A M. Frédéric Saulnier. .	*16 —* . . .	170
CXX.	A M. Édouard Charton . .	*24 décembre*.	171

1851

CXXI.	A M. Th. Lacordaire . . .	*28 février*, Paris . .	171
CXXII.	A M. Frédéric Saulnier. .	*17 novembre*.	173
CXXIII.	A M. Didier	*25 —*	175
CXXIV.	A M. Alciator.		176

1852

CXXV.	A M. Charles Deulin . . .	*1er mars*, Paris. . .	177
CXXVI.	A M. Charles Baudelaire .	*3 octobre*.	178
CXXVII.	A M. Siméon Pécontal. . .	*8 novembre*, Paris .	178

1853

CXXVIII.	A M. Paul Chéron . , . .	*2 janvier*.	179
CXXIX.	Au même.	*16 —*	180
CXXX.	Au même.	*19 février*.	181

			Pages.
CXXXI.	A madame Desbordes-Valmore.	19 février.	182
CXXXII.	A M. René Biémont		184
CXXXIII.	A M. Paul Chéron	20 avril.	185
CXXXIV.	A M. René Biémont	15 mai.	186
CXXXV.	A madame Louise Colet.	7 juin.	187
CXXXVI.	A M. Jules Levallois	18 juillet, Paris	188
CXXXVII.	A M. Paul Chéron	29 —	189
CXXXVIII.	Au même	novembre.	189

1854

CXXXIX.	A Charles Baudelaire	20 mars, Paris.	190
CXL.	A M. Paul Chéron	13 avril	191
CXLI.	A M. Sellèque	19 juillet, Paris.	192
CXLII.	A M. Paul Chéron	22 août.	193
CXLIII.	A M. Juste Olivier	19 novembre.	193
CXLIV.	A M. l'abbé Constantin Roussel	18 décembre,	195

1855

CXLV.	A M. Gabriel de Chénier.	14 février.	196
CXLVI.	A M. René Biémont	25 —	197
CXLVII.	A M. Jean-Baptiste Soulas.	27 — Paris	197
CXLVIII.	A M. de Sacy	13 mars.	198
CXLIX.	A M. Fortoul.	20 —	200
CL.	Au même	23 —	203
CLI.	Affaire du Collége de France.		205
CLII.	A M. René Biémont	12 juin.	207
CLIII.	A M. l'abbé Constantin Roussel	28 juillet, Paris.	208
CLIV.	Au même	17 décem., —	209

1856

CLV.	A Charles Baudelaire.	24 mars.	210
CLVI.	A M. René Biémont	15 mai.	211
CLVII.	Réponse à quelqu'un qui, etc.	17 —	212

			Pages.
CLVIII.	A madame Blanchecotte. . *21 mai*		214
CLIX.	A la même. . . . . *28* —		216
CLX.	A M. l'abbé Léonce Couture. *27 octobre*, Paris		217
CLXI.	A M. René Biémont . . . *3 novembre*		218

1857

CLXII.	A M. Charles Baudelaire		219
CLXIII.	Au même. . . . . *11 mars*.		222
CLXIV.	A M. Édouard Turquety . *15* —		223
CLXV.	A madame Blanchecotte. . *1er mai*		225
CLXVI.	A M. Rouland . . . . . *16 juillet*		226

1858

CLXVII.	A M. Paul Chéron . . . . *23 avril*	227
CLXVIII.	A M. Reinhold Dezeimeris. . *30 septembre*	227
CLXIX.	A M. l'abbé Léon d'Aurevilly *30* —	229
CLXX.	A M. G.-S. Trébutien. . . *12 octobre*.	231
CLXXI.	A madame Dezeimeris . . *13 octobre*	232
CLXXII.	A M. Ernest Feydeau . . . *19* —	233
CLXXIII.	Au même. . . . . *20* —	234
CLXXIV.	Au même. . . . . *2 novembre*.	235
CLXXV.	Au même. . . . . *19 décembre*.	235

1859

CLXXVI.	A mademoiselle Euphémie Vauthier . . . . *29 janvier*.	236
CLXXVII.	A M. Ernest Feydeau . . . *4 février*.	237
CLXXVIII.	A M. le vicomte J. de Gères. *12* —	238
CLXXIX.	A M. Sibire. . . . . . . *27* —	238
CLXXX.	A M. Paul Chéron. . . . *1er avril*	240
CLXXXI.	A M. Reinhold Dezeimeris. *10* —	241
CLXXXII.	A M. Paul Chéron . . . *20 juin*.	242
CLXXXIII.	A Théophile Gautier. . . . *20 juillet*.	242
CLXXXIV.	A M. Pierre Laffitte. . . . *7 août*.	244
CLXXXV.	A M. Reinhold Dezeimeris. *20* —	245
CLXXXVI.	A M. Paul Chéron . . . . *1er décembre*.	245
CLXXXVII.	A M. Jules Levallois . . . *7* —	246
CLXXXVIII.	A M. Paul Chéron . . . *23* —	247

TABLE.

1860

Pages.

CLXXXIX.	A M. Jules Levallois	10 janvier	248
CXC.	A M. Champfleury	28 février	249
CXCI.	A M. Joseph Delaroa	10 avril	250
CXCII.	A M. Jules Levallois	5 mai	251
CXCIII.	A M. Pelletier	9 —	252
CXCIV.	A M. Ernest Feydeau	13 —	253
CXCV.	A madame Blanchecotte	13 juin	254
CXCVI.	A M. Charles Baudelaire	3 juillet	255
CXCVII.	A M. Ernest Feydeau	31 —	256
CXCVIII.	Au même	25 août	259
CXCIX.	Au même	21 septembre	262
CC.	A madame la comtesse Christine de Fontanes	19 novembre	263
CCI.	A M. Jules Levallois	25 —	265
CCII.	Au même	16 décembre	266
CCIII.	A M. le comte A. de Circourt	24 —	267

1861

CCIV.	A M. Léo Joubert	15 février	268
CCV.	A M. Alexandre Piedagnel	20 —	269
CCVI.	A M. le docteur Gabriel Tourdes	18 mars	271
CCVII.	A M. l'abbé Constantin Roussel	26 —	273
CCVIII.	A M.***	1er mai	274
CCIX.	A M. Jules Levallois	29 —	275
CCX.	A M. Charles Asselineau	9 juin	276
CCXI.	A M. Saulnier	20 août	277
CCXII.	A M. Pierre Laffitte	4 novembre	278
CCXIII.	A M. Jules Levallois	14 décembre	279

1862

CCXIV.	A M. Jules Levallois	8 janvier	280
CCXV.	A M. Alphonse Feillet	25 —	281
CCXVI.	A M. Charles Baudelaire	26 —	282

			Pages.
CCXVII.	Au même	9 février	282
CCXVIII.	A M. Nefftzer	12 —	283
CCXIX.	A Charles Baudelaire.	15 —	285
CCXX.	A madame Millière	15 mars	286
CCXXI.	A M. l'abbé Constantin Roussel	12 avril	287
CCXXII.	A M. Edmond Scherer	22 —	288
CCXXIII.	A M. Charles Duveyrier	27 —	289
CCXXIV.	A M. l'abbé Constantin Roussel	30 —	290
CCXXV.	A M. Edmond Scherer	6 mai	291
CCXXVI.	A M. Ulric Guttinguer	14 —	292
CCXXVII.	A M. Aimé Camp.	2 juin, Paris	293
CCXXVIII.	Au même.		295
CCXXIX.	A M. Étienne-Jean Delécluze	15 juin	296
CCXXX.	A M. Jules Troubat.	23 —	297
CCXXXI.	A M. de Frarière	23 —	298
CCXXXII.	A M. le vicomte Jules de Gères.	14 juillet, Paris	300
CCXXXIII	A madame Vertel.	22 août.	300
CCXXXIV.	A M. l'abbé Margaine.	2 octobre.	301
CCXXXV.	A M. Paulin Paris	3 novembre	302
CCXXXVI.	A M. le général Coffinières	—	303
CCXXXVII.	A M. Parent du Rosan	8 décembre.	305
CCXXXVIII	A madame la princesse Mathilde.	14 —	306

1863

CCXXXIX.	A M. le comte Colonna Walewski.	12 janvier	307
CCXL.	A M. Camille Doucet	19 —	309
CCXLI.	A M. René Biémont.	3 avril	309
CCXLII.	Au même.	17 —	310
CCXLIII.	A M. Octave Feuillet	17 —	311
CCXLIV.	A M. Buloz.	28 —	312
CCXLV.	A M. Paul Chéron.	8 mars	314
CCXLVI.	A M. Ernest Bersot.	9 mai.	315
CCXLVII.	A M. Jules Gourdault.	16 —	317

			Pages.
CCXLVIII.	A M. J. Delaroa.	18 mai	319
CCXLIX.	A M. Charles Monselet	3 juin.	320
CCL.	A M. René Biémont.	22 —	320
CCLI.	A M. Régis de Chantelauze	24 —	321
CCLII.	A madame Hortense Allart de Méritens.	12 juillet.	322
CCLIII.	A M. Duruy	13 —	325
CCLIV.	A M. Camille Doucet	11 avril.	327
CCLV.	A M. Reinhold Dezeimeris.	3 octobre	327
CCLVI.	A M. Tamisey de Larroque.	24 —	329
CCLVII.	A M. Louis-Xavier de Ricard	6 novembre.	330
CCLVIII.	A M. Troubat père	10 — Paris.	330
CCLIX.	A M. le pasteur Napoléon Peyrat.	23 —	332
CCLX.	A M. Jules Troubat.	8 décembre.	332

1864

CCLXI.	A M. Paulin Limayrac	13 janvier.	333
CCLXII.	A M. Reinhold Dezeimeris.	16 —	334
CCLXIII.	A M. de Calonne.	11 avril.	335
CCLXIV.	A M. le pasteur Napoléon Peyrat.	20 —	337
CCLXV.	A M. Camille Doucet.	24 mai.	338
CCLXVI.	A M. Amédée Thierry.	6 juin.	339
CCLXVII.	A M. Paul Chéron.	21 —	339
CCLXVIII.	A M. Lambert.	7 août.	340
CCLXIX.	A un prêtre	8 —	342
CCLXX.	A M. Jules Claretie.	14 août.	345
CCLXXI.	A M. Jules Troubat.	16 septembre	346
CCLXXII.	Au même.	22 —	347
CCLXXIII.	A M. Sellèque.	20 octobre.	348
CCLXXIV.	A M. Paul Chéron.	21 —	349
CCLXXV.	Fragment d'une lettre à M. Octave Lacroix.	30 —	350
CCLXXVI.	A M. Hippolyte Valmore.	5 novembre.	351
CCLXXVII.	A mademoiselle Ernestine Drouet.	6 —	352
CCLXXVIII.	A M. Lambert.	17 —	354
CCLXXIX.	A M. E. Gallien.	23 —	355

1865

			Pages.
CCLXXX.	A M. André Lemoyne . .	*15 janvier* .	355
CCLXXXI.	A M. Alfred Darimon . .	*26 février* .	356
CCLXXXII.	A M. Reinhold Dezeimeris	*9 mars* .	357
CCLXXXIII.	A M. Ernest Feydeau . .	*19* —	358
CCLXXXIV.	A M. le pasteur Napoléon Peyrat	*27* —	358
CCLXXXV.	A Baudelaire	*27* —	359
CCLXXXVI.	A M. Ernest Feydeau . .	*31* —	360
CCLXXXVII	A M. H. de Riancey . .	*7 avril* .	361
CCLXXXVIII	A M. Saint-René Taillandier	*13* —	363

FIN DE LA TABLE DU TOME PREMIER.

IMPRIMERIE CENTRALE DES CHEMINS DE FER. — A CHAIX ET Cie,
RUE BERGÈRE, 20, A PARIS. — 1260-7.

www.ingramcontent.com/pod-product-compliance
Lightning Source LLC
Chambersburg PA
CBHW070450170426
43201CB00010B/1282